21世纪经济管理新形态教材·工商管理系列

企业战略管理

张国良　郭　琦　◎　编著

清华大学出版社
北　京

内 容 简 介

企业要经营,战略必先行。战略强调"做对的事情"而不仅仅是"把事情做对"。没有战略的企业就像断了线的风筝,没有战略的企业家头脑就像没有蜡烛的灯笼。战略管理是企业的顶层设计,是最高层管理,也是企业的宏观管理。它为企业的发展定基调、指方向、拓思路、树形象。本书主要内容包括:企业战略的概念、本质、特征;战略环境与条件分析、企业使命与战略目标、企业战略、业务战略、竞争战略、战略实施与企业文化塑造、战略管理与企业家及战略控制等。重点为企业战略和竞争战略,企业战略以业务战略为核心,深入研究了企业的战略方向和经营单位的竞争趋势、构建企业的核心竞争能力等内容。为了便于读者学习,每章后面都有知识拓展、案例解析、即测即练等。

本书既可作为高等院校的教材,也适合企业管理者特别是高层管理人士阅读与借鉴。

本书封面贴有清华大学出版社防伪标签,无标签者不得销售。
版权所有,侵权必究。举报:010-62782989,beiqinquan@tup.tsinghua.edu.cn。

图书在版编目(CIP)数据

企业战略管理/张国良,郭琦编著.—北京:清华大学出版社,2023.11
21世纪经济管理新形态教材.工商管理系列
ISBN 978-7-302-64851-2

Ⅰ.①企⋯　Ⅱ.①张⋯②郭⋯　Ⅲ.①企业战略－战略管理－高等学校－教材　Ⅳ.①F272.1

中国国家版本馆 CIP 数据核字(2023)第 212697 号

责任编辑:张　伟
封面设计:汉风唐韵
责任校对:王荣静
责任印制:宋　林

出版发行:清华大学出版社
网　　址:https://www.tup.com.cn,https://www.wqxuetang.com
地　　址:北京清华大学学研大厦 A 座　　邮　编:100084
社 总 机:010-83470000　　邮　购:010-62786544
投稿与读者服务:010-62776969,c-service@tup.tsinghua.edu.cn
质量反馈:010-62772015,zhiliang@tup.tsinghua.edu.cn
课件下载:https://www.tup.com.cn,010-83470332

印　装　者:	三河市少明印务有限公司		
经　　销:	全国新华书店		
开　　本:	185mm×260mm	印　张:14.25	字　数:303 千字
版　　次:	2023 年 12 月第 1 版		印　次:2023 年 12 月第 1 次印刷
定　　价:	49.00 元		

产品编号:093309-01

序

近来,张国良教授要我为他最近完成的《企业战略管理》一书作序,作为曾经给张国良任过课的老师,基于职责,我欣然同意了。

张国良教授是我院博士课程班的学员,我们在我给他们讲授"企业战略管理"课程中相识,由于都在高校教书,又都在同一领域开展研究和教学,所以很快就开始了经常的交往。

改革开放40多年来,随着工商管理学科的迅猛发展,企业战略管理已经成为一门既十分重要又为大家所熟悉的课程。因此,如何在众多的大家之后写企业战略管理的教材,又如何将自己的书写出新意,不能不说是一个十分困难和尖锐的问题。记得我在自己所编著的《战略管理》教材一书的序言中就写道:"战略管理一书写作的困难首先来自这是一本综合性极强,需要一定深度的思想和探索才有可能撰写的书。其次,困难来自国内外已经写作、编著了几乎可以说是无穷多个版本的教材,再写确实感到力不从心,确实感到难以超越。"

但我阅读了张国良教授编著的《企业战略管理》的书稿后,有如下的感觉和认识。本书的9章内容从整体上看没有逾越传统的战略管理的理论构架。如从战略的定义入手,接着讲述战略管理的分析方法——SWOT分析、五力模型,随之讲解战略的基本类型,最后介绍战略的执行工作。但在教材章节内容的编排上,张国良教授可以说下了功夫,甚至有别具匠心之感。一来加入大量的案例去引入、去解释、去讲解、去归纳、去总结基本的概念和原理;二来结合实例,甚至有些就是作者自己的战略管理阅历及人生感悟,深入浅出地将战略管理一些十分深奥的内容进行了归纳和表述。这样的写作方法,可以将战略管理中较为晦涩的内容简单地进行表述,方便读者的学习。这应该为在校学生的学习提供了方便,为参加工作以后希望学习、了解战略管理的实际工作者提供了便利。

在我20多年从事战略管理的教学和研究过程中,我深深感到,学习战略不是易事,讲授战略更加困难。不易和困难主要因为,具有真正全面战略思维的人不多,甚至有无真正战略思维就是人们事业和人生成功与失败的分水岭,因而在日常的战略管理学习和教学中,会因自身在战略认识和感悟上的某些不足或欠缺,而难以把握和传授战略其真谛。例如,我们往往会在不经意中就把战略看成技术、方法,甚至艺术、技巧,而没有视战略为一种思维模式,甚至就是一种哲学理念。这也就决定了在学习中、在讲授中提升自我的战略境界、意识十分重要。也就是这个原因,我在从事了多年的教学后,依然在战略管理的教学中有如履薄冰之感。因此,我也借作序,谈谈我的个人感悟,以提醒学习者和教授者,更是以期获取大家的指点和帮助。

  序言的写完也就意味着这本书即将付梓，作为张国良教授的老师和同事，我感到十分高兴，也为张国良教授的研究成就感到兴奋，因为我相信，就是在诸多的研究和探讨中，战略管理的理论和实践才能发展得更快，才能为我国的社会主义市场经济建设提供帮助。

武汉大学经济与管理学院教授、博士生导师
谭力文
2023年8月于武昌珞珈山

前言

纵观古今,市场如战场;历览中外,商战若兵战。《孙子兵法》曰:"夫未战而庙算胜者,得算多也。"企业要经营,战略必先行。"战略"一词源于军事术语,战略决策是关系全局的、长远的、重大问题的决策。当今企业要生存和发展,就必须注重现代经营战略。

如今世界,"信息革命"风靡全球,"网络社会"悄然兴起,"数字经济"扑面而来。在经济形势复杂多变的情况下,研究制定企业的经营战略并据此制订中、长期规划,对企业的发展前途至关重要。数字经济时代企业制胜的命脉不在管理,而在于战略。在物联网数字经济时代,战略管理是一种共识。站得近,才看得清;站得高,才看得远。工业化时代的企业战略思维更多的是"站在现在看未来",属于线性思维或指数思维,是抱持经验主义的战略思维,数字化时代企业的战略思维应该是"站在未来看现在",要有产品与服务的场景思维和指数型的增长思维,客户需求才是企业增长的根源和动力。为了适应新时代的教学新要求,我们编写了本书。

企业仅有经营战略的观念和思想是不够的,还必须通过对经营战略的有效组织和实施,对企业经营战略有一个完整的管理和实施过程,才能取得经营战略的成功。因此当今企业必须注重现代经营战略的研究、制定、组织和实施。经营战略贵在贯彻实施、付诸实践、执行到位,这才是经营战略的真谛。

企业战略管理既是一门科学,也是一种实践艺术。作者不仅长期在工商管理教育教学岗位的第一线,而且曾在一家公司任总经理,可以说有较丰富的教学和实践经验,因此,在写作本书过程中,尽量突出实践性、实务性和系统性。许多案例和专题都是作者从事企业管理的实践经验和切身体会的总结与提炼,也是企业经营与战略管理理念的升华。

本书的一大看点就是介绍了大量的本土化案例与专题,坚持知识性、逻辑性、条理性和趣味性相结合,尽可能地用生动、明了的语言来阐述管理知识和技能,有利于读者理解和掌握。

本书由张国良编写第1、4、5、7、9章,郭琦编写第2、3、6、8章。全书由张国良教授策划统稿,在写作过程中,参考并吸收了当前战略管理领域的优秀成果,谨向各位专家学者表示衷心感谢,恕不一一列出。

尽管作者小心翼翼,本书也难免有一些疏漏,敬请不吝赐教。

张国良　郭琦
2023 年 6 月

目 录

第 1 章　商战呼唤战略管理 ······ 1
  1.1　制定经营战略客观必然性 ······ 2
  1.2　企业战略的概念及其构成要素 ······ 4
  1.3　企业战略管理基本过程 ······ 12
  即测即练 ······ 17

第 2 章　企业战略环境研究 ······ 18
  2.1　宏观环境因素分析 ······ 20
  2.2　微观经营环境分析 ······ 24
  2.3　市场环境分析 ······ 26
  2.4　行业环境分析 ······ 30
  2.5　经营战略选择的时机性 ······ 37
  即测即练 ······ 50

第 3 章　企业的内部环境分析 ······ 51
  3.1　企业资源的分析 ······ 54
  3.2　企业的基本能力分析 ······ 62
  3.3　企业核心竞争力的分析 ······ 70
  即测即练 ······ 77

第 4 章　企业使命与战略目标 ······ 78
  4.1　企业使命的概念和作用 ······ 82
  4.2　企业使命表述要诀 ······ 89
  4.3　战略目标 ······ 92
  即测即练 ······ 99

第 5 章　企业业务战略 ······ 100
  5.1　稳定型战略 ······ 101
  5.2　增长型战略 ······ 105

5.3　紧缩型战略 …………………………………………………………… 117
　　5.4　混合型战略 …………………………………………………………… 122
　　5.5　企业多元化成长战略的经营陷阱与风险防范 ……………………… 128
　　即测即练 ……………………………………………………………………… 132

第6章　企业竞争战略选择 …………………………………………………… 133
　　6.1　基本竞争战略 ………………………………………………………… 135
　　6.2　成本领先战略 ………………………………………………………… 138
　　6.3　差异化战略 …………………………………………………………… 140
　　6.4　集中化战略 …………………………………………………………… 144
　　6.5　虚拟企业竞争优势的构建 …………………………………………… 147
　　即测即练 ……………………………………………………………………… 152

第7章　战略实施与文化塑造 ………………………………………………… 153
　　7.1　战略实施模式选择 …………………………………………………… 154
　　7.2　企业文化的内涵及其功能 …………………………………………… 160
　　7.3　经营道德是企业文化之魂 …………………………………………… 173
　　7.4　企业文化与职工合理化建议 ………………………………………… 176
　　即测即练 ……………………………………………………………………… 180

第8章　战略控制 ……………………………………………………………… 181
　　8.1　战略控制的概念及构成要素 ………………………………………… 184
　　8.2　战略控制的类型及其选择 …………………………………………… 186
　　8.3　如何实现有效控制 …………………………………………………… 192
　　即测即练 ……………………………………………………………………… 196

第9章　战略管理与企业家 …………………………………………………… 197
　　9.1　战略管理与战略管理者 ……………………………………………… 200
　　9.2　企业家与企业战略家的异同 ………………………………………… 208
　　9.3　企业家的素质 ………………………………………………………… 209
　　9.4　企业战略家的素质与才能 …………………………………………… 209
　　即测即练 ……………………………………………………………………… 217

参考文献 ………………………………………………………………………… 218

后记 ……………………………………………………………………………… 219

第 1 章

商战呼唤战略管理

本章要点

1. 当今企业必须注重经营战略。
2. 商战制胜法宝——战略管理。
3. 企业战略的概念及其特征。
4. 企业战略的构成要素。
5. 战略管理的基本内容和过程。

先导案例

澳觅是澳门特别行政区最大的生活服务供应平台,一度占据了澳门超过90%的市场份额。然而,澳门过于狭隘的市场规模已经成为澳觅发展的瓶颈。此外,新的竞争者已经开始从澳觅手中掠夺市场份额。

2022年4月20日,澳觅的创始人兼CEO(首席执行官)江海涛在香港特别行政区考察,他失眠了。为了让公司能够持续增长,他必须在6月1日的周年志庆前提出决策方案。在决策过程中,他分析了市场的状况,做了一些尝试,提出了一套"Y"型策略:①在澳门本地开拓多元化业务;②迈出澳门市场,开拓新的市场。面对两个不同的选择,澳觅该何去何从?这是一个纠结的问题,因为都有机会但又都充满挑战。

1. 澳觅发展史:成长与瓶颈

2016年澳觅成立以前,外卖服务在澳门并不常见。在从有内地背景的澳门学生和游客中获得了第一批客户后,澳觅很快赢得了市场的青睐。然而,澳门较小的市场规模成为澳觅发展的天花板。此外,新进入的竞争者挤压了澳觅的利润空间。为了突破发展瓶颈,江海涛提出了"Y"型策略。

2. 方案一:多元化业务策略

江海涛尝试将已经在中国内地得到成功验证的两种商业模式——直播电商和在线超市复制到澳门。澳觅选择跨界合作的方式来获得直播电商所必要的推广能力,并通过与澳门的大型综合度假村及娱乐场合作提高澳觅直播的知名度。而在线超市业务的出现是为了解决澳门本地居民买菜不易的"痛点"。通过与优质的大型供货商合作,澳觅可以利用其外卖配送的业务资源为居民提供便利的生活方式。

3. 方案二：拓张新市场策略

开拓新市场是为了寻求更广阔的发展空间。江海涛希望能够在其他市场复制澳觅的成功经验。已有的例子是在加拿大推出的"松鼠外卖"，主打亚洲食品，通过差异化建立业务竞争力。此外，江海涛还希望能够进入与澳门相邻的香港市场，因为香港的市场潜力更大，居民拥有相似的文化背景和更强的购买力。

资料来源：陈欢勇，魏小军，高凯文，等．澳觅的瓶颈与突破：超本地化或国际化[Z].清华经管学院·中国工商管理案例库，2023．

思考与探究：

澳觅成功在美上市后需要披露更多信息，也面临着创造更好业绩的压力。然而澳觅资源有限，是优先在澳门本地发展多元化业务，还是将澳觅的成功经验复制到香港特别行政区？澳觅必须选择一条道路优先发展。

1.1　制定经营战略客观必然性

"战略"一词源于军事术语，指在敌对状态下将军指挥军队克敌制胜的方法和艺术。战略决策是关系全局的、长远的、重大问题的决策。现代企业之间竞争激烈，在经济形势复杂多变的情况下，研究制定企业的经营战略并据此制订中长期规划，对企业的发展前途至关重要。俗话说："人无远虑，必有近忧"，从企业发展的角度来看，企业今天的行动是为了执行昨天的战略，企业今天制定的战略正是为了明天更好地行动。作为企业领导，要高瞻远瞩，面向未来，把握主动。特别是企业高层管理者应当把自己的主要精力集中到制定和实施企业的经营战略上来。在美国进行的一次调查中，有90%以上的企业家认为"最占时间、最为重要、最为困难的事就是制定战略规划"。由此可见，经营战略已成为许多企业取得成功的重要因素，这些企业已进入"战略制胜"的时代。以农业经济为主的社会，人们关心的是过去——经验和做法；以工业经济为主的社会，人们关心的是现在——技术和市场；以信息为主的社会，人们关心的是未来——战略和策划。意识能量就是财富的种子，财富就是意识能量的果实。

📚 名人名言

没有战略的企业就像在险恶气候中飞行的飞机，始终在气流中颠簸、在暴风雨中穿行，最后很可能迷失方向，即使飞机不坠毁，也不无耗尽燃料之危。如果对于将来没有一个长期的明确方向，对本企业的未来形式没有一个实在的指导方针，不管企业规模多大、地位多稳定，都将在新的革命性的技术经济的大变革中失去其存在的条件。

——美国著名的经济学家阿尔温·托夫勒

从以上看出,机会的把握越来越依靠实力,依靠战略管理者的韧性、悟性、理性与学识、胆识、践识。21世纪有四种主要力量不可低估。

1. 顾客占上风

今天的市场,卖方不再占据优势,买方真正占了上风,"萝卜慢了削层皮",顾客(customers)更富于个性,挑剔、刻薄是现代消费者的一大特点。消费既是生产过程的终点,又是再生产过程的起点。这是因为消费是产品的完成,没有消费就没有生产;消费为生产创造出新的需要,这种不断增长的新的需要是生产不断进行的原动力。随着科技进步、生产结构的调整和人民生活水平的提高,市场的消费需求呈现出分散化、复杂化、多样化的趋势。人们对日用商品出现了高、中、低不同层次的消费需求。部分高档商品进入家庭,要求提供相应的售前、售后服务。因此,根据消费需求发展趋势的变化而制定企业的营销战略,如名牌战略、售后服务战略等,满足和创造市场需求,是企业在制定经营战略中的首要任务。顾客与企业,互惠解难题,顾客是上帝,信赖成朋友,顾客的忠诚度、美誉度是企业生存之根、立命之本。

2. 竞争在加剧

市场经济越发展,企业竞争(competition)越激烈。在日趋激烈的市场竞争中,企业必然是主体,如果说市场是舞台,那么企业就是演员。企业经营的宗旨是获利,利是经济建设之本,利是富国强民之源。利之获,人心聚;利之丰,企业强;利之聚,社稷兴。市场上的利益诱惑使众多企业趋之若鹜,竞争者的队伍越来越庞大。"赢得竞争优势,夺取领先地位,获得更大效益"已成为全球经济竞争的新景观。谁都可以得罪,市场不能得罪。

3. 变化是常事

当今世界只有一个东西是不变的,那就是"变"。变化(change)已成为社会经济运行的一种常态。美国通用电气公司一直信奉"充满宗教般的狂热"的信念:如何预见变化,如何应付变化,如何使一家各项工作都做得很好的公司发生变化。在市场经济的海洋里,潮涨潮落,变化频繁,顺潮流善变者生,逆潮流不善变者亡。市场风云,变幻莫测,强手如林,各显神通。企业家要善于把握千变万化的市场行情,以变应变,先谋后战,才能在海中劈风浪、绕暗礁,直挂云帆济沧海,夺取最后的胜利,大海航行靠舵手,舵手靠的是舵,战略就是企业的命运之舵。

4. 企业面临着生命周期的严峻挑战

企业是一个生命的肌体,它也有生命过程的周期规律。企业从诞生的那一天起,就站到了其生命周期的起点上,同时也面临生命周期的挑战。

据统计,中国企业平均寿命只有7~8岁,其中民营企业只有2.9岁。全球跨国公司的平均寿命为 11~12 岁,世界 500 强的平均寿命为 40~42 岁,世界 1000 强的平均寿命为 30 岁。[①] 那些因决策失误、对市场反应迟钝、管理不善的企业会过早地进入"公司恐龙博物馆"。

企业的生命历程不是短暂、突发式的"昙花一现",而应是持续发展的百年甚至千年的过程。那么,是什么因素造成企业过早地衰老甚至死亡呢?

名人名言

促使企业成长或老化的原因既不是规模也不是时间。我与创立已经 100 年的"年轻"公司打过交道,也见过不少成立不过 10 年的"老公司"。决定企业生命活力的关键是企业的灵活性和可控性。

——伊查克·麦迪思

没有战略的企业就像一艘没有舵的船,只会在原地转圈;又像个流浪汉一样无家可归。

——乔尔·罗斯

1.2 企业战略的概念及其构成要素

"战略"是一个既古老又新颖的名词,说它古老,是因为远在中国的"三国"时期,诸葛亮就表现出战略家的过人智慧,后人常以他的战例为借鉴;说它新颖,是因为现代企业战略无论是概念还是内容都要比古代战略复杂得多、微妙得多。

1.2.1 企业战略的概念

1. 战略的军事内涵

战略,古称韬略,原为军事用语。战略就是作战的谋略。《辞海》对"战略"一词的定义是:"军事名词,指对战争全局的筹划和指挥。它依据敌对双方的军事、政治、经济、地理等因素,照顾战争全局的各方面,规定军事力量的准备和运用。"

战略最初多应用于军事领域。在英文中,"战略"一词为 strategy,它来源于希腊语的 stratagia——这也是一个与军事有关的词。《简明不列颠百科全书》称战略是"在战争中利用军事手段达到战争目的的科学和艺术"。许多著名军事家都对"战略"一词做过精辟的解释。著名的德国军事战略家卡尔·冯·克劳塞维茨(Carl von Clausewitz)将军曾说过:"战略是为了达到战争目的而对战斗的运用。战略必须为整个军事行动规定一个适应战争目的的目标。"另一位德国军事战略家毛奇(Moltke)也曾经说过:"战略是一位统帅为达到赋

[①] 张国良. 小微企业经营与管理[M]. 北京:清华大学出版社,2020.

予他的预定目的而对自己手中掌握的工具所进行的实际运用。"

案例1-1

一席隆中对,三分天下事

《三国演义》第38回"定三分隆中决策,战长江孙氏报仇"中,详细、生动地描写了刘备、关羽、张飞三顾茅庐,请诸葛亮出山的历史情景。诸葛亮闻知刘备"欲伸大义于天下"的"将军之志",又受刘备的三顾之恩,便在茅屋中为刘备献出了自己的谋略,这就是历史上有名的"隆中对"。诸葛亮先对曹操、孙权、刘备三方的实力做了分析,接着提出了自己的谋略。

曹操——势不及袁绍,而竟能克绍者,非惟天时,抑亦人谋也。今曹已拥百万之众,挟天子以令诸侯,此诚不可与争锋。

孙权——据有江东,已历三世,国险而民附,此可用为援而不可图也。

刘备——将军既帝室之胄,信义著于四海,总揽英雄,思贤如渴,若跨有荆、益,保其岩阻,西和诸戎,南抚彝、越,外结孙权,内修政理;待天下有变,则命一上将将荆州之兵以向宛、洛,将军身率益州之众以出秦川,百姓有不箪食壶浆以迎将军乎?诚如是,则霸业可成,汉室可兴矣。将军欲成霸业,北让曹操占天时,南让孙权占地利,将军可占人和。先取荆州为家,后即取西川建基业,以成鼎足之势,然后可图中原也。

资料来源:张国良.小微企业经营与管理[M].北京:清华大学出版社,2020.

除军事领域外,战略正越来越多地被应用于诸如政治、经济、科技、文化、教育等领域。那么,战略的内涵是什么呢?

2. 企业战略的定义及特征

1) 企业战略的定义

企业战略自20世纪中后期被提出来后,相关的研究著作层出不穷,但是在西方战略管理文献中没有一个统一的定义,战略管理专家从不同方面对战略进行了描述。这里介绍西方一些有代表性的有关企业战略的定义,帮助读者从不同的角度来把握企业战略的本质。

(1) 肯尼斯·安德鲁斯(Kenneth Andrews)的定义。哈佛商学院教授安德鲁斯认为,企业总体战略是一种决策模式,它决定和揭示企业的目的与目标,提出实现目标的重大方针与计划,确定企业应该从事的经营业务,明确企业的经济类型与人文组织类型,决定企业应对员工、顾客和社会作出的经济与非经济的贡献。

从安德鲁斯对战略的定义可以看出,他认为战略是一种把企业的目标、政策和经营活动结合在一起的模式,使企业形成自己的特殊战略属性和竞争优势;战略的形成应当是一个精心设计的过程,而不是一个直觉思维的过程,而且战略应当清晰、简明,易于理解和贯彻。

(2) 伊戈尔·安索夫(Igor Ansoff)的定义。1965年,哈佛商学院教授安索夫出版了《公司战略》一书,他从构成要素的角度对战略进行了描述,认为战略的构成要素应当包括产品与市场范围、增长向量、协同效应(synergy effects)和竞争优势。安索夫认为,这四种战略要素是紧密相关的,它们共同决定着企业经营活动的方向和发展目标。安索夫指出,企业在制定战略时,有必要先确定自己的经营性质。安索夫认为,无论怎样确定自己的经营性质,目前的产品和市场与未来的产品和市场之间都存在一种内在的联系,这就是所谓的"共同经营主线"。安索夫还认为,企业也不能将自己的经营性质定义得过窄,企业的战略必须一方面能够指导企业的生产经营活动,另一方面能够为企业的发展提供空间。

安索夫对战略管理的最大贡献是,自从他的战略定义提出以后,西方战略管理文献一般便将战略管理分为两大类:总体战略和经营战略。总体战略考虑的是企业应该选择哪种类型的经营业务;经营战略考虑的是企业一旦选定了某种类型的经营业务,应该确定如何在这一领域里进行竞争或运行。

(3) 詹姆斯·布赖恩·魁因(James Brian Quinn)的定义。美国达特茅斯学院的管理学教授魁因认为,战略是一种将一个组织的主要目的、政策与活动按照一定的顺序结合成一个紧密整体的模式或计划。魁因认为,一个制定完善的战略有助于企业组织根据自己的内部能力与环境中的预期变化,以及竞争对手可能采取的行动而合理地配置自己的资源。

由于在实际工作中计划工作人员很难预料到企业战略中各种重要的影响因素之间相互作用的准确方式,也很难预料到由于竞争对手有意识的抵制而不得不修改战略的时机和方式,因此,魁因认为,战略的实质是建立一种强大而又灵活的态势,为企业提供若干个可以实现自己目标的抉择方式,以应付外部环境可能出现的例外情况。也就是说,战略不仅要处理不可预见的事件,也要处理不可知的事件。

(4) 迈克尔·波特(Michael Porter)的定义。哈佛商学院教授波特在1996年发表的《战略是什么》一文中,提出了自己对战略的独到理解。波特强调战略不是经营效率。经营效率是一个企业在从事相同的经营活动时比竞争对手做得更好。波特认为,提高质量、授权经营、改变管理、组织学习、业务外包及虚拟组织等方法都可以提高企业的经营效率,也是获得优厚利润的必要条件,但这远远不充分。因为竞争对手迅速模仿其在投入、管理技能、技术及满足顾客需求方面的做法往往会导致战略趋同,而战略趋同导致众多企业在同一起跑线上赛跑,很容易导致恶性竞争。

因此,波特认为,战略的本质就是选择,即选择一种与竞争对手不同的活动,以提供独特的价值。企业的这种独特定位能够有效避免由于企业间的相互模仿所导致的过度竞争。简而言之,波特认为,战略就是要做到与众不同。

波特还认为,企业的所有活动相互契合,既能够提高竞争优势,也能够保持竞争优势,所以,战略的成功要求做好许多事而非几件事,并且它们要有机协调起来。按照波特的观点,传统战略与持续竞争优势战略的差异见表1-1。

表 1-1　传统战略与持续竞争优势战略的差异

传 统 战 略	持续竞争优势战略
1. 寻求产业中理想的竞争地位	1. 寻求独特的竞争地位
2. 参与各项活动并实现最优表现	2. 活动紧跟战略
3. 积极利用外包等办法提高效率	3. 针对竞争对手准确权衡与明确选择
4. 竞争优势来自少数几个关键成功因素、关键资源及核心能力	4. 持续竞争优势来自整个活动系统的契合而非某个部分

(5) 亨利·明茨伯格(Henry Mintzberg)的定义。加拿大麦吉尔大学管理学院教授明茨伯格认为,生产经营活动中,人们在不同的场合以不同的方式赋予企业战略不同的内涵,说明战略应该从多个角度加以定义。为此,他提出用"5P"来定义战略,即战略就是计划(plan)、计策(ploy)、模式(pattern)、定位(position)、观念(perspective)。

① 战略是一种计划。明茨伯格认为,可以把战略看成一种计划,即它是一种有意识的、预计的行动,一种处理某种局势的方针。按照这个定义,战略具有两个本质属性:一是战略是在企业发生经营活动之前制定的,以备企业使用;二是战略是有意识、有目的地开发的。一般来说,企业战略是公开而明确的,作为一种计划写进企业正式文件中。

② 战略是一种计策。明茨伯格认为,在某些特定的环境下,企业把战略作为威慑和战胜竞争对手的一种"手段"。例如,一个资金雄厚、产品质量优异的企业得知竞争对手计划扩大生产能力时,便公开提出自己的战略是扩大厂房面积和提高生产能力,迫使竞争对手放弃提高生产能力的战略,而一旦竞争对手放弃了其扩张战略,该企业并没有将提高生产能力的战略付诸实施。可见,这时战略便成了一种威慑因素。因此,这种战略只能称为一种计策。

③ 战略是一种模式。明茨伯格认为,战略也可以是一种模式,它反映企业的一系列行动。根据这个定义,无论企业是否事先对战略有所考虑,只要有具体的经营行为,就有战略。明茨伯格认为,战略是一种计划与战略是一种模式,两种定义是相互独立的。在实践中,计划往往可能在最后没有实施,模式可能事先并没有具体计划,但最后却形成了。也就是说,战略可能是人类行为的结果,而不是人类设计的结果。

④ 战略是一种定位。明茨伯格认为最重要的是,战略应是一种定位,是一个组织在自身环境中所处的位置。对企业来讲,就是确定自己在市场中的位置。具体来说,企业在生产经营中既要考虑与单个竞争对手在面对面的竞争中处于何种位置,也需考虑在若干个竞争对手面前自己在市场中所处的地位,甚至企业还可以在市场确定一种特殊的地位,使得对手无法与自己竞争。例如,企业凭借专利或产品特殊质量,形成其他企业无法与之竞争的细分市场,并给予充分的资源保证,造成以小胜大或生存下去的态势。显然,这一定义与波特对战略的定义相一致。

⑤ 战略是一种观念。明茨伯格还认为,企业的经营者对客观世界的不同认识会产生不同的经营效果,所以还应该把战略看成一种观念,它体现组织中人们对客观世界固有的认

识方式。可以说,每一种战略都是人们思维的创造物,是一种精神的产物。显然,战略是一种观念的重要实质在于,如同价值观、文化和理想等精神内容为组织成员所共有一样,战略的观念要为组织成员所共享。

此外,明茨伯格认为,这五种定义彼此存在一定的内在联系,它们有时是某种程度的替代,如定位型战略定义可代替计划型战略定义,但在大多数情况下,它们之间是互补的关系。明茨伯格强调,企业战略仍只有一个,这五种定义只不过是从不同角度对战略加以阐述。

总之,企业战略本质上是人们为了控制企业在一定时期内的发展,对企业各种根本趋势及对各种根本趋势起决定作用的因果关系作出能动反应的结果,是指导企业实现某种根本趋势的行为准则和目标。认识企业战略要求我们具有时间的观念和系统的观念。首先,企业战略的着眼点不是当前而是未来。要在正确认识过去和现在的基础上,通过科学预见、高瞻远瞩,谋划未来的发展趋势。其次,企业战略关心的是有关组织的整体和全局的问题。战略问题的核心是研究关系组织发展全局的指导规律。要通观全局,掌握总体的平衡发展,不拘于局部利益和眼前利益。另外,企业战略具有不同的类型、层次和结构。例如,从类型角度看,企业战略包括单一化战略和多元化战略等;从层次角度看,企业战略包括公司战略、业务战略和职能战略;从结构角度看,企业战略包括战略制定和战略实施等阶段与步骤。由此可见,企业战略是一个复杂的系统,管理学学者由于研究的角度和重点不同,给出的企业战略的定义也可能不一样,但对我们掌握企业战略的本质都有重要的参考价值。

企业战略是企业以未来为基点,为赢得持久的竞争优势而作出的事关全局的重大筹划和谋略。

2) 企业战略的特征

(1) 全局性。它以企业全局为出发点和着眼点。它是企业发展的整体蓝图,它关心的是"做对的事情"(do the right things),注重对企业未来总体方向的谋划,而不是仅仅"把事情做对"(do the things right),纠缠眼前的细枝末节。因为"把事情做对"只是"效率"的高低而已,唯有"做对的事情"才会产生长远的效果。

(2) 长远性。战略的立足点是谋求提高企业的市场竞争力,使企业兴旺发达、长盛不衰,谋求的是企业的可持续发展,而不是追逐短暂的虚假繁荣。要强化战略思考力和组织设计,不要仅仅追求眼前财富的积累。

(3) 方向性。它规定企业未来一定时期内的方向,"它关心的是船只航行的方向,而不是眼下遇到的波涛"。

(4) 纲领性。战略管理是企业管理的"顶尖石",是企业的宏观管理,是统御企业活动的纲领。它为企业的发展指明了基本方向和前进道路,是各项管理活动的精髓,也是生产经营活动的中心。它有利于调动职工的积极性、主动性和创造性,使广大员工心往一处想、劲往一处使,为实现企业的目标而作出不懈努力,战略管理虽然不是万能的,但没有战略却是万万不能的!

(5) 现实性。企业战略是建立在现有的主观因素和客观条件基础上的,一切从现有起点出发。也就是说,企业战略必须易于操作,要结合企业自身条件和环境状况来制定切实可行的战略。一个完整的战略方案不仅要对战略目标作出明确的规定,还要明确战略重点方针、策略和实施步骤,体现企业战略整体的可操作性和现实性。

(6) 竞争性。企业战略像军事战略一样,其目的也是克敌制胜,赢得市场竞争的胜利。为此,企业战略必然带有对抗性和学习性。对抗性就是要针对对手的行为制定和采取应对性的措施,学习性是指企业对竞争对手的了解和向竞争对手的学习。企业通过针对性学习,一方面可做到知己知彼,从而熟知自己的相对长处与短处;另一方面,可学习竞争对手的长处,以在知识和技能方面更好地充实与提高自己,达到更好的克敌制胜效果。

(7) 复杂性。企业战略的复杂性指的是企业战略所考虑的因素的复杂性。企业在设计企业战略时,必须考虑如下三类因素,即环境因素、企业自身的客观条件因素和企业主观目标因素。其中的每一类因素又由许多子因素构成,而且这些因素都是随时间的推移不断变化演进。因此,企业战略所要解决的问题必定是复杂的。

(8) 风险性。企业战略的制定为企业的发展明确了方向,便于组织齐心协力地前进。但这本身就隐含着风险:由于战略的长远性和稳定性,企业会对战略形成路径依赖,这样,当外界发生变化时,企业在原来战略的指导下可能会离正确的轨道越来越远。也就是说,企业战略往往是一把"双刃剑"。

(9) 稳定性。战略是解决长远性、全局性的问题,影响面大。因此,要保持其相对的稳定性,不能朝令夕改。只有企业的外部环境和内部条件发生重大变化后才能做战略性调整、转移,而战术则是指解决局部问题的原则和方法。它具有局部性、短暂性、灵活性、机动性等特点。在战略上要藐视敌人,在战术上要重视敌人。

战略与战术两者的关系是:战略是战术的灵魂,是战术运用的基础。战略如果错了,就无所谓战术上的对与错。战术的运用是战略的深化和细化,它要体现既定的战略思想,两者的出发点相同,都是为了制订和实现企业的既定目标。

(10) 创新性。"物竞天择,适者生存。"环境是企业赖以生存的空间。战略管理最重要的一个规律就是,企业必须适应环境变化才能生存和发展,而适应环境变化的关键则在于不断地变革、创新。企业战略的创新性源于企业内外部环境的发展变化,因循守旧的企业战略是无法适应时代潮流的。企业未来的环境、市场、顾客、竞争对手及企业自身,都不可能是现在的重复或简单的延伸。未来的种种变化之迅猛、突发,变动的幅度、频率及变动的内容等,都是现有的经验和知识难以驾驭的,唯一的办法是以变应变,以创新求生存、求发展。美国学者彼得·德鲁克(Peter Drucker)说过一段关于企业经营创新的话:"这个要求创新的时代中,一个不能创新的已有企业是注定要衰落和灭亡的,一个不知道如何对创新进行管理的管理者是无能的,不能胜任其工作。对创新进行管理将日益成为企业管理者,特别是高层管理者的一种挑战,并且成为他的能力的一种试金石,企业家的职能是创新。"

名人名言

管理决策是管理的同义语,管理的核心在经营,经营的核心在决策,决策的核心在创新。

——1978年诺贝尔经济学奖获得者赫伯特·西蒙

小提示

企业战略思考"四要""四不要":

要看将来,不要留恋过去;

要抓机会,不要摆困难;

要把握好自己的前进方向,不要总是跟在别人后面;

要有崇高的目标,不要任其自然。

1.2.2 企业战略的构成要素

关于企业战略的构成要素,不同的学者会有不同的观点。比较有代表性的是安索夫的四要素说和伊丹敬之的三要素说。

(1) 四要素说。安索夫认为企业战略由四种要素构成,即产品与市场范围、增长向量、竞争优势和协同效应。这四种战略要素是相辅相成的,它们决定着企业的"共同经营主线"。通过分析企业的"共同经营主线"可把握企业的方向,同时企业也可以正确地运用这条主线,恰当地指导自己的内部管理。

① 产品与市场范围。它说明企业属于什么特定行业和领域,企业在所处行业中产品与市场的地位是否占有优势。为了清楚地表达企业的"共同经营主线",产品与市场范围常常需要分行业来描述。分行业是指大行业内具有相同特征的产品、市场、使命和技术的小行业,如汽车行业中的工具车分行业、家电行业中的电视机分行业等。

② 增长向量。它说明企业经营运行的方向,即企业从现有产品和市场组合向未来产品和市场组合移动的方向,故也称成长方向,常用于表示企业成长方向的增长向量有市场渗透、市场开发、产品开发和多种经营等。可见,增长向量不仅指出企业在一个行业里的方向,而且指出企业计划跨越行业界限的方向,是对以产品与市场范围来描述"共同经营主线"的一种补充。

③ 竞争优势。它说明了企业竞争机会之所在:企业凭借某一产品与市场组合的特殊属性可以给企业带来强有力的竞争地位。美国战略学家波特认为,企业获得竞争优势主要有三种战略:成本领先、集中一点和差异化,如图1-1所示。

④ 协同效应。一个企业可以是一个协同系统,协同是经营者有效利用资源的一种方式。

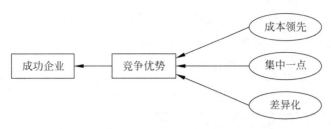

图 1-1 企业竞争优势模型

使公司整体效益大于各个独立组成部分总和的效应,经常被表述为"1+1>2"或"2+2=5"。协同效应可分外部和内部两种情况,外部协同是指一个集群中的企业由于相互协作共享业务行为和特定资源,因而将比一个单独运作的企业取得更高的盈利能力;内部协同则指企业生产、营销、管理的不同环节、不同阶段、不同方面共同利用同一资源而产生的整体效应。协同就是企业通过识别自身能力与机遇的匹配关系来成功拓展新的事业,协同战略可以像纽带一样把企业多元化的业务联结起来,即企业通过寻求合理的销售、运营、投资与管理战略安排,可以有效配置生产要素、业务单元与环境条件,实现一种类似报酬递增的协同效应,从而更充分地利用现有优势,并开拓新的发展空间。

📝 小提示

市场竞争有术,经营战略有策:若人缺,我则补,满足需求,增加销售;若人有,我则好,以优取胜,精益求精;若人好,我则多,市场热门,大量投放;若人多,我则廉,薄利多销,吸引顾客;若人廉,我则转,伺机转让,开拓新路。

(2) 三要素说。与安索夫不同,日本学者伊丹敬之认为,企业战略由三种要素构成,即产品市场群、业务活动领域、经营资源群。产品市场群说明公司的产品领域和市场领域,业务活动领域是指企业在整个价值链中应该承担哪些环节的活动,经营资源群则表明企业如何整合开展经营活动所需要的各种资源和能力以及积累资源与能力的方向。

伊丹敬之还认为,构成企业战略的这三项要素,各自又由两项因子构成,即范围和重点。例如业务活动领域所涵盖的内容即构成范围,而这些环节中最重要的一项即构成重点。伊丹敬之认为,根据这三项要素以及每项因子的当前状态和变化方向,就可以分析和确定企业的战略。

(3) 企业战略的层次。企业战略是表明企业如何达到目标、完成使命的综合计划。而企业的目标和使命是多层次的,它包括企业的总体目标、企业内各个事业部层次的目标及各职能层次的目标,各层次目标形成一个完整的目标体系。因此,企业战略不仅要说明企业总体目标以及实现这些目标所用的方法,而且要说明企业内每一层次、每一类业务以及每一部分的目标及其实现方法。一般来说,典型的企业战略分三个层次:由企业最高管理层制定的公司战略,由事业部制定的经营战略,由职能部门制定的职能战略,如图 1-2 所示。

公司战略又称总体战略,是企业战略中最高层次的战略,是企业最高管理层指导和控

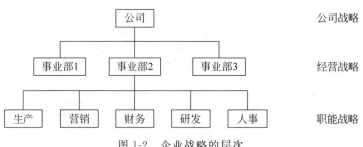

图 1-2　企业战略的层次

制企业的一切行为的最高行动纲领。公司战略的对象是企业整体,公司战略决策通常要求有远见、有创造性,并且是全局性的。通俗来说,公司战略主要描述企业在增长、多种业务和产品种类的管理等方面的态度。公司战略还需要根据企业的目标合理配置企业经营所必需的资源,使各项经营业务相互支持、相互协调。

经营战略又称事业部战略,因为它通常发生在事业部和产品层次。具体来说,经营战略是在企业总体战略的指导下,由某一个战略经营单位(事业部)制订的战略计划,是公司战略框架之下的子战略,为企业的整体目标服务。事实上,经营战略把公司战略中规定的方向和意图具体化,成为更为明确地针对各项经营事业的目标和策略。它重点强调企业产品或服务在某个产业或事业部所处的特定细分市场中竞争地位的提高。当然,经营战略既包括竞争战略,也包括合作战略。

职能战略通常发生在生产、营销和研发等职能领域。职能战略主要是以公司战略和事业部战略为根据确定各职能领域中的近期经营目标与经营战略,一般包括生产战略、营销战略、研究和开发战略、财务战略与人力资源战略。职能战略的主要作用是使职能部门的管理人员可以更加清楚地认识到本职能部门在实施企业总体战略与经营战略中的责任和要求。各个职能部门主要是通过最大化资源产出率来实现公司和事业部的目标和战略。具体来说,职能战略面临的决策课题是:生产和营销系统的效率,用户服务的质量和范围,特定产品的市场占有率,生产设备的专业化程度,研发工作的重点,库存水平的高低,人力资源开发和管理等。

企业通常同时使用以上三个层次的战略,因为职能战略支持经营战略,经营战略又支持公司战略。当然,经营单一事业的企业,一般只有公司战略和职能战略两个层次。

1.3　企业战略管理基本过程

企业战略是对全局发展的筹划和谋略,它实际上反映的是对重大问题的决策结果,以及组织将要采取的重要行动方案。而战略管理则不仅是决策方案的制定,还涉及战略方案的评价与实施,因此,企业战略的制定、评价和实施是一个系统过程,这个过程需要一定的理论与技巧。由于战略管理涉及企业的长远方向和重大决策影响范围,因而所需考虑的因素和技术更多,也更为复杂。

1.3.1 战略管理的历史发展

战略管理(strategy management)一词最初是由美国学者安索夫于1976年在其所著《从战略计划走向战略管理》一书中提出的。20世纪以西方工业发达国家为代表,战略管理发展的重心发生了转移:50年代重心是生产管理;60年代重心是市场管理;70年代重心是财务管理;80年代重心是战略管理;90年代重心是企业核心能力。

1.3.2 战略管理过程

战略管理过程是一个科学的逻辑过程,该过程主要包括三个关键部分。
(1) 战略分析:了解组织所处的环境和竞争地位,知己知彼,百战不殆。
(2) 战略选择:对可行战略方案进行评价和选择,一着不慎,满盘皆输。
(3) 战略实施:采取一定的步骤、措施,发挥战略的指导作用,实现预期战略目标。
战略管理的三个部分可具体化为以下九个操作步骤。
(1) 确定企业使命和目标。
(2) 侦测环境。
(3) 发现机会和威胁。
(4) 分析企业的资源。
(5) 识别优势和劣势。
(6) 重新评价企业的使命和目标。
(7) 选择和制定战略。
(8) 实施战略。
(9) 评价结果。

尽管不同的企业进行战略管理的具体过程往往会有差异,但是战略管理的基本过程是相似的。一般来说,动态的企业战略管理过程可以分为战略制定、战略实施、战略控制和战略修正四个阶段,每个阶段又包含若干个步骤。也有不少论著将战略控制阶段和战略修正阶段合二为一,并称为战略评估与控制阶段。也就是说,在这些著作中,战略管理过程只有三个阶段。本书采用四阶段描述法。图1-3为企业战略管理基本过程模型。

1. 企业战略制定

简单来说,企业战略制定就是制订企业长期发展规划的过程,其标准的程序包括:首先通过对企业内外部环境因素的分析来确定企业的使命和未来所要达到的目标,然后制定企业达到目标的战略和政策。当然,在某些特殊情况下,可能会先有企业使命,然后才对企

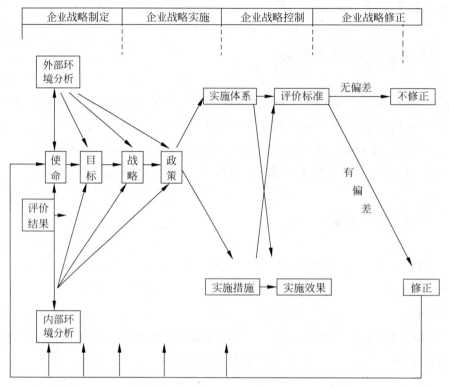

图 1-3　企业战略管理基本过程模型

内外部环境因素进行分析以制定企业的目标、战略和政策。

第一,企业外部环境因素是指影响企业作出战略性决策而对企业来说是不可控制的全部条件的总和。它包括一般环境和直接环境。一般环境是指与本企业经营有关但不可控制的经济的、社会的、政治的和技术的因素。直接环境是指企业经营所处的竞争环境,它直接影响企业经营目标和经营战略的选择以及实施成效。直接环境通常是那些和本企业有关的竞争对手、用户、供应者和贷款人等的战略性行为相互作用的结果。尽管本企业的行为也会对外部直接环境产生影响,但总的来说,对于本企业而言,外部直接环境在很大程度上也是不可控的。企业内部环境因素指的是企业在经营中已具备的和可取得的资源,如人、财、物等的数量和质量,它表明企业具有的优势和劣势。

一般来说,通过对企业内外部环境因素的分析和组合,可以找到企业的发展机会,从而确定企业的使命,在此基础上,制定出合适的企业目标和战略。

第二,企业使命是指企业将在社会中负有满足何种需要的使命,简单讲就是它将在哪些产品、市场和技术领域经营。企业使命只是反映了企业战略决策者办企业的主要意向,而不是对特定时间内要做到何种程度做明确的规定。一般来说,企业使命即经营方向要受到外部环境因素和企业内部因素的制约,而企业内部因素反过来又决定了企业应着重从哪些方面增强实力、提高素质,并对外部环境产生影响。

第三,企业目标指的是企业希望在未来某个时期内通过其经营活动取得的效果,如在利润、投资回收、市场竞争地位、技术领先地位、生产率、员工培养、人力资源开发和员工物质生活等方面要求取得的效果。企业目标一般是多元的,而且每一个目标都应当是明确的、可衡量的、能够达成的,是与其他目标相协调的。从时间的角度看,企业目标可分为近期目标和长期目标。在战略管理中,企业长期目标的周期一般为3~5年。近期目标指的是企业根据其长期的战略目标,在近期的经营活动中要求取得的效果。近期目标一般也称为年度经营目标,它所涉及的课题和内容与长期目标基本相同,所不同的是年度目标要求更为明确,以便指导近期的经营活动。所以,长期目标基本上是规划型的,而近期目标更多的是执行型的。例如,某企业在长期目标中规定年平均生产增长速度为10%,这就是规划型的;第一年的近期增长目标可能规定为8%或12%,这属于执行型的。

第四,企业战略就是实现企业长期目标的方法或行动方案。企业战略选择的过程就是对重大的机会提出相应的长期目标并提出实现这些目标的经营战略方案,然后根据企业长期目标和经营战略,进一步提出近期的经营目标和经营策略。一般来说,提出的是多个战略或策略方案,所以要对这些方案逐个地进行比较和评价,以求得一个能最好地实现企业长期目标的战略组合。在比较和评价中,关键的问题是要确定一定的衡量标准,因为任何一个备选方案都会有优缺点,衡量标准不同,选择的结果也会不同。而战略选择反过来也会对企业的经营方向、内部因素、外部环境和竞争环境产生影响,从而进一步丰富和发展原定的经营方向与目标,并对企业的能力提出新的要求。

2. 企业战略实施

企业政策是把战略制定和战略实施联结起来的决策与行动指南。具体来说,战略解决的是企业发展的基本方向、主要步骤和重大项目等事关全局的问题,而政策则是指导员工实施战略的行动细则。也就是说,企业运用政策来确保所有员工的决策和行动支持企业使命、目标和战略。所以,为了实现自己的使命、目标和战略,每个企业都需要在生产经营中以一系列的政策来指导产品的开发、设计、生产、定价、销售和顾客服务等决策活动。

企业战略实施就是借助行动计划、预算和一定的程序,把战略推向行动。也就是说,战略在实施以前只是纸面上或头脑中的东西,实施是将战略变成可以产生实际效果的行动。战略制定的关键在于其正确性,而实施的关键在于其有效性。战略实施的效果取决于实施战略所必需的工作任务、组织结构、人员、技术、报酬制度等重要因素的有效协调和运用。所以战略的实施过程一般会涉及整个企业的文化、组织结构和管理系统的变革。除非需要非常激烈、横跨整个企业的变革,一般来说中层管理人员和低层管理人员就可以执行与实施战略。当然,作为企业的最高行政首脑,企业的总经理必须对企业战略的实施承担全部责任。所以在现实中,较之企业战略的制定,企业高层经理(特别是总经理)往往会将更多的时间和精力用于企业战略的实施,他们要为战略的实施提供指导,进行评估和控制。

3. 企业战略控制

企业战略控制就是将企业战略实施过程中反馈回来的成效信息与预期的战略目标进

行比较,评估两者的偏差度,并采取相应的行动纠正措施,以确保战略目标的完成。早期的信息来自市场对企业战略的反应,这可以作为战略控制的初步依据。而对战略全面的、最后的总结评价和控制则在于证明其能否实现企业的经营目的——近期和长期的目标及企业的经营方向。战略只有达成了其目标,才是成功的。企业战略控制是企业高层战略活动的控制,它不同于管理层和作业层等中下层的控制。但是为了实现有效控制,高层管理者要能够从中低层的员工中获取明确、快捷、无偏见的信息,而这往往是困难之所在。

4.企业战略修正

企业战略修正是在企业战略实施的过程中产生的实际效果与战略目标有明显的偏差时采取对原战略方案的修改。战略控制是对战略实施行动的纠正,而战略修正则是对战略方案本身甚至战略目标本身的修改。当然,如果战略实施效果与预期的战略目标无偏差或差异很小,则不需要进行战略修正。显然,战略修正又可被看作下轮战略制定的起点。

上述模式是战略管理的基本模式,但它不是唯一的模式。实际上,各个企业可以根据各自的实际情况和需要对其组成的内容作出必要的增删调整。

战略强调对未来成败的总体谋划,而不是纠缠于眼前的细枝末节;

战略着眼于趋势与机会,而不是针对企业的个别问题;

战略着重于长期成就与前途,而不是短期利润;

战略侧重于锲而不舍、艰苦卓绝的努力,而不是异想天开、孤注一掷的投机。

1. 为什么企业必须研究和制定战略?
2. 企业战略的概念及其特征是什么?
3. 简述企业战略管理的过程。

4. 企业战略的构成要素是什么？
5. 简述战略管理的各种流派。
6. 试论制定经营战略的客观必然性。
7. 以"企业经营，战略先行"为题，结合企业实际，写一篇小论文。

 即测即练

第 2 章

企业战略环境研究

本章要点

1. 企业战略环境研究的意义。
2. 宏观环境因素分析。
3. 微观经营环境分析。
4. 市场环境分析。
5. 行业环境分析。
6. 怎样识别机会、规避威胁。

先导案例

中国高铁"走出去"的主要挑战

众所周知,中国高铁经过多年发展取得了举世瞩目的成就,已经建设并运营世界上最大的高铁网络,积累了应对复杂多样地质条件和气候环境以及长距离、高密度、不同速度等级共线和跨线运行的高铁建设与运营技术,建立了完备的中国高铁技术体系。尽管中国高铁"走出去"局面良好,且动力、实力、潜力十足,但也遭遇了不少尴尬。面对复杂的国际环境、激烈的市场竞争、难以预知的不利因素,中国高铁"走出去"可谓在艰难中前行。特别是近两年,每个"走出去"的高铁项目几乎都是"一波三折",出现反复甚至颠覆性的情况。整体上看,中国高铁项目谈得多,也与众多国家达成了合作意向,但实际落地者寥寥,尤其缺少具有鼓舞人心的标志性和带动性项目。总结和反思中国高铁"走出去"的征程,我们越来越深刻地认识到,能最终"走进"目标国,才是真正"走出去"。为此,需要重点关注以下十个重大挑战。

(1)海外"有效高铁市场"有限。高铁是一个国家的"奢侈级"基础设施,主要分布在东亚和西欧地区,中国、法国、日本、德国、西班牙和英国是高铁的核心市场。目前,有成形或在建高铁项目的国家有俄罗斯、波兰、沙特阿拉伯、美国、土耳其和摩洛哥,印度、泰国和马来西亚是未来有潜力的市场。建设高铁有四个较高门槛:一是需要投入大量资金;二是人口密度要大;三是电力供应充足;四是经济发展达到一定水平。能满足这些条件又有意愿修建高铁的国家十分有限;换言之,海外"有效高铁市场"有限。

(2) 目标国国情的多样性与东道国对高铁需求的差异性。高铁要真正走进目标国,需要认清目标国国情的多样性,精准把握东道国对高铁需求的差异性。目标国,特别是"一带一路"沿线国家的国情具有多样性和多元性。"一带一路"沿线各国的社会制度、经济水平、文化习俗、宗教信仰、历史传统、地理环境、发展道路各不相同,在铁路发展的轨道制式、建设方式、运营模式、投资融资等诸多方面也有很大差异。

(3) 高铁建设如何与沿线各国的产业发展和新型城镇化有机结合。高铁不仅是交通线,还是经济线、旅游线、民生线,对某些地方来讲更是生命线。一条高铁背后是一个产业规划,几条高铁意味着区域经济版图的重构和城镇化的勃兴。高铁将为"一带一路"沿线各国的产业化、城镇化乃至工业化插上腾飞的翅膀,让当地人看到经济振兴的希望,对那些生活在"亚洲脊柱"地带各条纵横交错道路沿线的人来说尤其如此。

(4) 面临外部舆论环境和价值认同的考验。这些年来,中国高铁"走出去"的国际舆论环境并不好,各种杂音不绝于耳,谣言甚嚣尘上,既有"中国高铁价格低还提供融资,赔本赚吆喝"的嘲讽,也有"中国是否遵循国际标准,是否兼顾东道国利益,是否履行社会责任和环境保护,高铁'走出去'之路究竟是绿色之路还是污染之路"的担心,还有"中国以'一带一路'建设为工具,以亚洲基础设施投资银行、丝路基金为手段称霸世界,推行新殖民主义"的中伤,少数居心叵测的国家更是不遗余力地宣扬"中国威胁论"。

(5) 高铁强国间的博弈和竞争者搅局。世界高铁强国主要有日本、法国、德国、加拿大、西班牙等传统铁路强国,这些国家也是中国高铁"走出去"的主要竞争对手。这些高铁强国都有自己的比较优势,如日本川崎重工的低阻力、轻量化和减灾防灾,德国西门子的主动安全、模块化车体、质量管理体系和可靠性,法国阿尔斯通的生态设计,加拿大庞巴迪的能源-效率-经济-生态。由于高铁技术发达国家各有所长,竞争和博弈也日趋激烈。

(6) 中国高铁标准国际认同度待提升。中国高铁标准是中国高铁"走出去"最重要的基石,推动中国标准成为国际公认标准的过程就是中国高铁品牌输出的过程,也是中国已经形成巨大产能的高铁产品和技术输出的过程。实证调研表明,中国高铁"走出去"的最大障碍在于高铁标准被国外垄断,国外主要采用欧洲标准,中国标准不被接受。目前,海外还没有一条完全按照中国标准建设的高铁。中国高铁要进入欧洲市场,必须达到欧洲标准。尽管欧洲某些标准已经过时,但要进入欧洲市场,所有装备都必须费时、费力地通过欧洲认证,这将严重削弱中国高铁的比较优势和竞争优势。

(7) 投融资瓶颈待突破。高铁具有初始投资大、建设周期长、投资回报率低、投资回收慢且风险高等特征。修建高铁资金投入很大,必须有很强的财力。然而,项目东道国往往难以筹集修建高铁的全部资金,特别是"一带一路"沿线国家经济发展水平普遍不高,通常要求承建商提供项目融资。因此,"带资"承建国外高铁在一定时期内很普遍,融资也就提上了议事日程。

(8) 顶层设计缺失。中国高铁"走出去"需要加强顶层设计和统筹规划,其必要性、重要性自不待言。然而现实情况是,国家层面缺乏宏观管理机构,各部委缺乏系统组织,国内金融机构在境外项目融资中缺乏有效整合管理,企业之间缺乏有效协调。企业参与方式单一、各自为政、单打独斗的情况非常普遍,企业之间无序竞争、恶性竞争现象时有发生,经常陷入"大水冲了龙王庙""自家人打自家人"的窘境。凡此种种,不仅使单个企业自身利益受损,而且减少了自身或联合争夺国际大项目的机会,更严重的是或将损害行业整体利益和国家战略利益。

(9) 国际化、复合型人才短缺,"一带一路"沿线国家铁路技术管理各类人才匮乏。目前,中国高铁"走出去"不仅急需工务、电务、机务等专业人才,还需财务、法务和商务人才;不仅急需熟练掌握 FIDIC(菲迪克合同)、NEC(新工程合同)等国际通用合同条款并深谙专业知识、熟悉海外规范的勘察设计人才、项目管理人才和经营开发人才,而且需要有国际视野、适应海外工作条件、愿意扎根海外的复合型人才,尤其需要精通国际贸易规则、当地宗教文化、国际法和地域法律法规,能与海外企业和政府有效沟通、谈判的高素质高端国际人才。

(10) 显在与潜在、传统与非传统多重风险交织。中国高铁"走出去"既有机遇又有风险,传统安全风险和非传统安全风险相互交织。主要风险包括以下几个方面:地缘政治风险、社会风险、安全风险、技术风险、政策、法律和经营财务风险等。

资料来源:徐飞.中国高铁"走出去"的十大挑战与战略对策[J].人民论坛(学术前沿),2016(14):58-78.

思考与探究:

中国高铁"走出去"面临的主要挑战是什么?应该如何应对?

2.1 宏观环境因素分析

出门看气候,战略识环境,生意知行情,信息抵万金。企业是在发展中求得生存的。企业的生产经营如逆水行舟,不进则退。企业要把握千变万化的市场行情,以变应变,先谋后战,精心策划,高效动作,才能迎风取势、适应环境,夺取最后的胜利,直挂云帆济沧海。孙子曰:"知彼知己者,百战不殆;不知彼而知己,一胜一负;不知彼,不知己,每战必殆。"据调查,世界上"长寿公司"的共同经验中有三点与对环境的认识有关:第一,对环境变化要反应敏锐,适应环境,以变应变,谋求生存;第二,对环境变化要有强烈的认同感,快速反应,寻找机会,谋求发展;第三,对环境与管理的认识要审时度势,与时俱进,不断创新,运筹帷幄,决胜千里。宏观环境因素分析如图 2-1 所示。

在分析一个企业所处的外部宏观环境时,可以用 PEST 分析方法。PEST 分析是指宏观环境的分析,P 是政治(politics),E 是经济(economic),S 是社会(social),T 是技术(technology)。在分析企业所处的背景时,通常是通过这四个因素来分析企业所面临的状况。

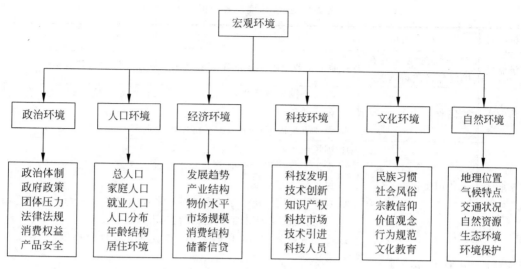

图 2-1　宏观环境因素分析

2.1.1　政治环境分析

政治环境分析是指对企业经营活动具有实际与潜在影响的政治力量和有关的法律、法规等因素的分析。当政治制度与体制、政府对企业所经营业务的态度发生变化,以及政府发布了对企业经营具有约束力的法律、法规时,企业的经营战略必须随之作出调整。法律环境主要包括政府制定的对企业经营具有约束力的法律、法规,如反不正当竞争法、税法、环境保护法以及外贸法规等,政治、法律环境实际上是和经济环境密不可分的一组因素。处于竞争中的企业必须仔细研究一个政府和商业有关的政策与思路,如研究国家的税法、反垄断法以及取消某些管制的趋势,同时了解与企业相关的一些国际贸易规则、知识产权法规、劳动保护和社会保障等。这些相关的法律和政策能够影响到各个行业的运作和利润。对于企业而言,企业可以在国家方针政策的分析中寻找到一些合适的机会。例如,国家提出的"互联网+"行动计划、"一带一路"倡议等给众多企业带来了创业机会。

2.1.2　经济环境分析

经济环境分析是指对一个国家的经济制度、经济收入等的分析。经济环境的关键要素包括投资所在地或所在国的经济政策制度、国民收入、人均国民收入、个人可支配收入、个人可任意支配的收入等。由于企业是处于宏观大环境中的微观个体,经济环境决定和影响其自身战略的制定,经济全球化带来了国家之间经济上的相互依赖性,企业在各种战略的决策过程中还需要关注、搜索、监测、预测和评估本国以外其他国家的经济状况,经济环境内容分析如表 2-1 所示。

表 2-1　经济环境内容分析

分析项目	内　　容	意 义 及 启 发
经济制度	投资所在地或所在国的经济政策制度	有助于企业根据相应的制度和政策来制定具体的经营策略
经济收入	国民收入	1. 指一个国家物质生产部门的劳动者在一定时期（通常为一年）所创造的价值。 2. 大体上反映了一个国家经济发展的水平
经济收入	人均国民收入	1. 国民收入除以总人口。 2. 大体上反映了一个国家的经济发展水平高低、经济实力大小、人民生活水平高低。 3. 在一定程度上决定了商品需求的构成和比例。人均收入上升趋势下，商品需求增加；反之，则商品需求减少
经济收入	个人可支配收入	1. 指个人收入中，用于支付个人税款和非税性负担以后，剩下的收入。 2. 可作为个人消费支出或储蓄的这部分收入。 3. 实际购买力的重要标志，决定消费者对生活必需品的消费
经济收入	个人可任意支配的收入	1. 就是从个人可支配收入中再减去消费者用于购买生活必需品的支出后得出的剩余收入。 2. 是影响消费者需求变化的最活跃因素。 3. 是要重点研究的收入

2.1.3　社会环境分析

社会环境包括受教育状况、价值观念、消费习俗等各个方面。这些因素是人类在长期的生活和成长过程中逐渐形成的，人们总是自觉不自觉地接受这些准则作为行动的指南。其具体内容如表 2-2 所示。

表 2-2　社会环境内容分析

分析项目	内　　容	意 义 及 启 发
受教育状况	文化水平与受教育程度	1. 受教育程度的高低，影响着消费者对商品品牌、功能、款式、包装和服务要求的差异性。 2. 企业经营活动的开展要针对消费者的受教育程度，采取不同的策略
价值观念	人们对社会生活中的经济、政治、文化、道德、金钱等事物总的看法	1. 文化背景不同，价值观念有异，具体影响着消费者对商品的色彩识别、式样的选择等。 2. 企业应根据不同的价值观念生产和促销产品与服务
消费习俗	人们在长期生产生活中形成的一种消费习俗	1. 消费习俗不同，对商品需求不同。据此制定不同的生产经营策略，有助于充分利用消费习俗创造商机。 2. 了解不同习俗下的消费禁忌是进行经营活动的头等大事

每一个社会都有其核心价值观,它们常常具有高度的持续性,这些价值观和文化传统是历史的沉淀,通过家庭繁衍和社会教育而传播延续,因此具有相当的稳定性。而一些次价值观是比较容易改变的。每一种文化都是由许多亚文化组成的,它们由共同语言、共同价值观念体系及共同生活经验或生活环境的群体所构成,不同的群体有不同的社会态度、爱好和行为,从而表现出不同的市场需求和不同的消费行为。

2.1.4 技术环境分析

企业的科技环境指的是企业所处的社会环境的科技要素及与该要素直接相关的各种社会现象的集合。科学技术是最引人注目的一个因素,新技术革命的兴起影响着社会经济的各个方面,人类社会的每一次重大进步都离不开重大的科技革命。石器工具、青铜器、铁器、蒸汽机、生产流水线、现代通信技术等重大发明无不将人类社会大大地向前推进一步。企业的发展在很大程度上也受到科学技术方面的影响,包括新材料、新设备、新工艺等物质化的硬技术和体现新技术、新管理的思想、方式、方法等信息化的软技术。一种新技术的出现和成熟可能会导致一个新兴行业的产生。

现代科学技术日新月异、发展迅速,是推动经济发展和社会进步的主要动力。第一次技术革命时,蒸汽机使人类进入工业社会;第二次技术革命时,电磁理论和化学使石油化工、电力通信、机械工业振兴;第三次技术革命涉及电子计算机、原子能、航天工业;第四次技术革命涉及光导通信、生物工程。新行业、新产品的出现使另外一些行业、产品走向衰退和淘汰。英国人亚历山大·弗莱明(Alexander Fleming)发明青霉素使人类平均寿命延长10岁。因此,技术环境是企业的一个重要外部环境。

技术环境分析不仅要分析引起革命性变化的发明,还要分析与企业生产有关的新技术、新工艺、新材料的出现和发展趋势以及应用前景。在过去的半个世纪里,最迅速的变化就发生在技术领域,像微软、惠普、通用电气等高技术公司的兴起改变着人类的生活方式。

案例2-1

奥动:电动汽车换电模式探索者

从创业的第一天起,奥动新能源联席董事长张建平就坚信换电是电动汽车电池使用的终极模式,并且扎根换电技术研发20多年,取得定位、锁止和连接三大核心技术与专利,独创了以锁扣连接为技术路线标准的底盘式换电解决方案。

然而,电动汽车头部企业特斯拉主要采用充电模式,造车新势力代表蔚来则诉求"可充、可换、可升级"的全方位补能体系。倒是像上汽集团这样的传统车企,陆续推出换电车型,覆盖SUV、轿车及商用车等全部品类。

伴随着新能源汽车产业的蓬勃发展，换电和充电两大技术阵营已经形成了各自的产业生态。以奥动为代表，换电技术主要运用于B端的车企和出行市场，其核心挑战是要统一电池标准，这样不仅有助于建立换电站规模优势，也可将商业模式向C端个人市场拓展。然而，电池标准统一涉及多方利益，阻力重重。

奥动选择或不选择对外开放锁扣式底盘换电技术专利，不仅影响自身发展，也影响到换电服务生态。在这条快速变化的赛道上，奥动应该作出何种策略选择？

资料来源：刘明宇，张洁友. 奥动：电动汽车换电模式探索者［EB/OL］. (2023-03-09). https://mp.weixin.qq.com/s/Ao_LY61k6z6SzcBqGE97zw.

2.2　微观经营环境分析

微观经营环境是与企业紧密相连、直接影响企业经营能力和效率的各种力量与因素的总和，主要包括供应商、企业内部部门、经营中介、顾客、社会公众及竞争者等。企业自身主要是指企业内部环境。在企业组织内部，以经营机构和经营人员为核心，与其他机构和人员共同构成了企业经营的内部环境因素。

2.2.1　供应商

供应商是指为企业进行生产而提供所需的特定原材料、辅助材料、设备、能源、劳务、资金等资源的供货单位。这些资源的变化直接影响到企业产品的产量、质量以及利润，从而影响企业经营计划和经营目标的完成。

2.2.2　企业内部部门

企业是组织生产和经营的经济单位，是一个系统组织。企业内部一般设立计划、技术、采购、生产、营销、质检、财务、后勤等部门。企业内部各职能部门的工作及其相互之间的协调关系，直接影响企业的整个经营活动。

2.2.3　经营中介

经营中介是为企业经营活动提供各种服务的企业或部门的总称，经营中介分析的主要对象有以下几个。

（1）中间商。中间商是指把产品从生产商流向消费者的中间环节或渠道，它主要包括批发商和零售商两大类。中间商对企业经营具有极其重要的影响，它能帮助企业寻找目标顾客，为产品打开销路，为顾客创造地点效用、时间效用和持有效用。一般企业都需要与中间商合作来完成企业经营目标。为此,企业需要选择适合自己经营的合格中间商,必须与中间商建立良好的合作关系,必须了解和分析其经营活动,并采取一些激励性措施来推动其业务活动的开展。

(2) 经营服务机构。经营服务机构是指为企业经营提供专业服务的机构,包括广告公司、广告媒介经营公司、市场调研公司、营销咨询公司、财务公司等。这些机构对企业的经营活动会产生直接的影响,它们的主要任务是协助企业确立市场定位、进行市场推广,提供活动方便。一些大企业或公司往往有自己的广告和市场调研部门,但大多数企业则以合同方式委托这些专业公司来处理有关事务。为此,企业需要关注、分析这些服务机构,选择最能为本企业提供有效服务的机构。

(3) 物资分销机构。物资分销机构是指帮助企业进行保管、储存、运输的物流机构,包括仓储公司、运输公司等。物资分销机构的主要任务是协助企业将产品实体运往销售目的地,完成产品空间位置的移动。到达目的地之后,还有一段待售时间,其还要协助保管和储存。这些物流机构是否安全、便利、经济,直接影响企业经营效果。因此,企业在经营活动中,必须了解和研究物资分销机构及其业务变化动态。

(4) 金融机构。金融机构是指企业在经营活动中进行资金融通的机构,包括银行、信托公司、保险公司等。金融机构的主要功能是为企业经营活动提供融资及保险服务。在现代化社会中,任何企业都要通过金融机构开展业务往来。金融机构业务活动的变化会影响企业的经营活动,如:银行贷款利率上升,会使企业成本增加;信贷资金来源受到限制,会使企业经营陷入困境;等等。

2.2.4 顾客

顾客是指使用进入消费领域的最终产品或劳务的消费者和生产者,也是企业经营活动的最终目标市场。顾客对企业经营的影响程度远远超过前述的环境因素。顾客是市场的主体,任何企业的产品和服务,只有得到顾客的认可,才能赢得这个市场,现代经营强调把满足顾客的需要作为企业经营管理的核心。其具体内容如表 2-3 所示。

表 2-3 顾客市场类型分析

类 型	定 义
消费者市场	指为满足个人或家庭消费需求购买产品或服务的个人和家庭
生产者市场	指为生产其他产品或服务,以赚取利润而购买产品或服务的组织
中间商市场	指购买产品或服务以转售,从中盈利的组织
政府市场	指购买产品或服务,提供公共服务或把产品及服务转让给其他需要的人的政府机构
国际市场	指国外购买产品或服务的个人及组织,包括外国消费者、生产商、中间商及政府

2.2.5 社会公众

社会公众是企业经营活动中与企业经营活动发生关系的各种群体的总称。社会公众分析如表 2-4 所示。

表 2-4 社会公众分析

对　象	概　念
金融公众	主要包括银行、投资公司、证券公司、股东等,其对企业的融资能力有重要的影响
媒介公众	主要包括报纸、杂志、电台、电视台等传播媒介,其掌握传媒工具,有广泛的社会联系,能直接影响社会对企业的认识和评价
政府公众	主要指与企业经营活动有关的各级政府机构部门,其所制定的方针、政策对企业经营活动或是限制,或是机遇
社团公众	主要指与企业经营活动有关的非政府机构,如消费者组织、环境保护组织,以及其他群众团体。企业经营活动涉及社会各方面的利益,来自这些社团公众的意见、建议,往往对企业经营决策有十分重要的影响作用
社区公众	主要指企业所在地附近的居民和社区团体。社区是企业的邻里,企业保持与社区的良好关系,为社区的发展作出一定的贡献,会受到社区居民的好评,其口碑能帮助企业在社会上树立形象
内部公众	指企业内部的管理人员及一般员工,企业的经营活动离不开内部公众的支持。应该处理好与广大员工的关系,调动他们开展市场经营活动的积极性和创造性

2.2.6 竞争者

在商品经济条件下,任何企业在目标市场进行经营活动时,不可避免地会遇到竞争对手的挑战。即使在某个市场上只有一个企业在提供产品或服务,没有"显在"的对手,也很难断定在这个市场上没有潜在的竞争企业。一般来说,企业在经营活动中需要对竞争对手了解、分析的情况有以下几种。

(1) 竞争企业的数量。
(2) 竞争企业规模的大小和能力的强弱。
(3) 竞争企业对竞争产品的依赖程度。
(4) 竞争企业采取的经营策略及其对其他企业策略的反应程度。
(5) 竞争企业能够获取优势的特殊材料来源及供应渠道。

2.3 市场环境分析

2.3.1 市场环境的含义

市场环境(market circumstances)是指影响产品生产和销售的外部因素。这些因素与企业的市场营销活动密切相关。市场环境的变化,既可以给企业带来市场机会,也可能形成某种威胁。因此,对市场环境的调查,是企业开展经营活动的前提。

2.3.2 市场环境的特点

任何企业总是在特定的市场环境中实现其经济行为,我们需要分析和了解当前市场环境的特点。

1. 动态性

动态性是市场环境的基本特征。任何环境因素都不是静止、一成不变的,它们始终处于变化甚至急剧变化之中。

案例2-2

"双减"政策下师范书社何去何从?

TC市师范书社成立于2007年,位于TC市城北街道新河北路,经营范围包括图书报刊零售、会议、展览、阅读、文化活动服务等。师范书社商品种类齐全、价格合理。师范书社重信用、守合同、保质量,以多品种经营特色和薄利多销的原则,赢得了广大客户的信任,并与多家零售商和代理商建立了长期稳定的合作关系。

然而,好景不长,2021年9月1日,国家出台"双减"政策之后,师范书社客流量陡然减少,运营边际成本急剧上升,客单价和购买率同步下降,师范书社面临巨大挑战。

"双减"政策一出台,很多实体书店同行纷纷转发,第一感觉对实体书店是个好消息。但是,学生们不上课外辅导班了,空余时间是不是就只有去书店的这一选择?学生们作业少了,是不是就会增加课外图书阅读量?总经理觉得,这其中没有必然的因果关系,在看似祥和的未来之下依然暗藏危机。

总经理的预感果然不错,"双减"政策不仅在于对校外培训机构的限制,同时也关注学生作业负担过重的问题。而作为书社原先最主要收入来源的教辅资料和课后练习题,与政策要求的减轻学生作业负担和限制课后辅导培训并不相符,反而与"双减"政策产生了不小的冲突。书社的前行之路亟待考量。

在此情形下,2021年9月伊始,总经理便召集了一众管理员工,召开了关于师范书社未来发展战略方向的会议。

资料来源:杨翠兰,林金怡,余思瑶,等.双减政策下师范书社何去何从?[Z].中国工商管理案例库,2022.

小思考:

请结合案例正文,分析师范书社进行战略转型的动因。

2. 复杂性

市场环境包括影响企业生产经营能力的一切宏观因素和微观因素,这些因素涉及多方面、多层次,而且彼此相互作用和联系,既有机会也有威胁,共同影响着企业的经营决策。例如,网络技术的发展改变了人们传统的生活方式,通过互联网,人们可以实现网上购物、网上营销、网上社交、网上支付等,这些改变使传统企业的销售渠道受到了极大的冲击,但同时也给其提供了很多机会,如更多可供选择的供应渠道、更为广阔的消费者市场等。

3. 不可控制性

相对于企业内部管理机能来说,市场环境是企业无法控制的外部影响力量。例如,无论是微观环境中的消费需求特点,还是宏观环境中的人口数量,企业都无法加以控制和决定。

案例2-3

低出生率已成为许多国家正面临的难题

2019年10月26日,日本厚生劳动省公布的初步数据显示,2019年1月至9月,日本新生儿总数为67.38万人,较上年同期减少5.6%;若此趋势持续到年底,出生人口将创1989年来最大减幅,这将是日本连续第4年新生人口出现减少。

面对这一现象,西班牙《国家报》网站称,日本人口萎缩问题从2008年起初现端倪,随后日趋严重,预计到2065年,日本人口或将从1.28亿降至8800万。

纵观世界,近些年,新生儿出生率下降似乎已经成为世界上许多国家都面临的棘手问题,例如韩国、新加坡、德国等。

韩国统计厅公布的《2018年出生统计(确定版)》显示,2018年,韩国的合计生育率为0.98%,这是1970年统计以来的最低值。也就是说,女性在育龄期(15~49岁)所生的平均新生儿数还不到1名。新加坡总理公署公布的新加坡《2017年人口简报》调查显示,新加坡人结婚年龄在过去30年里推迟了3~4岁,其总人口在2016年仅取得0.1%的增长,创下2003年以来的最低增长率。

造成这些国家新生儿低出生率的很大一部分原因是,生活压力和养育下一代的成本负担不断增加,许多婚育适龄青年的生育意愿下降和不婚人群增加。

为了缓解这一现状,各国推出的政策更是深入生活的各个方面。

日本为了缓解"老龄少子化"的社会问题,政府推出了许多鼓励生育、降低育儿成本的举措。比如设奖金鼓励"多产"、让3~5岁的适龄儿童免费上幼儿园、0~2岁儿童的父母享受育儿休假补贴和日托服务等。但从目前日本持续下降的新生儿出生率来看,这些政策收效甚微。

新加坡政府也开始各种"催婚",如组织大型相亲活动、品尝美食、出海旅游等,甚至打出了"你约会,政府买单"的招牌。

除了"催婚"外,新加坡政府还积极引进外来新移民,而这些外来新移民也在一定程度上缓解了新加坡新生儿低出生率的形势。新媒《海峡时报》曾援引移民机构数据称,2011年1—5月新生儿,父亲是外国人的占25%,母亲是外国人的占36%。

引进移民政策从短期来看确实能减轻社会压力,但从长远来看,外国移民的涌进和跨国婚姻的增多,也会带来许多新的社会问题和挑战,如语言、文化甚至民族认同感上存在的差异等。

德国就是个活生生的例子。为了减轻生育率和老龄化带来的社会压力,同时也出于人道主义的考虑,德国成为接纳难民最积极的国家。但从近年来看,难民危机使德国社会遭遇前所未有的冲击。

如何更好、更高效地缓解新生儿出生率不断下降的社会现状,不仅是让日本政府头疼的难题,也是当今世界上许多低出生率国家正在面临的难题。

资料来源:全球出生率断崖式下跌,多国专家焦急,年轻人:太穷太累只想躺平[EB/OL].(2021-06-02). https://new.qq.com/rain/a/20210602A03E0300.

2.3.3 战略环境分析方法

研究企业的经营环境必须借助一定的方法,调查和预测是主要的方法,调查是了解历史和现状,预测则是推测未来。没有调查和预测,就没有决策的自由。

1. 调查

没有调查就没有发言权,"一切结论应产生于调查的结尾而不在它的先头"。市场经济的海洋潮涨潮落、变化多端,不进行市场调查,不摸清市场行情,在市场经济时代就好像"盲人骑瞎马,夜半临深池"。情况不明决心大,知识不多办法多,不经调研,盲目决策,必然要失败。面对市场,要吃一拿二眼观三,行情不对早转弯,迅速反应,马上行动,方可取胜。

2. 预测

预测是对事物、情况发生之前或事物未来结果所做的推测、断定。凡事预则立,不预则废。在我国古代,如计然、司马迁就留有"旱则资舟,水则资车""贵出如粪土,贱取如珠玉"等词句。兵书上的料敌方法有:以己度敌,反观而求,平衡推导,观往验来,察迹映物,投石问路,顺藤摸瓜,按脉诊痛。一位精明的经理要有"月晕而风,础润而雨"的眼力。善于预见就能成功,不善于预见则会失败。

3．洞察力

良好的洞察力的特征如下。

1）客观性

观察客观事物要正确反映其本来面貌、特征，不以假当真、以偏概全；否则就会作出错误的判断。

2）敏锐性

在观察活动中，要迅速抓住那些反映事物的本质而又不易觉察的现象。观察力敏锐，可以提高工作效率。

3）准确性

观察准确是进行预测、决策的重要前提，是纠正谬误的依据。在观察客观事物过程中，要全神贯注、深入细致、追本溯源。

4）全面性

观察客观事物既要看到它的正面，又要看到它的反面；既要看到它的本身，又要了解它与周围事物的一切关系及相互影响；既要看到它的现状，又要了解它的过去，还要预测它的未来，这样才能做到观察的全面性。

5）反复性

客观事物是动态发展的，这种发展又是一个复杂、曲折的过程。为了获得可靠、真实的材料并进行正确的判断，往往要经过多次的反复观察。

2.4　行业环境分析

2.4.1　行业环境概述

行业环境分析研究的主要问题有：行业是如何组织的？引起行业变化的推动力是什么？哪些经济要素、经营特色对该行业的竞争成功最有影响？行业面临的战略焦点和主要问题是什么？为什么在同样的资源条件下，用同样的努力程度，有的企业经营得有声有色、蒸蒸日上，而有的却日落西山、难以为继？企业的盈利水平与行业环境究竟有无内在的联系呢？

波特认为，一个产业的盈利水平和竞争程度，取决于产业中五种力量[潜在进入者（新进入者威胁）、产业内竞争、买方（讨价还价能力）、供应商（讨价还价能力）和替代品（替代威胁）]的作用，如图 2-2 所示。

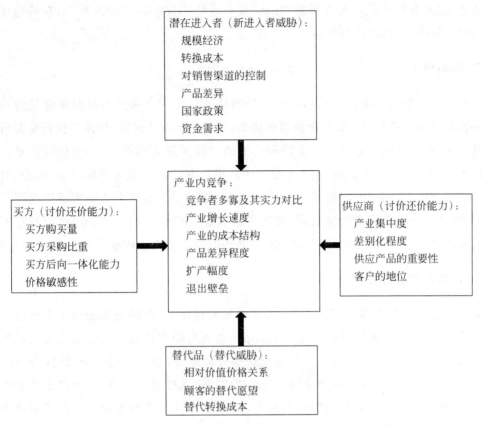

图 2-2 波特"五力"竞争结构模型

2.4.2 潜在进入者(新进入者威胁)

进入一个产业的新对手,常常具有某些经营资源,带有获取市场份额的欲望,结果市场价格可能被压低,或导致成本上升、利润率下降。一些公司从其他市场通过兼并扩张进入某产业,它们通常用自己的资源对该产业造成冲击。对于一个产业来讲,进入威胁的大小取决于进入壁垒的高低,加上准备进入者可能遇到的现存防守者的反击,如果壁垒高筑或新进入者认为严阵以待的防守者会坚决地报复,则这种威胁就会较小。进入威胁存在六种主要壁垒源。

1. 规模经济

规模经济,是指随着经营规模的扩大,单位产品成本下降的经济特性。如果产业内的企业都达到了相当的规模,并通过规模经营获取到明显的成本优势,那么规模经济就会成为抵御潜在进入者的壁垒。规模经济的存在阻碍了对产业的侵入,因为它迫使进入者一开始就以大规模生产并承担原有企业强烈抵制的风险,或者以小规模生产而接受产品成本方面的劣势,这两者都不是进入者所期望的。规模经济不仅存在于生产环节,在其他环节如营销、销售、采购等,都可能存在。

2. 转换成本

转换成本是指从原供应商采购产品转换到从另一供应商采购产品时所遇到的一次性成本。转换成本主要包括:雇员重新培训成本,新的辅助设备成本,检测考核新资源所需的时间及成本,由于依赖供应方工程支持而产生的对技术帮助的需要,甚至包括中断老关系需付出的心理代价。广义地说,为了学会使用新供应商的产品而花费的时间、精力、资金和需承担的心理压力,都属于转换成本。比如一家制药企业,如果不从原来供应商那里购进设施,而改从另一供应商那里进货,就必须重新检验这些设施的性能、质量,以及重新评价该供应商的商业信誉,所增加的相关费用、花费的时间和精力都构成了该企业的转换成本。

3. 对销售渠道的控制

新进入者需要确保其产品的分销,可是在某种程度上,产品的理想分销渠道已为原有企业占有,譬如原有企业可以通过建立专卖系统或者与销售商建立密切的合作关系来封锁新进入者通向市场的通道。新的公司要想获得分销渠道,必须通过压价、协同分担广告费用等方法,这就增加了新进入者的困难,也就构成了进入壁垒。显然,一种产品批发或零售渠道越少,现有竞争对手对它们的控制越多,则产业进入就将越艰难。现有竞争对手可能通过老关系、高质量服务左右这些渠道,某些特殊的制造商甚至可能独占渠道建立排他关系。有时这种进入壁垒高得难以逾越,以至新的企业必须建立全新的销售渠道。

4. 产品差异

产品差异意味着现有公司由于过去的广告、服务特色,或第一个进入该产业而获得商标信誉及顾客忠诚度上的优势,迫使新进入者耗费大量资金消除原有公司的顾客忠诚。这种努力通常带来初始阶段的亏损,并且常常要经历一个延续阶段。这样建立一个品牌的投资带有特殊的风险,因为如果进入失败,进入者就会血本无归。

5. 国家政策

政府能够限制甚至封锁对某产业的进入,国家的产业政策和有关的法律、法规,包括对最低投资规模的要求、对环保设施的要求(诸如空气和水的污染标准、产品安全性条例等)及发放许可证时采取的措施,也构成了一项重要的进入障碍。明显受约束的产业包括食品、运输、化工、酒类等。

6. 资金需求

竞争需要的大量投资,构成了一种进入壁垒,特别是高风险或不可回收的前期广告、研究与开发投资等。不仅投资生产设施需要资金,而且树立顾客信用形象、库存等都可能需要资金。即使资金市场可以提供资金,将资金用于初始投资大的产业,投资仍然意味着较大的风险。潜在进入者是将来可能要进入产业的人或公司。如中国银行之间的竞争,就是现有公司之间的竞争。随着中国加入 WTO(世界贸易组织),更多的外国银行要加入、展开竞争,这就是潜在进入者的竞争。又如中国移动、中国联通、中国网通、中国电信,它们之间的竞争是现有公司之间的竞争,将来还有很多公司加入,如 NTT(日本电报电话公司)、AT&T(美国电话电报公司)等,这些都是潜在进入者。

2.4.3 产业内竞争

产业内企业大部分为竞争关系,少部分为同盟关系。不同产业领域的竞争强度相差很大,有些产业的激烈竞争,让所有企业陷入低水平盈利,甚至亏损;有些产业维持相当"友好""温和"的竞争关系,不存在几败俱伤的格局。直接竞争者就是现存的一些生产、经营与本企业提供的产品相同或相似的产品,以同一类顾客为目标市场的其他企业。像中国银行、中国工商银行、中国农业银行、中国建设银行,这几家银行都在互相竞争,它们是直接竞争者。这种竞争强度差异的影响因素,可归结为以下几种。

1. 竞争者多寡及其实力对比

当产业内存在众多的公司时,各自有自己的战略目标和行动,由于各个公司的经营状况千差万别,其竞争行为也往往形形色色,相互之间的竞争甚至变幻莫测。即使某些产业从业公司很少,如果这些从业公司在公司规模与获取资源方面势均力敌,也会相互之间动辄发生争斗,且持续进行、报复频繁。而当一个产业高度集中化时,恶性竞争才可能比较少。因为一个或几个居主导地位者会通过某些手段,在产业中建立竞争秩序或者游戏规则。

2. 产业增长速度

当产业增长缓慢,对于那些寻求扩张的公司而言,竞争就成了一场争夺市场份额的竞赛,而且这时的市场份额竞争要比在市场快速增长的产业中活跃得多,因为在产业快速增长时,公司只要保持与产业同步增长即可有比较满意的收益。在这种情况下,它们的经营与管理资源可能在产业的快速发展过程中被全部占用,已无力另争其他企业的市场。

3. 产业的成本结构

当产业的技术特性要求企业拥有比例很大的固定成本、企业的生产能力利用率比较低时,企业需要充分利用生产能力,由此往往迅速导致削价行为的升级,从而引发激烈的竞争。成本的显著特征还表现为附加值,而不只是固定成本占总成本之比。若附加值高,即使固定成本占总成本之比比较高，仍然可减轻生产能力利用的压力。

4．产品差异程度

产品差异代表企业选择在不同的细分市场满足顾客的需求。产品差异程度越高，企业之间竞争的压力越小；产品差异程度越低，企业之间竞争的压力就越大。这是因为，在产品差异程度低的情况下，顾客在很大程度上要比较价格，由此产生价格竞争压力。

5．扩产幅度

在一些产业中，规模经济性要求以大幅度提高生产能力，才能有利可图。但是产业内企业普遍扩产，造成产业供需平衡的长期破坏和产业内企业普遍生产能力剩余，这往往造成恶性竞争，使产业报酬率下降。

6．退出壁垒

退出壁垒与进入壁垒相对应，是指企业从一个产业撤出时要付出的代价、克服的障碍。退出壁垒包含经济、战略及感情上的因素。这些因素使一个公司即使在收益甚微甚至投资收益为负的条件下仍然维持在该产业中的竞争。显然，退出壁垒影响企业从一个产业退出的决心和速度。退出壁垒主要来源于五个方面。

（1）专用性资产。专用性资产是只能用于某个产业的资产，当退出这一产业时，这些资产将失去价值。通常，专用设备和技术的资产专用性较强。如果某一品牌与某一产业概念紧紧相连，也会具有较高的专用性。

（2）退出产业的直接费用。其包括辞退员工的费用、生产设施处理所需要的费用。

（3）感情障碍。感情障碍即退出产业的非经济动因，如对具体业务的认识和钟爱、对员工的忠诚、管理者对自己事业的担忧等因素。

（4）战略牵连。企业同时在数个产业领域从事生产经营活动，各项活动相互支撑。这时从某一产业退出，可能会损害企业在其他产业领域的竞争优势。

（5）政府与社会的约束。企业在产业调整中作出的产业退出决策，可能会对政府和社会的利益造成影响。因此，政府和社会有时会对企业的退出行为进行限制与干预。

尽管退出壁垒与进入壁垒的概念有所不同，但它们共同构成了产业分析的一个重要方面。通常退出壁垒与进入壁垒是相互关联的。例如，生产中的规模经济性往往涉及资产专用，也涉及独享技术。若把退出壁垒与进入壁垒分成高、低两类简单情况，可以分析出四种不同的退出壁垒与进入壁垒的构成对企业经营所产生的影响，如图 2-3 所示。

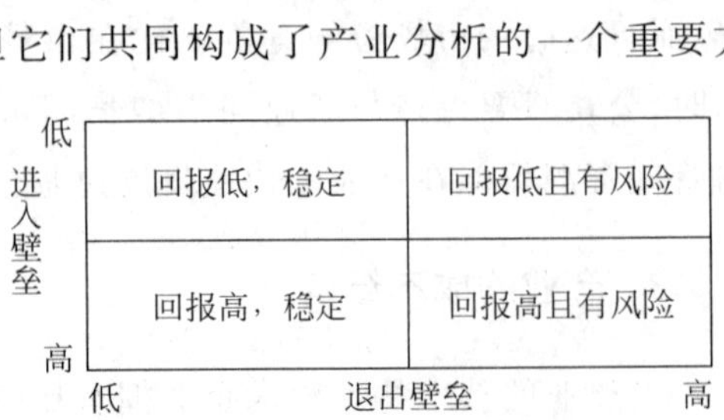

进入壁垒	回报低，稳定	回报低且有风险
	回报高，稳定	回报高且有风险

低　　　　　　　　退出壁垒　　　　　　高

图 2-3　产业壁垒与投资回报、风险

2.4.4 买方(讨价还价能力)

买方在要求较高的产品质量或索取更多的服务项目的同时,还采取各种各样的手段以压低价格,并且利用供货商之间的竞争对立关系从中获得利益。买方群体中每一主要成员的上述能力的强弱取决于许多因素,具体如下。

1. 买方购买量

在其他条件一定的情况下,买方购买量是一个重要的讨价还价因素。大批量购买和以集中方式进行的采购,相对于小批量购买和以分散方式进行的采购,其讨价还价能力较强。如果买方产业具有固定成本高的特点,如药用淀粉生产需要进行大量的玉米加工,其大批量购买者就形成特别强大的势力。

2. 买方采购比重

买方购买的产品占其成本或购买数额的比重,将影响其讨价还价动机的强烈性。当买方购买的产品占其成本或购买数额的比重相当大时,买方总是不惜为获得优惠价格而广泛选择购买厂家,耗费大部分精力讨价还价;反之,购买者对价格的敏感程度通常要低得多。

3. 买方后向一体化能力

买方采取后向整合的威胁,也是迫使卖方降低价格的一个重要因素。比如,大的汽车生产厂家,如通用汽车公司和福特汽车公司等,通常以使用"自己生产的"作为讨价还价筹码,它们对某一零部件自己生产一些以满足部分需要,其余的从外部供应商处购买。它们能够以调节自己生产这一部分的生产能力为由,实现对供应商的威胁,从而获得一个更低的供应价格。

4. 价格敏感性

外购对买方产品的质量和性能的影响程度、买方外购成本在其总成本中的比例和买方的收益水平等会影响买方的价格敏感性。外购对买方产品的质量和性能有重大影响时,买方的价格敏感性就会降低,外购投入占其总成本比重很大时,价格敏感性会上升。收益水平太低时,供应商对价格的立场会表现得异常坚定。

此外,转换成本、买方盈利水平等也是影响买方讨价还价能力的因素。

2.4.5 供应商(讨价还价能力)

供应商可能通过提价或降低所购产品或服务的质量的威胁来向采购企业施加压力。

当然,供方实力的强弱是与买方实力相互消长的。具备下述特点的供方企业的讨价还价能力将更强。

1. 产业集中度

供应商所在产业的集中度反映了该产业领域中企业数量的多少。如果该产业集中度高,买方的数量远远大于供方的数量,供应商选择交易对象时比买方有更大的自由度,往往能够在价格、质量及交货期上施加相当大的影响,因而可以具有比较强的讨价还价能力。

2. 差别化程度

供应商的产品特色、经营特色、品牌知名度等是谈判的重要筹码,譬如供应商一方拥有购买商普遍认可的品牌时,其谈判地位就会提升。

3. 供应产品的重要性

如果供应产品对于买方的业务或者产品来说是一种重要的投入,完全可以影响买方的产品、服务质量或者收益,那么这将提高供应商的讨价还价能力。

4. 客户的地位

当供应商向众多产业销售产品时,就可能出现客户地位的不一致性。若向某一产业提供产品是其重要的发展方向,该产业客户就会得到供应商的高度重视,供应商往往在讨价还价的过程中就会表现得"软弱"一些。相反,某一特定的产业并不代表供应商销售的重要组成部分时,供应商的讨价还价能力就比较强。

2.4.6 替代品(替代威胁)

替代品就是那些能够实现本企业产品同种功能的其他产品。广义地看,一个产业的所有公司都与生产替代品的产业竞争。替代品设置了产业中公司可谋取利润的定价上限,从而限制了一个产业的潜在收益。替代品压力主要取决于以下三种因素。

1. 相对价值价格关系

相对价值价格(relative value price,RVP)关系即通常所说的性能价格比,它直接影响顾客的利益。原产品和替代品的性能及价格的变化,会改变替代威胁的强度。

2. 顾客的替代愿望

顾客可能由于其自身的各种原因而增强其寻求替代品的愿望,如企业可能希望通过使用替代品来获取新的竞争优势。

3．替代转换成本

顾客由使用原产品转而使用替代品时，需要付出的额外代价即替代转换成本。如果替代品在物质条件和使用技能方面对使用有特殊的要求，或者与顾客原来产品的使用条件差别太大，它的扩散过程就会受到这些条件的制约，从而减弱它对其他产品的替代程度。

一个产品出现以后，慢慢就开始有替代品，新的东西就出来了。手机就是一个典型的例子，每家公司都在不断地创新，每年都有新款出来。

尽管五种竞争力量会随着时间的推移而发生变化，但是正如波特所言：理解产业结构永远是战略分析的起点。

2.5 经营战略选择的时机性

经营时机是企业的一种特殊财富，只有强烈的时机意识和果断魄力相结合，才能在经营战略的选择上抓住时机、出奇制胜。时机是时间和机会的统一体，任何机会都是在一定的时间出现的。拿破仑·波拿巴（Napoléon Bonaparte）以军事家的体会说："战略是利用时间和空间的艺术，我们对于后者不如前者那样珍惜，空间是可以重新得到的，而时间则会永远失去。"

可见，机会和时间联系得最紧。经营时机作为物质运动的某种特殊状态，有其自身发生、发展、消亡的过程。有些经营时机的寿命十分短暂，稍纵即逝。中国古代"争雁"的故事说的是，两个猎人看天空有一群大雁飞过，于是张弓搭箭准备把它射下来。一猎人说打下来煮着吃好，另一猎人固执地说：还是烤了吃好。两人争论不休，请第三人评理，说"射下来的大雁，一半煮，一半烤"。但是等他们要去射大雁时，那群大雁早已飞得无影无踪了。这个故事的寓意对于企业的战略决策者来说是深刻的，当机立断、抓住时机是战略选择成功的重要条件，尤其是在外部环境变化剧烈的情况下，对经营时机的把握与否是企业成败的关键。企业高层经营者的首要职能是制定、选择、实施经营战略，时机在战略选择上具有举足轻重的作用。只有正确认识经营时机的本质特征及规律性，才能科学地进行战略选择，及时果断决策，争取主动，获得胜利。

2.5.1 经营时机的本质属性

1．客观性

时机具有物质性，物质的唯一特性是客观实在性。不管能否意识到它，它总是在一定的时空中存在，而且是不以人的意志为转移的。

2．多样性

时机具有多样性。按照不同的划分方法，时机具有不同的类型：按照需求层次划分，企业高层领导需要的是战略时机,中层领导需要的是战术时机,而基层管理者需要的是作业时机;按照企业经营职能的不同,其还可以分为市场、投资、贸易、广告、宣传时机等;按照寿命周期长短不同,其可分为长期时机、中期时机、短期时机等。由于时机变化具有多样性,因此企业在战略选择时利用时机的方式和手段也必然是多种多样的。不能看到单个时机而不注意多个时机并存的客观事实;既要注意现实的时机,也要注意未来的时机;要善于从多种时机中选择最佳时机、从多种战略方案中选择最优方案,从而促进企业的生存发展。

3. 价值性

时机是资源,具有价值性。它和资金、技术、劳动力一样,也是一种重要的资源,然而时机的价值性及资源性都不是客观性的东西,而是带有主观性和依赖性,它只对需求者才具有价值,才是资源,否则毫无价值。同一时机,由于经营者的需求、认识理解程度不同,所产生的效益也不同。时机是一种宝贵的无形资源,只有通过开发和利用才能变为直接财富,因此对于经营者来说,时机就是市场,就是潜在的财富。

4. 易逝性

易逝性也称不可储存性,时机这种稀有珍贵的资源在世界上是独一无二的。煤炭、石油、森林、矿山等资源,如现在不开采,在一定的时间之内始终保持一种潜能,而时机却不具备这种潜能。

5. 关联性

我国古代商人就有"旱则资舟,水则资车"的辩证思想,也就是看到物质之间的关联关系。1998年夏季,我国发生百年不遇的特大洪水,给人民造成巨大的损失,但重建家园也为建材行业提供了机遇,这是比较明显的关联性,还有一些潜在的关联需要挖掘。海尔集团就是根据中国气象局长期天气预报分析北方1997年盛夏出现持续高温闷热天气,在此之前生产大量空调投放市场,一着领先,步步领先,盈利大增。

2.5.2 经营时机对企业战略选择的影响

企业经营者尤其是创业企业的领导者首要任务就是制定、选择经营战略。要时刻注意寻找、分析、选择、利用、调控和创造时机,为此应从以下几方面入手。

(1) 要寻找、捕捉时机。"巧妇难为无米之炊。"企业必须根据内部条件、经营战略及经营理念有指向性、有目地地收集各种信息,从中分析筛选出对本企业有用的信息,这是企业经营战略选择成功的前奏。老子曰:"道生一,一生二,二生三,三生万物",这反映了自然界从无到有的哲学历程。企业家在战略选择时必须善于把握这一哲学命题,否则,会陷入"零到一,一到零"的恶性循环。把握这一过程实际是考察企业家的运筹力和创造力,也是捕捉商机、获得信息能力的最终体现,是经营战略创意的最高境界。

(2)要分析、选择时机。对待时机也要"去粗取精,去伪存真,由此及彼,由表及里"。在多种时机中,要区分:哪些是战略性时机,哪些是战术性时机;哪些是有利时机,哪些是不利时机。企业应当特别注意选择对自己有利的战略性时机,要"咬定青山不放松",绝对不能坐失良机。香港企业家霍英东成功宝典的秘密就是"抓住机会"。起先,经营一家小店并一直寻觅机会的霍英东从报纸看到一则消息:战后物资正在拍卖,他的眼睛亮了,这是一个致富的好机会啊!他立即借钱购买了一些需要小修的小艇、廉价的舢板和海军机器,凭着自己的修船本领,在1个月内他就把这些东西修好并转手卖了出去,霍英东首次尝到了成功的滋味。1950年,朝鲜战争爆发。当时,中国的海岸受到美帝国主义及其帮凶的封锁,香港成了中国对外贸易的辗转站,大批军用物资从香港到内地。霍英东看准了这一百年不遇的机会,与几位朋友联合开办了大规模的驳运业务,他的驳船由一条、两条发展到数条。同时,他还利用驳运之便,买卖战余物资,获利极丰。在别人总是埋怨战争之苦的时候,霍英东抓住机遇,彻底摆脱贫穷,成为香港的航运业大亨。

(3)要调控、创造时机。企业在战略选择时必须随时监视随着环境变化而变化的详细情况,并据此不断调整自身的行动,以便利用最佳时机取得良好的效果。因此,企业高层领导者在选择时机时应具有创造性思维,某些看起来与企业毫不相干的信息,却隐藏着大量的,有时甚至是战略性的有利时机。企业家要独具慧眼、意识敏锐、创造机会,"金风未动蝉先觉",即当别人对市场需求尚处于朦胧状态时,企业要能预测到或看到市场将要有大量的需求;当别人刚刚看出这种需求时,企业已开始试制了;当别人刚开始试制时,企业已经投产了,甚至已打入市场捷足先登了。出其不意,攻其不备,知天知地,胜乃无穷。适应环境、改善经营主体的自身条件是创造时机的重要手段。

(4)要善于把握、利用时机。在企业实践中,许多人也能看到机会,但往往患得患失、不敢去抓,结果与之擦肩而过,后悔莫及。

总之,企业家在战略选择时应敢于超越自我、不断捕捉机会,只有突出"敢"字才能有所收获。邓小平在提出"摸着石头过河"的同时,也提出要敢闯、敢冒、敢试,这表达了同样的哲理。如果辨识了时机,也有抓住时机的胆量,但却没有把握时机的能力,同样等于零。"机遇偏爱时刻准备夺取胜利的人。"辩证唯物主义者认为:"一切应以时间、条件、地点为转移。"捕捉商机可创造财富,有时抓住一个机会可以使企业起死回生、大展宏图;而失去一个机会,则企业可能由盛转败、一落千丈。简而言之,成功的企业＝时机＋抓住时机的能力,这才是企业经营战略选择之真谛。

2.5.3 发现商业机会与规避威胁

在分析环境之后,管理者就需要评估企业有哪些机会可以发掘、利用,以及企业可能会面临哪些威胁。分析环境的出发点和落脚点,就是发现机会、避开威胁。那么,环境中到底有没有机会呢？先来看看几位优秀企业家的回答。

荣事达总裁陈荣珍以敏锐的洞察力讲了下面一段很有哲理的话："共同拥有一个太阳，但大家受到的温暖却各不一样。谁自身状况调节得好，谁就接受得更多。正所谓'只有滞销的产品，没有饱和的市场'。"

青岛海尔集团CEO张瑞敏反复解释、演绎他的创新理念：只有疲软的产品，没有疲软的市场；只有淡季思想，没有淡季市场；产品小差别，市场大差异；等等。此外，他还有一些警言："只有不赚钱的企业，没有不赚钱的行业。""机会靠人把握，市场就在身边。"既然环境中到处都有机会，我们为什么看不到呢？这主要是因为缺乏发现机会的思路和眼力。正如张瑞敏说的："没有思路就没有出路，有了思路就有出路。"他提出，海尔要有"三只眼"："第一只眼睛是盯企业内部的员工，使企业内部的员工满意最大化；第二只眼睛应该盯住企业外部市场，盯住用户，使用户满意度最大化；第三只眼睛是要盯住外部的机遇。"海尔集团之所以机会颇多、捷报频传，与张瑞敏的超前思路和敏锐的眼力有直接联系。

2.5.4 商业机会的选择

1. 官方渠道中有机会

所谓"官方渠道"，就是指领导讲话、政府报告、长远发展规划、方针政策等。官方渠道中有大量的机会存在。例如，领导讲话中有机会。1984年2月，邓小平在上海微电子技术及其应用汇报展览会上高瞻远瞩地指出："计算机普及要从娃娃抓起。"邓小平的这句话，就蕴含了一个巨大的市场机会。深圳宝安科王公司就是从邓小平的这句话发展起来的。

2. 信息资料中有机会

在市场竞争中，信息的竞争尤为激烈。从某种意义来说，抓住信息，就等于抓住制胜的钥匙。所以，信息里面就有机会，信息就是市场，信息就是金钱。

案例2-4

新趋势正在颠覆快消品行业

伴随着新兴产业的兴起，近几年快消品行业正在逐渐没落，麦肯锡通过对全球消费品行业的深入研究发现，如下这些趋势正在颠覆快消品行业。

（1）年轻一代改变购物偏好。1980年及以后出生的人，购买力比老一代高出4倍，大众化品牌和渠道已不再吸引他们，相反，一些新品牌更具有吸引力。年轻一代更喜欢通过与他人的沟通或者社交媒体来了解品牌和产品的情况。

（2）小品牌迅速崛起。高利润、与消费者有情感联系、价值链容易外包、运费占比低，这些都使小品牌在快消品行业更容易成功。庞大的风险投资资金也在帮助新生品牌迅速崛起。

(3) 新兴零售渠道抢占市场。年轻消费者更倾向于临时性而非集中性消费，他们不去大卖场等传统零售渠道购物，类似于711这样的便利店满足了他们的需求。这样的现状也让大型零售商备受挤压。

(4) 大部分市场已趋成熟。有数据显示，一旦消费者收入中位数达到3万美元，各品类人均销售额就会走平。这意味着传统快消品行业再也无法通过提高档次或普及率来获得跨越式增长。

除了以上这些趋势外，万物连接的物联网、数字化营销的崛起、电商巨头抢占先机、健康食品兴起、本土竞争者的崛起、大型零售商备受挤压、交易竞争加剧以及主动型投资者的持续施压，都会成为颠覆快消品行业的主要因素。在当下时代，快消品行业想要继续发展，任重而道远。

资料来源：麦肯锡.12个趋势正在颠覆快消品行业[J].中外管理，2018(8)：20.

3. 现代农业中有机会

随着工业领域因竞争的加剧而利润下滑，农业越来越受到方方面面的重视。一些精明、有远见的企业家捷足先登，及时地捕捉到现代农业的诱人商机。

案例2-5

京东新玩法

自京东推出弹子铺以来，弹子铺中的化妆品品牌、弹子铺中的"黑科技"、弹子铺中的主题活动，一直受到消费者的青睐。

2021年7月30日，京东、沈阳市农村经济委员会在玖伍文化城的弹子铺成功举办了京东无界零售暨沈阳优质农产品推介会。

此次活动是"无界零售"在京东的又一次创新尝试。它通过"无界零售弹窗店"的新潮形式，向消费者展示和销售优质农产品；以核心技术平台为支撑，利用物流、技术、营销、服务等能力助力农产品"上行"，努力打造互联网农业新玩法，实现"互利共赢"。据悉，弹出式店铺有两个相对时尚的场景。

1. 3D植物样本

除了展示优质农产品，京东无界零售弹窗店还在市内打造了"快乐农场"亲子乐园，在乐园内设置了专属的农业亲子会学区，利用3D(三维)植物样本直观解读"作物的生命"，为孩子营造身临其境的体验，增加亲子互动的机会，让孩子在互动中认识和了解作物生长的相关知识。

2. 用谷物作画

为了让孩子培养农业兴趣、获得农业知识并增强实践能力，在这次活动中，每天招募30名小朋友现场用五谷杂粮作画，使其感受练习的快乐。此外，京东还安排了夏粮大突破、免费品尝等活动。商农结合的关键是体验和场景的完美结合,通过参与活动提升认知和购买意愿。同时,通过弹出式店铺的流量实现农业品牌曝光。

资料来源:新玩法:快闪店＋农业 京东就在沈阳开了一家[EB/OL].(2018-08-01). https://baijiahao.baidu.com/s?id=1607583490738734529&wfr=spider&for=pc.

4. 环境和资源限制中有机会

环保产业在国际市场上被称为朝阳产业、明星产业,是国民经济结构中以防治环境污染、改善生态环境、保护自然资源为目的进行技术开发、产品生产、商品流通、信息服务、资源利用的"绿色"产业。如污水的处理、垃圾的填埋、防治噪声和空气污染的电动车、防盗器等,这意味着一个潜在而巨大的市场正展现在我们面前。

案例2-6

比亚迪:清洁能源技术创新

如今,提起国产电动车,人们脑海中浮现的第一个印象就是比亚迪。在汽车界,比亚迪是未来清洁能源技术领域中虽具争议,却不得不被承认的本土企业。虽然电动车是个时髦话题,但其技术难度却很少有人知晓。企业建立初期,比亚迪通过"逆向开发"设计的汽车产品虽说卖绩甚佳,却也因处于模仿阶段而授人口实。今天的比亚迪,明显比几年前更为成熟,比亚迪近些年推出在全新平台上打造的中高级车思锐以及搭载全景影像系统的新M6,并拿出了"TID(TI 意即涡轮增压加缸内直喷,D 代表双离合变速器)动力总成、DMⅡ代动力系统、双向逆变充放电技术、智能手表钥匙、遥控驾驶智能钥匙"五大自主研发技术,让人们见识了比亚迪在电动车光环之外的均衡发展和对技术创新的执着。作为中国品牌汽车企业的新锐代表,在技术创新方面,比亚迪一直致力将看似遥不可及的科技变成踏实的科技、生活的科技、用得起的科技。其在技术创新之路上不断探索、不断追寻,并已研发多项世界领先技术。

比亚迪重点向外界发布了两大"驭变战略",分别是"双驱战略"及"汽车智能化战略"。其中,"双驱战略"展现比亚迪能源管理体系的布局。比亚迪汽车始终坚持"以科技促环保",致力于汽车动力环保技术的研发与实践。"双驱战略"分为两个层面:一是在传统燃油车和新能源车两个层面都发展节能技术;二是在新能源车领域内,个人市场推广双擎双模,公交市场推广纯电动车。同时,从融入节能技术的自然吸气发动机,到世界同步的 TID 动力总成、世界领先的绿混技术,再到双擎双模动力以及风靡全球许多国家和地区的纯电动车,比亚迪完成了从单驱到双驱的战略布局,强化了能源管理体系,巩固了新能源汽车领军企业的地位。

资料来源:从模仿到创新 从逆向到正向:比亚迪从技术创新找到出口[EB/OL]. https://wenku.baidu.com/view/3c911697bad528ea81c758f5f61fb7360b4c2bbf.html?_wkts_=1684313540139&bdQuery.

5. 气候变化中有机会

自空调器、电风扇、电冰箱、取暖器、服装等气候敏感类商品诞生之日起，它们便与气候结下了不解之缘。在对这类商品生产、销售过程中，如果对气候变化一无所知、"听天由命"，将会给企业带来很大风险；而精明的企业家及早识破"天机"、运筹帷幄，就可轻松赚取难得的"气候钱"。无论是酷暑炎热天的空调脱销，还是阴雨连绵天的雨伞供不应求，都表明气候孕育着无限商机。

案例2-7

哈佛商学院气候变化课程中的"中国案例"

2022年2月，哈佛商学院首次开设关注全球气候变化的MBA（工商管理硕士）课程，对世界主要国家和地区的头部企业进行深入研究，旨在讨论商业社会以及公司在全球气候变化中扮演的角色和发挥的作用，并希望将这些公司的理念与经验推广，加速全球碳中和转型。

这些企业中唯一来自中国的是一家绿色科技公司——远景科技集团，其创始人兼CEO张雷同步受邀在哈佛商学院进行了分享。

从互联网技术公司到绿色科技公司，入选企业的变化或是一种必然：面对碳排放的全球议题，中国背负着前所未有的压力，但对中国公司来说，这却更像是一场历史性机遇：过去10年的能源转型推动了中国风电、光伏、动力电池和储能制造业的快速发展，使其在全球逐渐占据关键地位。与之相伴的是，一批具备高成长性的科技企业涌现，凭借全球领先的技术优势和市场影响力，活跃在全球各国的绿色和数字化转型领域。

"15年前，远景（科技集团）作为一家风机制造企业成立，当时中国有100家风机生产商。过去的15年，全球的风电价格大幅下降，当年的很多企业已经不复存在，但远景（科技集团）通过持续技术创新成为全球最头部的风机科技公司，还将业务扩展到智能电池和智能物联操作系统，成为零碳领域提供系统性解决方案的公司。"课程教授Gunnar Trumbull在案例中如此评价远景科技集团。他认为远景科技集团能在全球范围内取得如今成就的原因，在于不断地前瞻到行业面临的挑战，并专注于解决挑战。

资料来源：哈佛商学院气候变化课程中的"中国案例"[EB/OL].（2022-02-11）. https://finance.ifeng.com/c/8DWOe15yyps.

6. 市场缝隙中有机会

所谓"市场缝隙"，就是消费者尚未得到满足，而多数经营者尚未意识到的那部分消费需求。谁能先抓住这一需求，谁就能开发出一块新市场。

案例2-8

美团外卖就是生活节奏感快、工作压力大、想吃但又不想自己做的都市人的福音,或者一下午没课又不想出去吃的大学生的掌上法宝。美团的外卖功能让用户无须出门,就可以提前订餐,免却用餐高峰打饭排队、打到了饭也没位置吃的尴尬。顾客的需求,市场的追求。一天,王兴把商业合作伙伴召集到客厅,兴奋地在小白板上画了一张表。这张表只有四纵列、三横行,非常简单,却集中了王兴那段时间思考的核心成果。日后,它被称为"王兴的四纵三横理论"。它的出现,向世界昭告:愣头青王兴,已经成为过去;企业家王兴,正向我们走来。面对众人迷惑不解的目光,王兴指着社交和商务交叉的那个格子说,现在美国风行的团购网站 Groupon 就在这里,我们下一个要做的就是这个。

美团网,就这样诞生了,2010年3月4日,美团网正式上线,一个全新的消费时代,在中国拉开序幕。美团上线11天后,窝窝团上线;14天后,拉手网上线;3个月后,老牌网站大众点评也开展了团购业务,24券、糯米网上线……随后,中国市场上大大小小的团购网站,达到了惊人的5 000多家。根据互联网第三方调查机构 DCCI 互联网数据中心的数据,2019年3月,美团外卖市场占有率达到64.6%,占据绝对优势,跑到了冠军位置。

7. 别人产品的缺点中有机会

"先发制人,后发制于人"是兵家常用的一条谋略,如今它已被一些企业广泛地应用到商战中,不少企业通过采取主动出击、掌握主动权的攻势战术获得了成功。然而,"兵无常势,水无常形",任何经营策略都不是绝对的。抢先一步是"先发制人",可以取胜,落后一步对企业具有负面影响甚至破坏作用,经理人应时刻"瞪大眼睛",随时防范它的发生和规避其负面影响。但后发并不就等于失败,如果后发者能够瞄准对方的弱点、扬长避短,也一样能取得胜利。

案例2-9

MINISO 名创优品

叶国富1977年出生于湖北十堰,小时候家里很穷,他只读完了中专就放弃了学业,随后南下打工,在佛山一个建材厂从事建材销售的工作。凭借着极佳的业绩,叶国富很快就成为公司的销冠,赚到了人生的第一桶金。然而,在叶国富心里,总有一个自己当老板的梦想。特别是看到身边的人通过创业实现人生逆袭后,他越发按捺不住激动的内心,他决定要冒险创业。2002年,叶国富在自己的摸索之下,在佛山开了第一家店,没想到这家连锁店第一天收入高达8 600元,这让叶国富发现了一个巨大的商机。此后他又开出了多家连锁门店,由此赚到了第一笔千万财富。随着同质化竞争不断加剧,2004年,叶国富在广州成立了哎呀呀饰品店,卖起了女生最爱的各种小饰品,没想到再次获得成功。在哎呀呀最火爆的时候，国内很多的三四线城市的商业街里，都能看到它的门店。

  2013年，叶国富携家人前往日本旅行时，发现当地有很多生活家居专营店，这类店铺销售的日用生活百货不仅质量好、设计美观，价格还很实惠，而且绝大多数都是"中国制造"。叶国富因此获得商业灵感，并凭借自己过往在经营时尚连锁品牌时积累下的产品开发经验、供应链和渠道资源为名创优品的成立提供了条件。当年，叶国富联手日本青年设计师三宅顺也，开始第三次创业——创办名创优品，英文名为MINISO，因为产品丰富且价格优惠，在业界被称为"最强10元店"，第一家名创优品门店开在了广州市。

  用优质的产品和服务，让更多人能够轻松地享受有品质的美好生活，是名创优品品牌创立的初衷。消费者以亲民的价格，就能买到高颜值、高品质的产品，因此，"极致性价比"也成为名创优品产品高颜值、质好价优的标签。

  随着在全球市场的持续深耕以及对消费者的深入洞察，名创优品在"极致性价比"的价值追求上不断创新升级，于业内首次提出"兴趣消费"概念。为迎合年轻消费者的需求升级，名创优品基于"兴趣消费"，不断通过"IP(知识产权)联名、优秀设计、黑科技"赋能产品创新，面向全球市场推出"好用、好玩、好看"的产品，极致满足年轻消费群体的物质追求与情感价值。

  与此同时，顺应当下消费者多元化的购物习惯，名创优品积极拥抱互联网，走向线上、线下一体化的全渠道布局，让消费者无论是在门店还是在家中都能拥有便捷、轻松、愉悦的购物体验。

  2022年，名创优品正式启动品牌升级战略，推出全新品牌口号"点亮全球99国美好生活"。如今，名创优品已经成功进入全球100个国家和地区，在全球范围内拥有超过5 000家门店，遍布纽约、洛杉矶、巴黎、伦敦、迪拜、悉尼、伊斯坦布尔等全球知名城市核心商圈。依托优质的产品和服务，名创优品持续为全球数以亿计的消费者创造美好、高品质的生活体验。

  资料来源：湖北富豪白手起家，打造中国最强"10元店"，身价376亿[EB/OL].(2021-06-28). https://www.sohu.com/a/474481953_121118719；https://www.miniso.cn/.

  可见，从别人产品的不足中寻找市场是一条成功捷径。首先，这种方式简单、便捷。别人的产品存在某种缺陷，被消费者抛弃了，我就"哪壶不开提哪壶"，在我的产品中彻底消除这一缺陷，这样这个市场就变成我的了。这种"乘虚而入"的占领方式比采用常规方法开辟一个市场要省力许多。其次，这种方式成本低廉。一般来说，占领市场要经过市场调查、广告宣传、试销等几个阶段。在采用这种方式后，前边的几个阶段基本上都可以省略掉，这就可以使企业节省一大笔费用。所以，在激烈的市场竞争中，把目光盯在失败者身上，"从别人产品的不足中寻找市场"，就能把别人失去的市场变成自己的市场。

8. 顾客的抱怨中有机会

  在过去的观念中，顾客一旦抱怨，经营者就会认为他们是在找麻烦、添乱，而且只认识到抱怨给经营者带来的一些负面影响。但实际上这种观念是偏颇的,因为顾客抱怨虽然意味着品牌的产品或服务没达到他们的期望、满足其需求,但同时也表示顾客仍旧对品牌抱有期待,希望其能够改善产品或提高服务水平。所以,当顾客向你抱怨时,不要把它看成问题,而应把它当作天赐良机。顾客抽出宝贵的时间,带着他们的抱怨与我们接触的同时,也免费向我们提供了应当如何改进服务的信息。因此,顾客的抱怨不是麻烦,而是机会,也是恩惠。

顾客的抱怨,实质上是"不花钱的咨询"。"抱怨"对于商家来说往往意味着商机、市场、利润和生存发展的沃土。有远见的企业家都能够善待"抱怨",他们也由此获得了新的商机、新的市场。

日本松下公司创始人松下幸之助先生说得好:"没有挑剔的顾客,哪儿有精良的产品?顾客的抱怨,经常是我们反败为胜的良机。我们常常在诚恳地处理顾客的抱怨中,与顾客建立了更深一层的关系,因而意外地获得了新的生意。所以,对于抱怨的顾客,我实在非常感谢。"美国捷运公司副总经理玛丽安娜·拉斯马森曾提出过著名的公式——"处理顾客抱怨=提高顾客的满意程度=增强顾客认牌购买倾向=更高利润"。

9. 文物古迹、风土人情、名家的作品和典故中有机会

文物古迹、风土人情中有机会,这早已广为人知,但名家的作品和典故中有机会一般人听来则会觉得很新鲜。在这方面,鲁迅先生的家乡——绍兴就带了个头。

鲁迅先生生前恐怕不会想到,他在为后人留下一份宝贵而璀璨的文学遗产的同时,也为故乡人创下了一笔丰厚而独特的商业资产。据披露,如今绍兴人纷纷通过用鲁迅笔下家喻户晓的作品名、人物名作厂名、店名、公司名、商标名,使自己企业的知名度得到迅速提高。目前,以鲁迅作品中艺术形象注册商标的产品,已达百种以上,这成了绍兴经济发展中一个新颖别致、耐人寻味的现象。

绍兴人这种吃"鲁迅饭"的现象始于十几年前。当时,有商业眼光的人士敏感地注意到鲁迅小说《孔乙己》中"咸亨酒店"这4个字的含金量,便依照小说中描写的格局修建了咸亨酒店。此后,游览绍兴的客人纷至沓来,引得财源滚滚,如今咸亨酒店已经成了历史文化名城绍兴一个具有代表性的景点。一些绍兴土特产也因沾了鲁迅作品的光,畅销国内外。如孔乙己牌茴香豆在日本销路很好,祥林嫂牌豆腐乳、闰土牌梅干菜则成为上海、杭州副食品市场上的名牌。

10. 价值观念的变化中有机会

人们的消费行为是由价值观念指导的,因此,只要认真研究价值观念的变化趋向,企业就可以抓住商机赚大钱。例如,过去每年春节期间,机场和宾馆萧条冷落,但是近几年来,每逢春节,往返海南的机票紧张,海南各宾馆客房爆满,呈现出从未有过的兴隆景象。这种景象的出现,就源于北京人兴起的一种新观念——"旅游过春节"。此外,如时装、建筑、装

潢、化妆品、花卉等行业,受价值观念变化的影响更大。因此,这些行业更应注意研究人们的价值观念。另外,还需要说明的是,即使是同样的环境,由于企业控制的资源不同,对某些企业来说是机会,对另一些企业来说就可能是威胁。

例如,紧缩银根、压缩投资、经济萧条的环境,对经营不善、严重亏损、濒临破产的困难企业,就是很大的威胁,但对于经营管理很好、既强又大的企业,却是一个很好的机会,这些企业可以利用萧条的环境,实行低成本扩张,使自己发展得更强更大。再如,把天然气引进北京,给北京的化工企业带来了很好的发展机会,但给北京的煤炭行业却带来了严重威胁。

可见,环境变化对一个企业来说,究竟是机会还是威胁,取决于该企业所控制的资源。所以,在分析了环境之后,还必须分析企业的资源。

案例2-10

朴朴超市的"四化"

传统零售喜欢凭经验、凭习惯进行店铺管理,不会开展精细化管理。而新零售业依靠数据化管理,通过数据优化库存,进而提高资金利用率。朴朴超市小到根据订单数据灵活分配门店人数、保障最高运转效率,大到从中性层面控制全国前置仓运营状况、创新改进工作流程等都体现了管理方式的"新"。

1. 数据化

新零售业态中,人、货、场这三要素将被完全数据化。比如传统实体零售商,并不能有效收集、监控消费者行为,用户多是匿名的,即使某个忠实用户已经产生了1 000次购买行为,零售商也不知道他是谁,甚至不关心他是谁。对于同时开展电商业务的零售商,其线上和线下的数据通常是割裂开的,这也造成绝大部分顾客的消费行为数据严重缺失,更不用提用户画像的构建了。集合特卖CEO王首臣也曾介绍,新零售是通过线上、线下的数据深度融合来服务消费者、连接消费者、营销消费者,为消费者打造个性化、精准化、智能化三位一体的消费体验。

2. 去中间化

传统零售业的商品从工厂到用户手中,需经过非常多的环节,批发、分销、物流等都增加了非常多的成本,所以B2C(企业对消费者)的模式将会成为未来主流模式,也是新零售的一种常态。同时,传统零售业在发展过程中以商业地产租金、联营扣点方式赚取高额利润的方式将不可持续,最终零售业的利润将回归到商品和服务的增值中,而不是信息差。

朴朴超市拥有永辉供应链之一的优野蔬菜,在本地蔬菜生鲜供应链上有优势,供货环节的物流服务费也只收3‰~5‰,免去了供应商的进场费和滞销退货,成本就降低了;此外,其不用像传统零售店面去选择一些高价的商业区,而是选择租金低的宽广厂区,设立前置仓,无须对外开放参观门店,装修费用较低,这也大大降低了门店租金和装修成本。

3. 个性化

随着新零售的提出,很多企业迅速成为市场焦点,个性化定制是每个企业制胜的法宝。传统零售行业一般都是批量生产,所以无法或者很难识别消费者多变、多样的需求,其步伐总比市场慢半拍。新零售不再如此,为了制造个性化产品,其必须关注市场、关注消费者需求,及时调整产品策略。

仓所的周边环境不同,朴朴超市主推的东西也不同。例如,校园周边的朴朴超市推的内容就偏文具类。老用户能看到与自己消费习惯相似的商品和对应的促销信息,因此下单率提高,运营效率也提高。

4. 全场景化

新零售模式下,消费场景无处不在,应用数字化技术实现实体、虚拟的深度结合,将传统零售的人、货、场在空间和时间维度上最大延伸,消费者不再受区域、时段、店面的限制,商品的内容也不受形式、种类和数量的限制,消费者的体验和商品交付的形式不受物理形态的制约。

传统零售以单个店面、单打独斗的形式发展和经营。而新零售注重上下联合、线上线下融合经营,就拿苏宁小店来说,不但可以实现连锁经营,更是兼具线上店铺和线下实体店。朴朴超市同样颠覆了原有的配送模式,其模式为纯线上流量平台＋前置仓巧置＋闭环生意运营＋选址独特,可以简单概括为:用户通过 App 选购商品,朴朴超市利用设置在居民小区附近的货仓,实现1.5千米范围内的及时配送。前置仓模式稳扎稳打,吸引到不同年龄层次的人。线上电商同时让配送更快捷、更简单。

2.5.5 商业机会中的风险分析

可能给企业带来风险的八大因素分析如下。

(1) 现有竞争对手。对手的数量和实力怎样?如果它已瞄准了自己,自己决不可掉以轻心。

(2) 供应商。供应商的数量越少越不利。

(3) 客户。客户数量少,说明此市场已被对手瓜分,这是最大的威胁。

(4) 潜在的竞争对手。识别潜在的竞争对手出现的兆头非常重要,企业要时刻居安思危、防患于未然。

(5) 替代技术。越是传统的产业,越要注意替代技术夺走自己的"饭碗"。

(6) 互助企业。专业化分工与协作的企业之间,合作态势与诚意十分重要。

(7) 政策或规则。政策、规则的变化会立即形成新的利益格局。例如,垄断一旦打破,马上会有对手出现。

(8) 自然状况。灾害与突发事件常常会给企业带来"飞来横祸"。要评估某种威胁是否存在以及如何对待,可以从市场预测和调查中得出判断。

2.5.6 处理商业机会中的威胁的一般方法

威胁是对企业造成危害的负面力量,对其实行防范和预警十分必要。对企业威胁"预警"的方法如下。

(1) 建立一支"消防队",保证企业在受到威胁冲击时能很快化解威胁。

(2) 时刻提防对手。学会区别信号与杂音,以识别出真正的竞争对手。

(3) 深入客户、深入本企业的中层和基层。建立一种信息双向沟通的渠道,听取客户和企业中、基层人员的意见,避免自己成为最后一个知道变化的人。

(4) 经常听一听以评价你为职业的人的说法。这些人经常在旁边观察你、琢磨你,他们往往能从较新的角度发出一些新信息。

案例 2-11　新时代漳州市营商环境持续优化与民营经济高质量发展

知识拓展

案例解析

本章思考题

1. 分析外部环境的意义及方法是什么?
2. 影响一个企业产业环境的五种基本力量是什么?以烟草行业为例分析五种因素对其影响。
3. 企业如何识别、捕捉机会?
4. 企业如何发现与规避威胁?
5. 影响企业的外部环境因素有哪些?

即测即练

第 3 章

企业的内部环境分析

本章要点

1. 对企业资源和企业基本能力的分析。
2. SWOT 分析。
3. 企业核心竞争力分析。

先导案例

三只松鼠

2012年2月,以章燎源为首的5个创始人在安徽省芜湖市正式创立了三只松鼠,最开始主营业务也就是坚果类零食。同年6月19日,三只松鼠登陆淘宝试运行,上线仅7天便售出1 000单,上线65天取得了天猫坚果日销量排名第一的成就。

1 经营模式:启用 OEM 商业模式,线上线下齐发力

1.1 OEM 商业模式

现阶段三只松鼠采用的是 OEM(原始设备制造商)商业模式,经过自主研发,三只松鼠将产品配方和生产工艺安排给加工供应商,最终在三只松鼠完成分装和质量检测。目前,三只松鼠主要负责产品开发,产品开发完成后,三只松鼠与农户、合作社等采购源进行对接,再由三只松鼠将采购的农产品送到供应商手中,供应商根据三只松鼠在产品加工过程中的具体要求,对三只松鼠进行严格的质量检验,对产品进行选择并分批发货。最后,成品将通过天猫、京东等在线平台在三只松鼠的官方门店销售。目前,三只松鼠的销售仍以线上渠道为主,休闲食品也通过线下体验店销售给个体消费者。产品研发、采购与生产、质检、仓储与物流配送四个阶段紧密连接着三只松鼠。

同时,公司基于自身的 OEM 业务模式,建立了符合自身业务发展的独特的采购体系,重点从采购体系、供应商管理和产品质量控制等方面确保食品的绝对安全。公司的采购模式是通过两级管理制度具体实施的,除了要严格把控好公司与供应商这一层级的供销关系以外,公司还要从上游的采购环节对一些产品的质量进行更细致的把控,包括直接与农户进行交流,以确保更好地掌握一线上游市场行情动态,并且保证自身食品原材料的绝对安全性。这样公司可以从原材料质量、原材料采购价格等多方面加强自身话语权,进一步夯

实公司上游基础,打造休闲食品行业平台发展模式。

1.2 把握线上,开拓线下

目前三只松鼠渠道结构以线上渠道为主,线下松鼠投食店和松鼠小店列为两翼,社交电商、新分销和松鼠小镇列为三侧。其中,线上渠道包括与第三方线上平台合作和自营移动App,与第三方线上平台合作包括B2C模式和统一仓储模式;线下松鼠投食店、松鼠小店和松鼠小镇不仅是线上销售渠道的有力补充,同时也是三只松鼠品牌建设和宣传的主要着力点。也就是说,三只松鼠的线上销售主要是通过三个模式:B2C模式、统一入仓模式及自营App模式。具体而言,目前B2C模式的收入占比最高,并实现了对淘宝、京东等主流平台的全方位覆盖。

除此之外,三只松鼠还大力发展统一入仓模式,成为B2C模式的有力补充。这里的统一入仓模式是指由三只松鼠直接向合作平台(例如淘宝、京东等)发出货品,后续的服务是直接由合作平台来对消费者全权负责的。也就是说,采用统一入仓模式后,三只松鼠只需要负责货物的发放,而不参与物流配送和售后服务,类似于寄售模式。2015年开始,三只松鼠正式开展统一入仓模式,现在其已经成为公司多元化销售策略的不可或缺的一部分。2018年,其收入已达到10.25亿元,占总营收的14.64%,超过了京东旗舰店的销售收入,成为公司在京东平台的主要收入来源,同时也是公司第二大收入来源。

2 转型初探:"鼠"道之路遇阻,数字化新零售布局

2.1 几遇挫折,四面楚歌

作为起步于互联网的数字原生企业,三只松鼠在尽享互联网流量红利、率先打造出百亿销售的"松鼠奇迹"后,迎来了红利消失、互联网零售市场趋于饱和、增长乏力的现实危机。这让章燎源意识到:三只松鼠最大的失误便是没有布局线下门店,由此三只松鼠开始了轰轰烈烈的"补课运动"。

在意识到线下手机市场的巨大潜力和自身线下布局的短板后,三只松鼠开始了数字化战略转型:构建线下线上一体化的数字新生态体系,扭转三只松鼠颓势,力争再度崛起。于是,三只松鼠将此前定位为售后服务网点的门店基于云计算、大数据、人工智能(AI)、物联网等前端科技布局的零售业态构建进行战略升级,将其改造为线下零售门店——松鼠之家。通过数字化门店建设,实现门店人、货、场的数字化,以线上反哺线下、线下拉动线上,促进线上线下一体化。2016年开始,三只松鼠正式进入线下零售市场,开始了疯狂的新零售之路。

同时,由于休闲零食行业没有很高的进入壁垒,三只松鼠的竞争企业也相当之多。2019年市占率排名前三的分别是三只松鼠(10.2%)、百草味(7.2%)、良品铺子(6.0%)。下面我们主要从产品结构和业绩表现两个方面来对比分析。从产品结构来看,目前三家龙头产品结构有部分是类似的但总份额与种类仍存较大差异。三只松鼠目前主营产品依然是坚果类,占其总营收超过50%,但近年来由于公司大力发展各个品种的零食,零食占比迅速提升,目前已经稳居公司总销售额第二位。良品铺子的产品种类数量是三个企业中最

丰富的,且各个种类占比比较均匀,2020年公司总营收也完成了对三只松鼠的反超。百草味原本同三只松鼠一样主打坚果炒货,但自被好想你枣业收购后,各种枣类产品上线百草味线上销售平台,也逐渐占据百草味总销售收入第二的位置。从业绩表现来看,2020年,三只松鼠主营业务收入为76.90亿元,良品铺子、百草味分别实现营收78.94亿元、30.12亿元,三巨头体量远超行业内其他玩家。天猫旗舰店的用户数量同样能够反映这一特征,截至2019年7月20日,三只松鼠关注用户数最多(2 825万人)且增速较快(上市仅一周,关注数量就上升了100万人),良品铺子、百草味分别为2 297万人、2 002万人。

2.2 披荆斩棘,逆流而上

2016年9月30日,松鼠之家首家线下店开业,也预示着三只松鼠新零售开启新征程。通过数字化赋能,松鼠之家实现了对人、货、场的重新定义。从松鼠之家线下零售布局开始,形成了以硬件、互联网服务和新零售为核心的新商业模式,通过线上、线下渠道的融合完善了整体的三只松鼠生态链。至2019年12月底,松鼠之家在全国已有500多家门店,以数字化赋能线下零售,引爆了新零售格局。

1. 数字化赋能用户

在用户数字化环境下,消费者成为设计、生产、销售、服务全流程的一部分,消费者不再是被动、单一的产品接受者,而是合作的生产者。消费者的数据为企业产品的设计、生产、销售和服务提供了信息和决策支撑,帮助预测消费者群体的偏好趋势及个体消费者的个性化需求,从而支持企业决策,提升企业效率。其具体实现方式如下:三只松鼠一直将数字化贯穿在企业的管理中,传统的企业可能卖了一袋瓜子不会知道是谁买了,但是三只松鼠会通过数字化的手段获取购买商品用户的信息,包括年龄、性别,甚至是对产品的评价,所有的数据在三只松鼠的数据库里都会有清晰的划项,单个的数据没有太大的意义,但是1.6亿用户每天500多万的评价,包括散落的用户评价数据、产品检测数据、研发数据、客服数据汇集在一起,在自行开发的系统里对应地对某种产品产生综合评分,对供应商也会有个综合评分。用数字化赋能消费者的目的在于以用户为中心,做好用户划分,实现精准营销,提供个性化服务,满足顾客期望,提升顾客满意度,促进顾客忠诚,为客户的全生命周期价值管理奠定基础。

2. 数字化赋能货物

在货物数字化环境下,三只松鼠通过大数据选品,在实现了智能互联和货物的定制化策略的同时,有效降低了企业库存风险。随着店内数字化设备的安装与启用,企业可以通过对消费者行为的记录与分析,由消费者行为反推商品展示与销售,极大地提升了货物的品质与销售效率。能够利用其前期互联网积累的用户数据,对当地用户群体进行分析,初步筛选出畅销的产品进行陈列。从顾客进店挑选展品开始,可根据用户数据化模糊画像选择本店展示和销售的产品,并将陈列位置和宣传方式与数据相协调,以实现精准选品。将爆品战略和科学选品相结合,让客户可以"闭着眼睛买",提高到店客户的转化率。

此外,通过数字化赋能,松鼠之家可以通过一系列数字技术拿到商品体验数据,比如根据客户在店内的停留集中区域分析客户进店意图及产品购买意向,根据消费者在产品前的体验时长分析消费者对产品的购买意愿及成交概率等。如此,通过人与货的数据匹配,三只松鼠可以对销售数据、库存数据进行联动分析,识别出产品存在的问题,及时进行产品改进和价格调整;还可以因地制宜,为门店选品和陈列提供依据。此外,通过产品身份标签对应产品日报、周报、月报信息,了解用户的关注品类、对产品喜爱程度、体验次数及购买意向等,进而针对不同产品制定不同的营销策略。

3. 数字化赋能门店

门店的数字化不再强调线上线下固定的零售场所,而是一种泛零售情境,关注消费者触达场景的多元化,用数据赋能,打通信息流、资金流和物流,将高效性与体验性结合、便捷性和安全性结合、跨度性和即得性结合,提升购买场景的效率。松鼠之家不仅具有传统线下店铺销售和售后的职能,还具备体验、引流的职能,致力于为消费者提供浸入式、无打扰的消费体验。松鼠之家通过人工智能技术对门店运营全流程进行数字化追溯,制作移动的商业智能(BI)系统,结合松鼠云平台的大数据能力进行更全面的分析,方便店长或区域经理随时随地关注门店运营情况。一方面,管理者可以时时关注客流情况,并及时识别黄牛和小偷,提高店面运营的安全系数;另一方面,这一系统清晰地显示店铺销售情况、客户转化率、连带率、客单价,甚至客户的满意程度及其对员工的评价。服务数字化战术有助于管理人员对店员的考核,及时发现运营过程中的问题,提出有针对性的解决方案,提高门店的运营效率。

资料来源:花冯涛,汤睿.三只松鼠:借力好风八年发展,数字化转型赋能未来[EB/OL]. http://www.cmcc-dlut.cn/Cases/Detail/6090.

思考与探究:
三只松鼠从成立到正式上市所处的内外部竞争环境如何?

3.1 企业资源的分析

企业战略就是企业所处环境中能够决定其地位的机遇、威胁与内部条件之间的匹配。战略管理的基本模型强调通过内部条件评估,认识企业的优势与劣势,形成企业的核心竞争力,从而在与外部环境的匹配中构建企业战略。

3.1.1 企业的资源及其构成

在经济学和管理学中,资源主要是指生产要素或者能够带来价值的某种东西,与一般我们所理解的自然资源的概念有一定差异。企业的资源是指企业在实现经营目标中可以运用的各种生产要素及其他相关因素。企业的资源通常分为三类,即有形资产、无形资产和人力资源。有形资产是指可见的、能量化的资产;而无形资产是指那些根植于企业的历史、长期以来积累下来的、没有实物形态的资产;人力资源是一种特定的有形资产,它意味着企业的知识结构、技能和决策能力。其中,有形资产包括财务资源、实体资源和组织资源;无形资产包括技术资源和声誉资源。表3-1显示了这些资源的内涵。

表 3-1 企业资源的内涵

类 别	内 涵
财务资源	企业的自有资金、融资能力和投资能力
实体资源	企业的厂房、设备的规模及先进程度 企业获取原材料的能力
组织资源	企业的信息交流系统及正式的计划、控制和协调系统
技术资源	企业的专利、商标、版权和商业机密 企业技术创新的资源,包括研究设备、科学技术人员
声誉资源	企业通过产品品牌、质量、与客户关系,从而建立起在客户心目中的企业声誉 企业在其供应商、金融公众、员工等公众心目中的声誉形象
人力资源	企业管理者的决策能力 企业员工的专业知识和技能 企业员工的忠诚度和献身精神

1. 有形资产

它是比较容易确认和评估的一类资产,一般都会在企业的财务报表中列示。但从战略的角度看,资产负债表所反映的资产价值是模糊的,有时甚至是一种错误的指示,会计计量原则使这些会计数据并不总是能真实地反映某项资产的市场价值,更不要说很好地衡量这些资产对于企业的战略价值。值得一提的是,相对于传统的财务会计,管理会计的兴起和应用在这些方面取得了一定的进步。

当考虑某项有形资产的战略价值时,不仅要看到会计科目上的数目,而且要注意评价其产生竞争优势的潜力。为适应市场需求的变化,在评估有形资产的战略价值时,必须注意以下两个关键问题。

第一,是否有机会更经济地利用财务资源、库存和固定资产。企业可以通过多种方法提高有形资产的回报率,如采用先进的技术和工艺,以提高资源的利用率,即能否较少的有形资产获得同样的产品或用同样的资源获得更大的产出。

第二,怎样才能结合外部资源,使现有资源更有效地发挥作用。如通过与其他企业的联合,尤其是与供应商和客户的联合,充分地利用资源。实际上,由于不同的企业掌握的技术不同,人员构成和素质也有很大差异,因此它们对一定有形资产的利用能力也是不同的。换句话说,同样的有形资产在能力不同的企业表现出不同的战略价值。

2. 无形资产

无形资产是企业不可能从市场直接获得、不能用货币直接度量、也不能直接转化为货币的那一类经营资产,如企业的经营能力、技术诀窍和企业形象等。无形资产往往是企业在长期的经营实践中逐步积累起来的,虽然不能直接转化为货币,但却同样能给企业带来效益,因此同样具有价值。在现代的市场竞争中,不同产品在质量、价格和功效上的差距已经微乎其微,于是作为无形资产的品牌、知名度、商誉等就成了顾客区分不同产品的新指标,这是一类重要的无形资产,也是企业制胜的法宝。例如,在快餐业,麦当劳和肯德基是信誉与知名度最高的品牌,这种巨大的无形资产使它们一直占据全球快餐业的大半市场。医疗、教育等行业都是更多地依赖于信誉和知名度的行业。信誉和知名度高的企业,不仅其产品和服务容易被消费者接受,在同样的质量下可以卖出较好的价格,而且可以在融资、借贷方面得到方便和优惠。

另一类重要的无形资产主要是工业产权和非专利技术,它们具有先进性、独创性、独占性等特性。一旦企业拥有某种专利、版权和专有技术,它就可以凭借这些无形资产去建立自己的竞争优势。美国的英特尔、微软及中国的北大方正都是这方面的典型例子。而施乐公司试图开发个人计算机但没有成功,则是错误地评估关键资源的例子。

企业所具有的技术能否成为重要的无形资产,除与其先进性和独创性有关外,还与其是否易于转移有密切的关系。如果某项技术易于被模仿,或者主要由某个人所掌握,而这个人又很容易流动,那么,该项技术的战略价值将大大降低。相反,如果某项技术很难被模仿,或者与其他技术方法一起使用才能发挥其应有的作用,而其他技术方法又掌握在很多人手中,那么,该项技术作为一种无形资产的战略价值就高得多。

 案例3-1

打造核心竞争力——自主研发芯片

华为之所以能够通过打造精品旗舰手机快速崛起,一个最重要的因素就是对核心竞争力的打造,自主研发的手机芯片是其制胜的重要武器。一款手机芯片里集成了CPU(中央处理器)、GPU(图形处理器)和基带等多个部分,它们都会影响甚至决定手机的性能。目前,在芯片领域,高通、联发科、展讯供应着整个市场。在众多芯片制造商中,只有高通才能生产高端智能手机所使用的芯片。高通的主营业务是芯片和专利授权。芯片业务主要面向中高端市场,而低端市场被展讯、联发科占据。有限的生产能力使许多公司在中低端市场停滞不前。

即使坚持使用高通的高端芯片,也是有风险的。例如,2015年,为了对抗苹果的A6处理器,高通匆忙推出骁龙810。小米Note1——小米公司寄以重望来提升自身品牌的一款产品,由于芯片严重的过热问题导致销量未达预期。本来不愿过多涉足底层的小米在芯片问题上备受折磨,如今也开始自主研发手机芯片。苹果在iPhone 4才开始自主研发芯片,之前的iPhone一直采用三星的芯片。之后,iPhone就保持着优秀的用户体验,因为自主研发的A系列芯片可以完美地和iOS系统配合,实现软硬件的无缝结合,这是其他手机厂商望尘莫及的。三星在之前的Galaxy系列旗舰手机中也采用高通的芯片,但2015年高通的骁龙810因为过热问题受挫后,三星果断抛弃了高通,全面转向自家的Exynos系列芯片。

相比苹果、小米,华为海思芯片的研发开始得更早。早在2004年10月,华为就将ASIC设计中心独立,成立海思半导体有限公司,专门从事华为产品所需芯片的研发。任正非认为:"做手机芯片是华为的战略性业务,就算芯片做成了但暂时没用,也还是要坚持做下去,因为一旦其他芯片不给华为供货,华为还能够用自己的芯片,不至于被别人卡住,最后死掉。"

任正非之所以坚持自主研发芯片,是因为华为有过深刻的历史教训:一个是华为与思科。曾有一家芯片公司开发的芯片很好地满足了华为高端路由器的需求,华为高端路由器也一路高歌猛进,追赶思科的步伐非常快,但是由于高端路由器的市场空间和华为的市场份额等原因,华为的采购量有限,这家公司一直处于亏损状态,因此这家芯片公司希望能够被华为收购。但是,由于种种原因,华为没有收购成功,而思科以两倍的价格收购了这家公司,之后华为在高端路由器市场一泻千里。后来经过努力,海思开发出了相关的芯片,帮助华为在40 G平台上追平思科,并在100 G/400 G平台上赶超思科,且一直处于行业领先地位。另一个是华为与高通。华为最早做出USB(通用串行总线)数据卡并在全球大卖,一度占到了全球数据卡市场70%的份额。开始的时候,华为的数据卡全部使用高通的基带芯片,每年华为都会就芯片与高通进行议价。高通为了防止华为垄断全球数据卡业务,一方面,在数据卡方面对华为采取限制措施;另一方面,开始扶持华为的竞争对手中兴,给华为供货不及时甚至断供,以至于当时华为的数据卡出现全球缺货。

这给当时的华为好好地上了一课,供应链上核心器件一定不要受制于人,采购一定要有"双供应商"战略。但是当时做3G基带的只有高通一家,"双供应商"其实也只能是海思自主研发,因此巴龙(基带)芯片在2007年底立项,这也为后来华为麒麟芯片的崛起打下了基础。由于技术实力和高通、三星等巨头存在明显差距,华为的自主研发之路开始时并不顺利。早在2005年就已立项的K3V1处理器直到2009年才推出,但推出后发现问题重重,不仅发热量高,而且运行程序异常卡顿。

为了支持海思的发展,任正非给予海思极大的人力、资金和政策的支撑。尽管海思初期研发的K3系列芯片不尽如人意,但任正非一直坚持在华为的中高端手机上使用K3系列芯片。2012—2014年,华为的D1、P2、P6、D2、Mate1、荣耀2、荣耀3等均搭载了K3V2芯片。通过内部定价,华为给海思的持续研发提供了充足的资金,有力地支持了海思手机芯片的崛起。

2014年初,海思推出Kirin 910芯片,并首次集成了自主研发的巴龙710基带,成为海思第一款具有战略意义的移动处理芯片。Kirin 910芯片帮助华为进一步巩固了华为手机在中端手机市场的地位。2014年6月,华为推出Kirin 920,成为海思首款可以和行业领袖高通对标的旗舰芯片,应用在了荣耀6上,荣耀6的性能当时在跑分软件上第一。2014年9月,华为推出了Kirin 925芯片,与当时高通的主力芯片骁龙801相比,在功耗等方面具有明显优势,使用该芯片的华为Mate7性能均衡、关键指标表现优越,成功打入高端市场,全球销量达到750万台,创造了国产3 000元价位以上高端手机的历史。2015年11月,华为推出了Kirin 950,综合性能再次第一,凭借性能优势和工艺优势,赢得了高通差不多半年的时间差,Kirin 950的成功标志着华为自主研发芯片技术走向成熟。

由此,华为手机实现了大逆转,P9的良好表现让华为尝到了自主研发芯片的甜头。在其他各家厂商都为骁龙820的收发和供货量拼得头破血流时,华为却凭借多款搭载Kirin 950芯片的手机在全球市场大量出货,因为华为可以实现芯片自给自足,完全不用看上游芯片厂商的脸色。

自主研发芯片的成功对华为手机业务具有极其重要的意义:一方面,芯片是手机产业链中最重要的一环,是成本最高的一部分,自主研发芯片能够降低生产成本、提高利润率。另一方面,自主研发芯片使华为不会像其他手机厂商那样受到来自芯片制造商的限制,华为旗舰产品的节奏可以根据核心器件的进展动态调整,在功能和性能上可以进行差异化布局。如今,华为每一款高端精品手机后面都有海思芯片的身影。2016年2月,美国芯片权威杂志评定,华为海思芯片超越苹果名列全球芯片设计第六。

在海思系列芯片的强力支持下,华为手机在短短几年内便实现了从品牌价值低、利润薄的B2B(企业对企业)市场到品牌价值和利润更高、市场前景更广阔的B2C市场的跨越,从低端手机市场成功迈进中端和高端手机市场。海思在移动处理器技术领域的不断突破为华为手机在全球市场份额的拓展奠定了坚实的基础。

资料来源:李伟,李梦军.华为手机:智慧手机的引领者?[J].清华管理评论,2018(6):100-111.

3. 人力资源

人为万物之灵,一个组织最重要的资源是人力资源。人力资源主要是指组织成员向组织提供的技能、知识及推动力量和决策能力。在技术飞速发展和信息化加快的知识经济时代,人力资源在组织中的作用也越来越突出。

1)对上层管理者的分析

管理就是结合群力、达致目标。对上层管理者素质的分析主要有事业心、责任感及性格特征。

(1)战略型的企业家的特征:一是品德高尚,二是思维敏捷,三是富有韬略。

领导的主要职责是:出主意、定战略、建班子、带队伍,能力结构和谐协调。一个好的班子至关重要,否则产生内讧、缺乏战斗力,许多优秀人才只好另立山头。

(2)性格有内向、外向两种。内向的人相对胆小、保守;外向的人比较胆大、外露,能大胆开拓。外向为主,内向为辅,敢作敢为,但风险大,有时有一定的冒险性;外向对盈利敏感,内向对亏损反应灵敏,在班子内应性格互补,优化知识结构与年龄结构。

2)组织内部的人际关系

人际关系环境是人们社交需要、自尊需要得到满足的关键因素,因而将显著影响员工的劳动积极性,影响组织的凝聚力。影响组织内部人际关系的因素很多且很复杂,主要有地理位置、接触频度、态度和兴趣的类似性、利益相关性、人际反应的个性心理品质及所属组织的道德风尚。人们的人际反应特质大体上可分为三种。

(1) 合作型——朝向他人,替他人着想,乐于助人,谦和宽容。

(2) 竞争型——以个人为中心,突出自己,压低别人,市侩哲学,傲慢无礼。

(3) 分离型——不愿与人交往,离群索居,独往独来,独善其身。

研究表明,人们的人际反应特质是可以改变的,它受到周围群体和组织的深刻影响,特别是深受组织道德风尚的影响。

3) 组织道德风尚

组织道德风尚类型繁多,大体上可归纳为四类。

(1) 帮派式道德风尚——吹吹拍拍,拉拉扯扯,拉帮结伙,借人际关系谋私,好人受气,坏人横行。

(2) 封闭式道德风尚——"各人自扫门前雪,莫管他人瓦上霜","鸡犬之声相闻,老死不相往来",人与人之间冷漠疏远,封闭自守。

(3) 分离式道德风尚——个人间过分竞争,互为对手、互相忌妒、互不服气、互相拆台、钩心斗角。

(4) 家庭式道德风尚——团结友爱、乐于助人、互让互谅、以诚相见、以信相处、上下融洽,大家庭般温暖和谐。

显然,家庭式道德风尚易于形成良好的人际关系,这种风尚的建立有赖于职工中"合作型"人员的增多,这种风尚一旦建立,反过来又强有力地促使非合作型人员向合作型靠拢和转变。

为了培育家庭式道德风尚,应该通过宣传、教育、奖励、惩罚、干部示范、骨干带头等手段,大张旗鼓地倡导"和为贵""团结友爱""诚实正直""讲信修睦""助人为乐""以厂为家"等道德观念,并使之蔚然成风。

3.1.2 把握内部分析的关键要素

进行内部分析需要收集、消化和评价有关企业运作的信息。管理大师威廉·金(William King)曾认为:应当有一个由来自企业各个部门的管理者组成的,并有适当工作人员支持的专门小组来确认影响企业未来的一般的关键性指标(或要素),然后才能作出综合的评价。通常的指标包括收益力、市场地位、生产率、产品领导力、人力资源的开发、员工态度、社会责任、短期目标与长期目标的平衡、财务比率、企业文化等。

1. 收益力

收益力是指一个企业的获利能力。在评价企业各个部门的收益力时,应当考虑到部门的差异所构成的一定时期内的获利差异力。所以对收益力既要有纵向比较,也要有横向比较;既要有比率比较,又要有净利额比较。

2. 市场地位

市场地位主要是看企业在市场的哪一部分、哪种产品、哪种服务、哪种价值上所处的地位。一些小企业要特别注意防止自己的市场占有率低得接近边缘地位。处于这种地位,批发商和零售商在缩小库存时就有可能停止对本企业产品的采购,购买者就可能完全转向市场占有率高的供应者,本企业也很有可能由于销售量太少而无力提供必要的服务。总之,在经济情况稍有挫折时,邻近边缘的生产者很难长期生存下去。一些大企业也要注意不要占有太多的市场份额,因为占有太多的市场份额容易引发购买者不愿受到垄断而产生的反抗,在美国,还有可能因触犯《垄断法》而被拆分(AT&T 就是因为垄断而在 1984 年被分解为 8 个企业的)。同时,处于垄断地位的企业也有可能因为没有竞争对手而裹足不前,限制在开拓市场方面的动力和想象力。

在通常情况下,企业以市场占有率为依据,了解客户需求,针对自己的薄弱环节加以改进,从而提高竞争力。

3. 生产率

生产率是产出与投入之比。产出包括产品或服务的数量、销售额、企业的利润等。影响企业生产率的因素是多方面的,如知识的应用、时间的利用、产品的组合、程序的组合、组织结构、企业各种活动的平衡等内外部因素。

4. 产品领导力

产品领导力不是指产品现有的市场地位,而是指为了发展新的产品与改善现有产品的品质,企业在技术制造及市场领域是否具有创新能力或者采用最新的科学技术的知识和能力。这个指标要由技术、销售及制造等方面的专家来调查,并从各种角度研讨与评价。

5. 人力资源的开发

企业成长的任何阶段都需要各类人才的加盟,因此对于人力资源的发展要有一个长远的计划。表示该领域成果的指标是,需要的时候是否能够找到合适的人才。应当有一个完整的人才储备表来分析企业内部员工,重点培养企业内有能力的人去担任能够充分发挥其能力的岗位。

6. 员工态度

这一项是在各个领域中最基本的项目。因为员工的态度可以反映主管人员对员工个人的基本需求与目标的满足是否负起责任;另外,员工的态度被人们作为评价企业成长性的主要尺度之一。测定员工态度的指标主要有员工的离职率、缺勤率、迟到、安全记录及有关改善工作的提案数量。

7. 社会责任

企业存在于社会中,那么企业的一切经营活动都会受到社会因素的影响,只有在社会、政治和经济的约束下,企业才能存在并发展,这就使企业必须负担起社会责任。如企业对员工的生活保障、向慈善机构捐助等。

8. 短期目标与长期目标的平衡

只顾短期的需要而不顾长期的需要,企业很快就会因为环境的变化而不能生存;相反,只看重长期目标而不管短期利益,那么,企业就失去实现长期目标的保证。因此,企业要将长期目标和短期目标结合起来。为了使长期目标与短期目标融为一体,就需要研究长期目标和短期目标是否合理、具体、完善与相互呼应,至少要测算期待以何种成本取得何种成绩等,这些均成为测定与评价的对象。

9. 财务比率

财务比率可以说明企业各职能领域之间关系的复杂性。如投资收益率或盈利率下降的原因可以是无效的营销、糟糕的管理政策、研究开发的失误等。

10. 企业文化

它是企业里最稳定也最持久的因素,对战略有指导性的影响,也包含很多不易察觉的、微妙但又无法避免的因素。

这些指标只是影响内部环境分析乃至战略决策的最基本的要素,在实际过程中,各企业根据自己的情况可能会有所取舍,或者增加诸如管理、组织机构、信息系统等其他因素。

案例3-2

西安蓝岸新科技公司构建技术优势

西安蓝岸新科技公司(以下简称"西安蓝岸")3位创始人和公司高层经常在一起探讨公司的发展方向。赵建志认为公司还是应该在渠道上多下功夫,既然公司的初衷是做自主研发游戏,就应该坚持下去。荆意深感创业的艰辛,尤其是市场的瞬息万变。西安蓝岸拥有的可支配资源十分有限,最好的方式是将现有资源集中在优势领域,以寻求突破和发展。对于西安蓝岸来说,公司的技术资源是自其创立以来的竞争优势,公司完全可以利用技术优势,探寻新的发展。

西安蓝岸承接的游戏开发外包项目包括古剑奇谭、洪荒、龙狼三国志、Castle Conqueror

Defender 等,在为公司带来经济效益的同时,巩固和提升了团队整体技术水平,为今后项目开发进行技术储备。与此同时,西安蓝岸搭建了公司内部的项目信息库,定期储存、更新项目进展信息,并保留已完成项目的各项资料和数据,方便项目资源管理之外,也为员工学习提供平台。

为使公司的技术水平不落人后,西安蓝岸坚持组织员工定期培训,内容侧重于时下较为先进的技术和发展趋势。此外,西安蓝岸在创业初期开发了培训业务作为资金来源,主要是 VR/AR(虚拟现实/增强现实)技术方面的培训。随着公司业务的壮大,西安蓝岸一度陷入人才短缺的境地,由于 VR/AR 是新兴技术,对从业人员有较高的专业要求,所以很难在短时间内招募到符合要求的技术人员,而公司旗下的培训业务恰巧缓解了人才匮乏的局面。

资料来源:朱煜明,石钰萌,吕芬.偏执中绽放——西安蓝岸新科技公司核心竞争力构建之路[Z].中国工商管理案例库,2018.

3.2 企业的基本能力分析

在识别企业的核心能力或者特殊能力之前,要做的是认识企业的基本能力,就是一个理论化的企业有多少基本的能力。这里有三种最基本的方法:价值链分析法、波士顿矩阵分析法和 SWOT[strengths(优势)、weaknesses(劣势)、opportunities(机会)和 threats(威胁)]分析法。比如,先把企业分成业务管理和信息管理两大类,而价值链分析法是把企业看成一个动态的通过生产实现价值增值的过程,根据这一过程中连续进行的各个不同模块来界定。管理大师波特就是利用这样的模型来反映企业的业务进展和增值的。

3.2.1 价值链模型

波特把企业的活动分为两类:一类是基本活动,主要涉及如何将输入有效地转化为输出,这部分活动直接与顾客发生各种各样的联系;另一类是辅助性活动,主要体现为一种内部过程。图 3-1 表现了这一过程。

1. 基本活动

(1)进货后勤。其包括资源接收、储存和分配活动,也包括材料处理、库存控制和运输等。

(2)生产制造。这一活动过程将各种输入转化为最终的产品和服务,如制造工艺调整和测试等。

(3)出货后勤。其包括产品接受。

(4)市场营销。其主要包括消费行为研究。

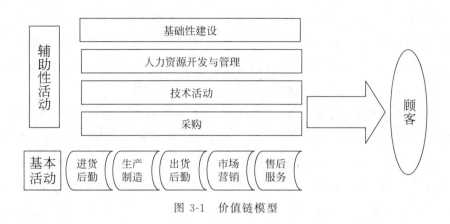

图 3-1　价值链模型

（5）售后服务。这项基本活动包括安装、储存和分销、广告和促销、维修、培训和提供备件等。

2. 辅助性活动

（1）采购。采购是指购买生产所需全部资源的过程，如材料、机器设备、办公设备、房屋建筑物等。

（2）技术活动。实际上，一切价值增值活动都含有技术这个要素。一个企业的技术水平如何，直接关系到产品的功能强弱、质量高低及资源的利用效率。

（3）人力资源开发与管理。从表面来看，人力资源的开发与管理是一项长期性的任务，并不直接参与价值增值过程。但实际上，这是一项非常重要的活动，因为所有其他活动都是由人来完成的。这部分活动主要包括人员的招聘、选拔、培训、补偿和激励等。

（4）基础性建设。其主要包括计划、财务和质量控制及法律服务等。但是必须认识到，不同行业在不同阶段增值的幅度可能有很大差异。一些行业在产品设计阶段的增值比较明显，如 IT（信息技术）业等；而另外一些行业可能在营销和分销阶段增值较多，如食品行业等。企业必须根据行业的特点和本身的条件来完成资源增值过程。应该说明的是，在大多数行业，很少有哪一个企业能单独完成从产品设计到分销的全部价值活动，总要进行一定程度的专业化分工。换句话说，任何一个企业都是创造产品和服务的价值链这个大系统的一个有机组成部分，随着世界经济全球化、一体化过程的加快，这一特点将更为突出。因此，在了解价值是怎样产生时，不仅要考察组织的每一项内部活动及它们之间的联系，还要对包括采购和销售链在内的整个价值过程进行深入分析和了解。

案例3-3

达伦特的数字化战略转型

数字化营销

面对互联网时代和技术的发展，2017 年达伦特提出战略转型的翅膀就是数字化营销，公司充分利用电子商务、大数据等技术手段深入建设品牌营销和服务,并建立三个数字化营销中心:跨境电商 B2C 事业部、跨境电商 B2B 事业部以及中国市场事业部。从产品设计、生产、入仓再到上架、销售、售后服务的整个流程都实现了数字化。截至 2021 年底,达伦特合作的电子商务平台有天猫、京东、抖音、微信小程序商城等。

与此同时,随着直播带货的发展,达伦特看到了直播销售的价值,积极开发直播业务。由于新冠疫情的原因,2020 年的第 127 届广交会通过线上方式举行,当得知线下广交会将搬上云端,达伦特第一时间邀请直播大咖对员工开展专业培训,招募并选拔优秀直播及传媒人员,成立"广交会线上项目组",围绕客户需要,着手策划、制作直播内容和短视频,让客户从线上直观、深入地了解产品的研发过程、企业价值观、核心竞争力以及高品质的产品形象。为提升客户的线上体验感,提供更加个性化和精准化的服务,达伦特精心策划了香氛和餐厨木制品体验馆 Showroom,可邀请客户参与到多场景切换式互动直播。

数字化传媒

2020 年以来,达伦特建立了一个以宣传企业、品牌及产品为主要工作内容的数字化传媒中心,服务于国内外的自媒体传播渠道,主要从事策划、制作(视频及图片)和推广业务,建立数字化宣传数据库,可以根据国别及渠道的不同对外输出不同的内容,既具有企业与品牌的统一性,又具有国别、渠道的差异性和针对性,对达伦特、AN 香氛及产品具有较好的宣传和推广作用。

数字化定制

数字化定制源于"产品服务客户,客户反馈产品"的理念。达伦特的客户主要是企业,其致力于通过数字化的方式为企业客户提供大规模定制化设计服务、大规模定制化制造服务和物流服务,合作过的品牌主要有屈臣氏、麦德龙、宜家、沃尔玛等,达伦特每年为这些客户提供的定制化创新设计服务产品达上千个。数字化定制的主要流程是:首先倾听客户的需求,同时结合当时的市场状况,进行创新设计,设计出兼具绿色、创意、实用性的产品,然后投入工厂进行数字化定制生产,生产完毕后利用专业物流运输送达客户,最后收集客户反馈,进行产品修改和升级。其中,在工厂定制生产的环节,工厂会利用数字化技术和仪器对产品信息、工艺信息和资源信息进行分析、规划与重组,实现对产品设计和功能的仿真以及原型制造,进而快速生产出达到用户要求性能的产品。

资料来源:杨震宁,侯一凡. 逆全球化背景下的达伦特:从传统"ODM"向数字化贸易的战略转型[Z]. 中国工商管理案例库,2022.

3.2.2　SWOT 分析

SWOT 是帮助管理者制定如下四类战略的重要匹配工具:SO(优势—机会)战略、WO(劣势—机会)战略、ST(优势—威胁)战略和 WT(劣势—威胁)战略。考察关键外部及内部因素是建立 SWOT 矩阵最困难的部分，它要求有良好的判断，而且不存在一种最佳的匹配。表 3-2 为霍煤集团战略选择 SWOT 分析。

表 3-2 霍煤集团战略选择 SWOT 分析

优势—劣势 机会—威胁	优势(S) • 资源丰富，历史长远 • 奖金雄厚，资信优良 • 煤业生产，技术雄厚 • 管理规范，决策科学 • 成本低廉，竞争力强 • 规模生产，效益集聚	劣势(W) • 计划烙印，根深蒂固 • 社会包袱，沉重难当 • 人才短缺，引留困难 • 资产经营，收效甚微 • 产品单一，难御风险
机会(O) • 东北经济，复苏在前 • 西部开发，商机无限 • 煤业上市，前程锦绣 • 政府扶持，政策优厚 • 电力扩容，机遇难求 • 环保产业，方兴未艾 • 高新技术，空间广阔 • 绿色产品，备受青睐	加速发展 SO 战略 1. 力争煤业上市 2. 延伸煤炭产业链条 3. 涉足高科技产业 4. 金融资本经营 5. 开发保健产品和绿色产品 6. 引资、兼并，降低成本扩张	WO 战略变短为长 1. 做强做大煤业 2. 开发煤型 3. 开发绿色化肥 4. 优化整合组织结构 5. 加强人力资源培育 6. 剥离分账单位
威胁(T) • 地理偏僻，交通不便 • 信息闭塞，难融潮流 • 诸侯纷争，竞争惨烈 • 结构调整，升级压力 • 清洁能源，必然选择 • 竞价上网，危机凸显 • 地方经济，制约发展	扬长避短 ST 战略 1. 立足传统产业 2. 保守的金融资本运营 3. 兼并本地濒临破产企业 4. 自办自营电厂 5. 加大广告宣传	WT 战略以退为进 1. 降低煤炭生产成本 2. 实施技术创新 3. 与铁路、电厂建立利益共同体 4. 大力发展第三产业

SO 战略是一种发挥企业内部优势而利用企业外部机会的战略。所有的管理者都希望自己的企业处于这样一种状况：能利用自己的内部优势去抓住并利用外部趋势与事件所提供的机会。企业通常首先采用 WO 战略、ST 战略或 WT 战略以达到能够采用 SO 战略的状况。当企业存在重大劣势时，它将努力克服这一劣势而将其变为优势。当企业面临巨大威胁时，它将努力回避这些威胁以便集中精力利用机会。

WO 战略的目标是通过利用外部机会来弥补内部劣势。适用于这一战略的基本情况是：存在一些外部机会，但企业有一些内部的劣势妨碍它利用这些外部机会。

ST 战略是利用本企业的优势回避或减少外部威胁的影响。这并不意味着一个很有优势的企业在前进中总要遇到威胁。

WT 战略是一种旨在减少内部劣势同时回避外部环境威胁的防御技术。一个面对大量外部威胁和具有众多内部劣势的企业的确处于不安全与不确定的境地。实际上，这样的企业正面临被并购、收缩、宣告破产或结业清算，因而不得不为自己自下而上而奋斗。

图 3-2 为 SWOT 矩阵。SWOT 矩阵由 9 个格子组成。其中有 4 个因素格、4 个战略格,而左上角的格子则永远是空格。以 SO 战略、WO 战略、ST 战略和 WT 战略为标题的 4 个战略格要在优势(S)、劣势(W)、机会(O)、威胁(T)这 4 个空格完成之后再填写。构建 SWOT 矩阵的过程包括如下八个步骤。

	优势(S) 列出优势 1. 2. 3.	劣势(W) 列出劣势 1. 2. 3.
保持空白		
机会(O) 列出机会 1. 2. 3.	SO战略 发挥优势,利用机会 1. 2. 3.	WO战略 利用机会,克服劣势 1. 2. 3.
威胁(T) 列出威胁 1. 2. 3.	ST战略 利用优势,回避威胁 1. 2. 3.	WT战略 减少劣势,回避威胁 1. 2. 3.

图 3-2 SWOT 矩阵

第一步,列出企业的关键外部机会。

第二步,列出企业的关键外部威胁。

第三步,列出企业的关键内部优势。

第四步,列出企业的关键内部劣势。

第五步,将内部优势与外部机会相匹配,把作为结果的 SO 战略填入格中。

第六步,将内部劣势与外部机会匹配并记录得出的 WO 战略。

第七步,将内部优势与外部威胁相匹配并记录 ST 战略。

第八步:将内部劣势与外部威胁相匹配并记录 WT 战略。

当进行充分的 SWOT 分析后,根据发挥优势、利用机会、克服劣势、避免威胁的基本原则,结合企业实际需要,各相关因素有机匹配,可得出企业未来经营战略中若干种可供选择的方案。因此,第二阶段进行匹配的目的在于产生可行的备选战略,而不是选择或确定最佳战略;并不是所有在 SWOT 矩阵中得出的战略都要被实施。

案例3-4

天瑞重工营销体系构建的SWOT分析

当前,数字化技术已广泛嵌入公众生活之中,对个人生活和企业发展都产生深远影响,技术变革正在催生企业数字化转型。山东天瑞重工有限公司(以下简称"天瑞重工")作为一家新创高新技术企业,在数字化转型浪潮中,正积极探索数字化营销体系建设。天瑞重工是一家从事磁悬浮技术和高端凿岩装备研发的高新技术企业。该企业在凿岩机产业链发展上已相对成熟,在磁悬浮鼓风机发展上却遭遇瓶颈。其具体表现在,企业在鼓风机前期研发过程中投入大量财力与物力,磁悬浮鼓风机问世打破了原有鼓风机的运行模式,在节能和效率层面都有了新突破,但囿于高新技术产业在营销层面的劣势,高质量产品面临着市场狭窄的困境,具体SWOT分析如下。

第一,优势分析(S)。

①产品技术支撑。作为节能环保的高科技产品,磁悬浮鼓风机已达到国际先进技术水平,成为行业标杆。其采用主动磁悬浮轴承系统,与传统的罗茨鼓风机相比,更加节能减噪。②规模经济。对磁悬浮技术的应用已实现模块化设计和标准化生产。③资金支持。企业内外部有资金支持,提升了成本优势。

第二,劣势分析(W)。

①数字化技术使用不到位。云上销售平台尚未构建,依旧依赖传统线下交易,缺乏连接生产与销售的平台。②营销近视症。对磁悬浮系列产品的需求、销售渠道及终端用户信息的了解和收集不够,缺乏充分的市场调研和用户需求刻画。③数字化技术人才和营销人才缺失,科研人才储备不足。

第三,机会分析(O)。

①政府支持。企业在磁悬浮技术上的突破极大地节省了资源损耗,得到政府在政策优惠上的大力支持。②产品使用场景广泛。磁悬浮鼓风机在多个行业有着潜在市场机遇,且在低碳背景下具备进一步拓展市场的可能性。③校企合作新机遇。省内外各高校和科研院所的进驻为产品的研发创新提供源源不断的新鲜血液。④数字化技术发展。重工业制造企业成功的数字化探索,为天瑞重工提供示范。

第四,威胁分析(T)。

①用户习惯和产品特征。鼓风机等产品具有造价高、使用周期长等特点,客户对相关产品的使用更替频率不高,更换设备会造成短期内成本剧增,给小规模企业带来压力。②竞争对手压力。其竞争对手山东章鼓所生产的罗茨鼓风机的实力,使天瑞重工磁悬浮鼓风机虽然在技术和性能层面做到极致,但市场占有率不高。

结合以上SWOT分析,综合天瑞重工发展的内外部环境,以把握优势和机会、规避风险和劣势为原则,构建了数字化转型背景下新创高新技术企业的营销策略矩阵(表3-3)。

表 3-3 天瑞重工 SWOT 分析矩阵

外部条件	内部条件	
	优势(S) • 产品技术支撑 • 规模经济 • 资金支持	劣势(W) • 数字化技术使用不到位 • 营销近视症 • 数字化技术人才和营销人才缺失
机会(O) • 政府支持 • 产品使用场景广泛 • 校企合作新机遇 • 数字化技术发展	SO 战略 1. 把握政策优势,引进科研人才,深化产品研发和优化 2. 打造数字化平台,实现产品生产的模块化、精细化 3. 找准市场定位,批量生产供应	WO 战略 1. 引进数字化技术人才和营销人才,致力于打造精准营销体系 2. 致力于市场调研,建设专门的调研团队,避免生产和销售脱节
威胁(T) • 用户习惯和产品特征 • 竞争对手压力	ST 战略 1. 加大对产品的宣传投入,深化用户对产品的认知 2. 避强战略,利用数字化技术发现并定位新市场	WT 战略 1. 加强数字化平台搭建,更好地连接生产端和销售端 2. 着手市场调研,找准市场定位

新创高新技术企业产品的特点决定了其营销活动具有特殊性,在构建营销体系时,应当根据产品特点置身数字化转型情境,对传统营销策略加以调整。

首先,搭建数字化平台,促进数字化技术与营销融合,探索一套符合行业特点的行为体系。启动数字化平台搭建工作,构建企业原始数据库,将数据作为连接用户和企业的桥梁。

其次,引进数字化技术和营销人才,深化市场调研,洞察市场变化,明确市场定位。在面临强劲竞争对手时,企业仅钻研技术是远远不够的,搭建数字化技术团队需要专业人才支撑。

最后,致力于开发新市场,创造新的需求点。新创高新技术企业的产品滞后对手进入市场,就容易陷入被动"追随者"的困境。企业应当在转型浪潮中利用数字化技术,洞察用户需求,有针对性地生产产品,投入市场,抢占市场先机。

综上,对以天瑞重工为代表的从事重工业开发研究的新创高新技术企业而言,数字化转型之路还很漫长,结合数字化技术构建新的营销体系应当立足长远、利用优势、把握机遇、克服劣势、迎接挑战,为企业可持续发展打下基础。

资料来源:云乐鑫,陈青青,范雅楠.数字化转型背景下新创高新技术企业营销体系构建研究:基于山东天瑞重工的 SWOT 分析[J].市场周刊,2021,34(10):72-75.

3.2.3 波士顿矩阵分析法

波士顿矩阵是由美国波士顿咨询公司(BCG)首创的一种被广泛应用于战略评价的方法,又称 BCG 矩阵,主要用于对各种战略业务单位(strategic business unit,SBU)的战略方案进行分析选择。

波士顿矩阵的横轴表示产品的相对市场占有率,纵轴表示产品的销售增长率,将两个轴各按一定的比例(如10%)分界就可以得到一个有4个空间的矩阵。

相对市场占有率,是指一定时期内,企业某种产品的销售额(量)占本行业销售水平最高的企业同类产品销售额(量)的比例(同行业)。

销售增长率,是指一定时期内,企业某种产品销售量(额)相对基期销售量(额)增长比例(历史)。

一个企业自主经营的分公司或分部(利润中心)结构称为其业务组合。当企业的各分部或分公司在不同的产业进行竞争时,各业务组合都应建立自己单独的战略。波士顿矩阵和内部-外部矩阵就是为促进多部门经营企业的战略制定而专门设计的决策方法。

1. 波士顿矩阵的分析方法

根据有关业务或产品的销售增长率和相对市场占有率,波士顿矩阵可以把企业全部的经营业务定位在4个区域,如下所述。

第一区域,高增长—强竞争地位的"明星"业务。这类业务处于迅速增长的市场,具有很大的市场份额。在企业的全部业务当中,"明星"业务的增长和获利有着极好的长期机会,但它们是企业资源的主要消费者,需要大量的投资。为了保护和扩展"明星"业务使其在增长的市场上占主导地位,企业应在短期内优先供给它们所需的资源,支持它们继续发展。这类业务可考虑采用的战略包括:前向、后向和横向一体化,市场渗透,市场开发,产品开发及合资经营。

第二区域,高增长—低竞争地位的"问题"业务。这类业务通常处于最差的现金流量状态。一方面,其所在产业的销售增长率高,企业需要大量的投资支持其生产经营活动;另一方面,其相对份额地位低,能够生成的资金很少。因此,企业需要对"问题"业务的进一步投资进行分析,判断使其转移到"明星"业务所需要的投资量,分析其未来盈利,研究是否值得投资等问题。之所以被称为"问题"业务,是因为企业必须决定是通过采用加强型战略(市场渗透、市场开发或产品开发)来加强这类单位,还是将其出售。

第三区域,低增长—强竞争地位的"现金牛"业务。这类业务处于成熟的低速增长的市场中,市场地位有利,盈利率高,本身不需要投资,反而能为企业提供大量资金,用以支持其他业务的发展。产品开发或集中多样化经营战略可能对强劲的"现金牛"业务企业有吸引力。然而,当其变为弱势时,更适合采用收缩或剥离战略。

第四区域,低增长—弱竞争地位的"瘦狗"业务。这类业务处于饱和的市场中,可获利润很低,不能成为企业资金的来源。如果这类经营业务还能自我维持,则应采用收缩战略,缩小经营范围,加强内部管理。如果这类业务已经彻底失败,企业应及早采取措施,采用结业清算、剥离或收缩战略,及时清理业务或退出经营。

2. 波士顿矩阵的贡献

波士顿矩阵有以下几方面重要的贡献。

第一,波士顿矩阵是最早的组合分析方法之一,作为一个有价值的思想方法,被广泛运用于产业环境与企业内部条件的综合分析、多样化的组合分析,以及用作大企业发展的理论依据等。

第二,波士顿矩阵将企业不同的经营业务综合在一个矩阵中,具有简单、明了的效果。

第三,该矩阵指出每个战略业务单位在竞争中的地位,令企业了解它们的作用和任务,从而有选择和集中地运用企业有限的资金。每个战略业务单位也可以从矩阵中了解自己在总公司中的位置和可能的战略发展方向。

第四,利用波士顿矩阵还可以帮助企业推断竞争对手相关业务的总体安排。其前提是竞争对手也使用波士顿矩阵的分析技巧。

3. 波士顿矩阵的局限性

企业把波士顿矩阵作为分析工具时,应该注意到它的局限性。

第一,在实践中,企业要确定业务的销售增长率和相对市场占有率是比较困难的。

第二,波士顿矩阵过于简单:首先,它用销售增长率和相对市场占有率两个单一指标分别代表产业的吸引力和企业的竞争地位,不能全面反映这两方面的状况;其次,两个坐标各自的分划都只有两个,分划过粗。

第三,波士顿矩阵事实上暗含了一个假设:企业的市场份额与投资回报是成正比的。但在有些情况下,这种假设可能是不成立或不全面的。一些市场占有率小的企业如果实施创新、差异化和市场细分等战略,仍能获得高的利润。

第四,波士顿矩阵的另一个条件是,资金是企业的主要资源。但在许多企业内,要进行规划和均衡的重要资源不是现金,而是时间和组织人员的创造力。

第五,波士顿矩阵在具体运用中有很多困难。例如,正确地应用组合计划会对企业的不同部分产生不同的目标和要求,这对许多管理人员来说是一个重要的文化变革,而这一文化变革往往是非常艰巨的过程。又如,按波士顿矩阵的安排,"现金牛"业务要为"问题"业务和"明星"业务的发展筹资,但如何保证企业内部的经营机制能够与之配合?谁愿意将自己费力获得的盈余投资到其他业务中去?因此,有些学者提出,与其如此,自由竞争市场可能会更有效地配置资源。

3.3 企业核心竞争力的分析

企业核心竞争力的研究揭示了企业竞争优势的奥妙,这一领域的研究自20世纪90年代以来已经成为企业战略研究的主旋律。国内外专家学者在这一领域也已经取得了大量研究成果。这就为企业核心竞争力的研究奠定了理论基础。

3.3.1 企业核心竞争力的内涵

关于核心竞争力的内涵在理论界还存在着一定的争议,普拉哈拉德(Prahalad)、哈默尔(Hamel)和巴顿(Barton)的观点颇有影响。普拉哈拉德和哈默尔在1990年发表的 *The Core Competence of Corporation*(《企业的核心竞争力》)一文中关于核心竞争力的阐述是在对美国GTE公司与日本NEC公司发展比较的基础上提出的。普拉哈拉德和哈默尔认为:"为什么这两家公司都以可比的业务组合开始,经营的效果却如此不同?大部分的原因是NEC公司是用核心竞争力概念来构筑公司的,而GTE公司却没有。"他们赋予核心竞争力的内涵是:第一,核心竞争力是组织中的集体学习,尤其是如何协调多样化的生产技术以及把众多的技术流一体化;第二,核心竞争力是关于工作的组织和价值传递(delivery)的;第三,核心竞争力是交流沟通,包含和承担(commitment)横跨组织边界的工作义务。显然,这一定义是比较抽象的。相比之下,巴顿的定义则比较具体,他认为企业核心竞争力是识别和提供竞争优势的知识体系,这一体系包括:组织成员所掌握的知识技能,包括企业专利技术和员工掌握知识、技术的能力;企业技术系统之中的知识技能,包括工艺流程、信息系统、产品设计技能等;管理系统,包括管理规则、制度、组织体系;价值体系,包括企业价值观念、企业文化、精神等。一些专家还认为核心竞争力包括组织资本和社会资本,组织资本反映了协调和组织生产的技术、技能方面,社会资本反映了企业文化方面。而资源理论学派的一些学者认为核心竞争力应当把企业的有形资源和无形资源包括在内。由于核心竞争力是一个相对抽象的概念,企业界和一些学者从核心能力的表现形态角度对核心竞争力进行研究,如有的学者认为:"如果从企业内部的不同功能的角度划分,可以把核心竞争力的表现形态分为管理(决策)能力、技术及创新能力、市场营销能力、企业文化能力、资本运营能力及以上能力的组合。"核心竞争力可以孕育许多奇妙的最终产品,创造出众多意料不到的新市场,它是企业竞争优势的根源。

3.3.2 核心竞争力的特征

1990年,管理学家普拉哈拉德和哈默尔在权威杂志《哈佛商业评论》上发表的《企业的核心竞争力》一文,首次提出了"核心竞争力"这一概念。在此文中,普拉哈拉德和哈默尔认为核心竞争力就是"企业内部的积累性学识,尤其涉及如何协调多种生产技能和整合多种技术流的问题"。实际上,普拉哈拉德和哈默尔并没有十分清晰地定义核心竞争力,而只是给出一个描述性概念。我们对国内外学者的研究进行了大量的分析,并将研究的不同观点进行了归纳、整理,总结国外、国内学者关于核心竞争力的主要观点即核心竞争力是组织中积累性的学识,特别是协调不同的生产技能和有机组合多种技术流派的学问,我们认为,核心竞争力有以下几个特征。

1. 价值性

核心竞争力具有战略价值。它能为企业创造更高价值,它能为企业降低成本,它能为顾客提供独特的价值和利益,最终使企业获得超过同行业平均利润水平的超值利润。

2. 独特性

企业核心竞争力是企业在发展过程中长期培育和积淀而成的,企业不同,它的形成途径不同,它为本企业所独具,而且不易被其他企业模仿和替代。"它必须是独一无二的,并能提供持续的竞争优势。"

3. 延展性

核心竞争力的延展性使企业获得核心专长及其他能力,它对企业的一系列能力或竞争力都有促进作用,为企业打开多种产品市场提供支持;它犹如一个"能量源",通过其发散作用,将能量不断扩展到终端产品上,从而为消费者源源不断地提供创新产品。

4. 动态性

企业的核心竞争力虽然内生于企业,但它是在企业长期的竞争发展过程中逐渐形成的,与一定时期的产业动态、企业的资源及企业的其他能力等变量高度相关。随着彼此相关变量的变化,核心竞争力内部元素动态发展,导致核心竞争力动态演变,这也是一个客观必然。

5. 整合性

核心竞争力是多个技能、技术和管理能力的有机整合。单个技能、技术的强大都不足以构成企业的核心竞争力,核心竞争力必须由企业的其他能力相互配合才能形成,它强调企业的整体协调和配合。

6. 异质性

一个企业拥有的核心竞争力应是独一无二的,即其他企业所不具备的,至少是暂时不具备的。不同的企业,核心竞争力也不同,它是特定企业的特定组织结构、特定文化和特定员工等综合作用的结果,是企业在长期经营管理过程中逐渐形成的,是企业个性化的产物。

7. 长期培育性

企业核心竞争力不是一个企业能在短期内形成的,而是企业在长期的经营管理实践中逐渐形成并培养发展的。核心竞争力具有的独特性、动态性特征,也都与其长期培育性有直接的关系,而不仅仅局限于某一产品或服务。核心竞争力对企业一系列产品或服务的竞争力都有促进作用,企业可通过其在新领域的积极运用,不断创造出新的利润增长点。

3.3.3 核心竞争力的识别

如何识别核心竞争力,目前理论界还没有定论,综合大部分专家、学者的观点,普遍认为核心竞争力的识别应当考虑以下因素。

1. 能够保持长期的竞争优势

核心竞争力可使企业拥有进入各种市场的潜力,它犹如一个"技能源",通过其发散作用,将企业现有的各项业务按照需要,联系、黏合在一起,把能量不断扩散到最终产品上,从而为消费者源源不断地提供创新产品,它是差别化竞争优势的源泉。卡西欧公司在显示技术方面的核心竞争力使其可以参与计算机、微型电视、掌中电视、监视仪等方面的经营;佳能公司利用其在光学镜片、成像技术和微重量控制技术方面的核心竞争力,成功地进入复印机、激光打印机、照相机、成像扫描仪、传真机等 20 多个市场领域。

2. 具有独特性,不易被竞争对手模仿

核心竞争力应不易被竞争对手所模仿。核心竞争力既包括公开的技术、企业文化、营销等,又包括不公开的秘密技术和组织能力。竞争对手可能会掌握组成核心竞争力的一些技术或者学习到部分企业文化等,但要完全模仿或者替代核心竞争力是很难的。可口可乐饮料的成分已经不是秘密,然而可口可乐糖浆的配方却一直是可口可乐公司的核心机密。如果一个企业开发的有形、无形资源及其组织能力容易被竞争对手模仿或替代,则说明该企业原本就没有核心竞争力。

即使是同一企业,由于发展阶段的不同,企业在各阶段对核心能力的要求也会不同。所以一个企业在识别核心竞争力时,一定要依据企业目前所处阶段,结合市场及行业特点,从外部和内部两方面来把握。

1) 核心竞争力的外部识别

核心竞争力的外部识别是以核心竞争力表现出的竞争差异为基点,主要是从企业的盈利能力、市场影响力和品牌形象等方面辨别。要衡量一个企业的成长,首先,应当看这个企业是否是"盈利"的,这是衡量核心竞争力最直接、最外在的一个指标。其次,要看其是否创造了具有一定影响力的品牌。一般来说,知名品牌的顾客满意度较高,可以给企业带来源源不断的利润。比如海尔、可口可乐这类大企业,它们之所以成功,就在于企业以打造知名品牌为中心形成了自己的核心竞争力。最后,还要看这个企业在整个行业对市场的影响力。一般市场影响力越大的企业,其具有核心竞争力的可能性相对也就越大。

从企业外部识别核心竞争力的方法,较为粗略和表层化。因此,要进一步辨别什么是企业的核心竞争力,从而培养或提升核心竞争力,就要从企业的内部深入分析。

2) 核心竞争力的内部识别

核心竞争力的内部识别主要从核心竞争力的关键性这一角度考虑,即核心竞争力的显著增值性、领先性、核心性。因为这些关键特性是使核心竞争力区别于一般竞争力的根本所在,所以在识别核心竞争力与非核心竞争力时,关键特性成为主要的区分标准。其具体分为以下几个识别指标。

(1) 增值性指标。增值性指标可以用来评价某项竞争力是否对顾客看重的价值作出了显著贡献,即是否能适应、满足顾客的价值需求。

(2) 领先性指标。领先性指标考察的是企业的核心竞争力相对于竞争对手的领先程度。它们的差异既可以采用绝对数值来表示,也可以采用相对数值来表示。

(3) 核心性指标。核心性是对企业核心竞争力横向广泛的整合性、纵向深入的延展性和独特的异质性的综合体现,主要体现在对企业资源、能力、知识技能等多方面的整合性和延展性。前者考察的是该项竞争力是否为其他几项能力或资源的整合,可用该竞争力所基于的竞争因素的数目来表示。后者考察的是企业利用该项竞争力拓展新业务的程度,可用基于该项竞争力所开展业务的销售收入占整个企业销售收入的比例来表示。通常来说,这两个数值越大,越表明此竞争力难以模仿,不易被复制,越有可能成为企业持续获利的动力。

资源提供了建立竞争力的基础,企业资源的差异,是导致可持续竞争优势差异的重要原因。资源的分配在各个企业之间是不均衡的,正是这种资源分配的不均衡性造成了各个企业竞争力的差异。如果说没有资源的竞争力是无源之水,那么,没有核心资源的核心竞争力就是无米之炊。所谓核心资源,就是能给企业带来独有的、难以模仿和转让的、持续竞争优势的关键性资源。

3.3.4 企业核心竞争力的培养途径

创立和培养企业的核心竞争力是企业复杂的系统工程,应着重从以下几个方面入手。

1. 强化意识

企业要兴旺发达、开创未来,就要有一个高明的经营战略,特别是企业的领导班子要有强烈的核心战略意识,善于在复杂变化的环境中高瞻远瞩,把握发展趋势,抓住稍纵即逝的机遇。为把握企业的发展方向,企业应把核心竞争力作为战略资源来培育。由于企业竞相建立决定全球领先地位的核心竞争力,西方成功企业已不再把自己看成一些制造产品或事业的组合,而是看成核心竞争力的组合。核心竞争力是企业的重要战略资源,目前这种战略资源的能量正在升级。

然而,我国多数企业对什么是企业的核心竞争力认识不清,而且对自身的核心竞争力培育不够。不少企业盲目实行多元化,而不是充分利用自己现有资源对企业核心竞争力进行培养,结果是"昙花一现"。为了克服企业的这种短命现象,企业必须强化战略资源意识。而核心竞争力本身就是企业的重要战略资源,要不断地学习和创新,从而培育企业自身的核心竞争力,保持企业的竞争优势。未来的发展取决于今日建立核心竞争力的努力,今天投资建立核心竞争力,就如播下未来产品丰收的种子。

2. 创建体制

新的环境要求企业从目标与环境适应以及长期生存的利益出发,建立培养企业核心竞争力的新体制。在企业建立小型领导核心,侧重对企业核心竞争力的培养,蕴育法就是一种较好的方法。它是指企业成立一个专门小组,针对企业选定的目标全力开发,负责在2~3年内培育出一种核心竞争力。蕴育法的优点在于经过其特别设计的环境,工作小组可以专心和安心地进行研究开发、苦战攻关,一旦工作小组对某个项目有突破性进展、取得成果,经营者就可以考虑将这一成果转移到企业中。企业还应利用各种经营手段、精神和物质的激励手段,组织、动员企业所有人员,发挥他们的创造性和积极性,为培育企业的核心竞争力而作出不懈的努力。

3. 资本运营

资本运营的核心是资本盈利的最大化,在现代企业制度中,提高资本运营质量是现代企业管理的基本要求,也是核心竞争力的经济基础。提高资本运营质量包括提高产品质量和提高销售市场占有率等。看一个企业的核心竞争力,不是看它生产了多少产品,而关键看它回笼了多少货币。企业核心竞争力的重要组成部分是资本运营,资本运营的核心是资金的运行。资金运行的速度在相当大的程度上决定资本的增值情况。资本运营要求:在投资上选择回报率高的产品和行业;在生产上实现资源优化组合;在销路上把握时机,将产品尽快推向市场,或以资本的直接运作为先导,通过物化资本的优化组合来提高运行效率、获得能力,增强企业的核心能力。如果资金投入不够,就可能造成核心能力萎缩;部门化可能会割裂核心竞争力;效益不佳的企业,在撤资时核心竞争力也会被随手丢掉。

4. 科技开发

当今世界"信息革命"风靡全球,"网络社会"悄然兴起,"网络经济"扑面而来,高科技正在主宰新时代经济的潮流。现代经济活动中,由于用户需求不断变化、技术进步加快、产品生命周期缩短、市场竞争不断加剧,高科技已成为将来生存的关键,也是企业核心竞争力的关键。企业为了开拓市场、满足用户对产品新的需求,应用科学技术的新成果,提高技术水平,开发新的产品。技术开发是企业核心竞争力发展的永恒主题。翻开历史,回顾过去,分析现在,展望未来,无论是生产力的发展,还是经济的腾飞、社会的进步,都离不开技术开发与创新。科技在经济增长中的作用越来越大,含量越来越高,在发达国家中,技术进步对经济增长的贡献日趋显著。20世纪初国民生产总值增长中,技术进步因素所占比重为5%~20%,20世纪50—60年代上升为50%左右,20世纪80年代高达60%~80%。由此可知,科技是兴国之道、富民之源,创新乃科技兴企之本,也是企业核心竞争力的核心;相反,抱残守缺、扼杀创新精神就会导致企业核心竞争力之树凋零。

5. 人才培养

企业是人的企业，人是企业的灵魂。人世间万事万物，人才是最宝贵的，只要有了高素质的人，就有可能创造人间奇迹。企业中人的素质是核心能力的重要因素之一，现代企业要想培育自己的核心竞争力，首要的应该是培养人才。当今世界，知识经济能量的释放，正逐步朝产业化、专门化、国际化方向发展。特别是高科技的运用，已成为经济竞争的主要力量。企业要想提高经济效益、在激烈的市场竞争中站稳脚跟，关键是要提高产品的附加值，而提高产品的附加值，主要途径是增加产品的科技含量、文化含量及艺术含量等。这一切都需要知识和人才。舍不得在人才培养方面下本钱，就像只种田不施肥一样，将导致能力下降。因此，必须把人才培养纳入企业的核心竞争力培养。制定开发战略，建立人才开发体系。加强人才开发的组织管理工作，使企业人才培训与开发工作有目标、有计划、有步骤地开展。大力开发人力资源，人才济济，英才辈出，使企业核心竞争力之树根深叶茂、长盛不衰。

6. 文化建设

现代管理界有句名言："智力比知识重要，素质比智力重要，人的素质不如觉悟重要。"企业经营可分为三个层次：第一是企业资产，第二是企业人才，第三是企业文化。特别是企业文化，它是提升企业核心竞争力的关键所在，是推进企业发展的一种神奇的力量。企业能力的积蓄、技能的提高、知识的增长、人事的熟悉、文化的领会都是企业积累性的学识。

案例3-5

华为：技术之路底气何在

创新日益成为驱动信息技术企业发展的源泉，而技术创新更是企业创新的核心。华为作为我国ICT（信息通信技术）行业的领导者，专注于以创新创造价值。

华为最开始的业务是代理销售用户交换机。其技术人员通过对BHO1技术进行研究分析和模仿改良，创造了拥有自己知识产权的BHO3。此后，华为意识到技术对于企业发展的重要性。1995年，华为研发出C&C08交换机，这款产品投向市场后反响良好，成为当时华为销售收入的支柱性产品。

由于华为当时成立时间较短，管理系统薄弱，单纯靠技术人才自行研究，研究失败的损失很大，因此随着自身实力的提升，华为在管理方面作出重大调整：一是引进了国外先进的管理模式；二是构建了灵活的矩阵式组织管理体系；三是为了培养员工的创新学习能力，制定了激励制度。这些改变都为华为日后的技术创新发展打下了良好的基础。随着华为规模的扩大、市场地位的提升，客户对华为有了更高的要求。此时，华为如果仅靠模仿创新显然已经无法适应市场需求。为了充分提高创新能力，华为和海内外多家高校、企业和研究所建立了长久的合作关系。由此，华为拥有了国内外电子信息领域的前沿技术和潮流信息，技术创新能力得到显著提高。

在5G标准的制定和研究中,华为作出了不可磨灭的贡献。在ICT行业,华为从跟随者逐步成长为引领者。正如华为轮值CEO胡厚崑所言:2G时代和3G时代前期,华为是跟随者;4G时代后期,华为能做到与国外巨头并驾齐驱;5G时代,华为将成为全球的引领者。从2008年开始,华为的创新表现出了更明显的自主性,其新技术的产生不再过多依靠外部资源,而是更多地体现了自身的研发实力和技术积累。

华为2019年公司年报显示:2019年华为的销售收入为8 588亿元,其中全年收入的15.3%投入研发;截至2018年,华为共获得87 805件专利授权,其中90%以上的专利为发明型专利。随着华为在ICT行业技术的飞速提升,能够让其模仿和超越的企业越来越少,华为只有依靠自身整合全球创新资源,才能成为行业的领先者。

面对求生的难题,华为应当继续加强研发投入,多元化发展,增强自主研发实力,其他高新技术企业也应该从华为的创新之路中汲取宝贵的经验,提升自身的实力。

资料来源:李华,薛紫珺.技术创新是华为创新之路的底气[J].经营与管理,2021(1):101-105.

知识拓展

案例解析

本章思考题

1. 简述企业资源分析的概念和种类。
2. 什么是企业核心竞争力?其特征是什么?
3. 如何识别企业核心竞争力?
4. 什么是SWOT分析法?
5. 企业核心竞争力构成要素及培育途径是什么?

即测即练

第 4 章

企业使命与战略目标

本章要点

1. 企业使命。
2. 企业使命的定位。
3. 经营理念。
4. 战略目标。

先导案例

金 地 之 道

第一篇 金地使命

第一条 创造生活新空间。

我们通过提供高品质、高附加值的地产作品、高质量的服务,为顾客创造新的生活空间;我们通过与员工的共同发展,为员工创造新的成长空间;我们通过理性的经营、持续的增长,为股东创造新的赢利空间;我们通过贡献物质财富和精神财富,为社会创造新的城市空间。

第二篇 金地愿景

第二条 以品质提升价值,做中国最受信赖的地产企业。

以卓越品质提升产品价值、员工价值和企业价值赢得社会的信赖,既是我们坚守的信条,也是我们事业的目标。卓越的品质,不仅仅是地产作品的优异质量,还包括到位的服务、高尚的生活品位。

我们为员工提供实现自我价值的舞台,对客户信守承诺,为股东提供稳定持续的投资回报,对社会尽职尽责。

第三篇 金地精神

第三条 用心做事,诚信为人。

用心做事,指用负责、务实的精神,去做好每一天中的每一件事。用心做事,就是比过去做得更好,比别人做得更好。诚信即真诚、正直、守信。诚信是企业安身立命之本。

第四条 以人为本,创新为魂。

唯有不断创新,企业才有旺盛的生命力。创新的起点与终点是满足人的需要。产品创新,要以满足客户深层需求为出发点;管理创新,要以满足员工潜在需要,充分发挥智慧和才干为关键点;经营创新,要以提高产品市场价值为目标。

第五条　专业之道,唯精唯一。

秉持专业精神,专注核心优势。精益求精,一以贯之。

第六条　坚韧内省,超越自我。

始终保持忧患意识、反省意识、学习意识,百折不挠,坚韧不拔,在超越自我的过程中超越他人。

第四篇　人才理念

第七条　员工是企业的金矿。

人才是金地的第一资本,员工智力资源是企业的宝藏。我们致力于开发每位员工的潜能,挖掘人才、培养人才、用好人才。人才就在我们身边。我们缺乏的不是人才,而是发现人才的慧眼。企业既要善于用人所长,又要容人所短。员工要善于抓住机会,展示自我。

第八条　崇尚业绩,注重能力。

企业要靠业绩生存,员工要靠业绩发展。崇尚业绩但不唯业绩,同时注重能力考量。业绩获得报酬,能力决定岗位。

第九条　赛马知能,相马识德。

选拔人才的原则是任人唯贤,德才并重。单靠相马不客观,单靠赛马不可行,两者结合才是选拔人才的最佳方法。金地通过考评考绩、甲A甲B、内部人才市场等制度发现人才、培养人才、选拔人才。

第十条　造就最有价值的专业行家。

给个性以空间,给事业以平台,让员工在企业发展中实现自我价值。为此,企业要培养员工的核心能力,让员工成为专业行家,让管理者成为最有价值的经理人。

第五篇　组织行为理念

第十一条　公司利益高于一切。

当个人利益、局部利益与整体利益发生冲突时,必须无条件地把整体利益放在首位。

第十二条　永葆创业激情。

激情是投入,是热爱,是义无反顾,是不息的原创冲动,是强者的生存方式。

第十三条　勤于思,敏于行,乐于言。

勤思令人睿智,敏行能捕捉先机,乐言让智慧共享。

第十四条　议则百家争鸣,行则步调一致。

以开放的心态广开言路,博采众长。一旦形成决策,则步调一致,行动果决。

第十五条　成就源于团队,团队成就自我。

个人的成就离不开团队,团队是我们力量的源泉。孤雁飞咫尺,群雁翔万里。

第十六条　速度创造财富。

竞争的焦点,表现在行动的力度和速度上。效率创造商机,速度创造财富。

第十七条　立足现实,追求完美。

我们提倡现实完美主义,反对不计代价的完美。

第十八条　学习工作化,工作学习化。

学习提供创造未来的能量,学习力是生命力之根。我们要向书本学习,向他人学习,向实践学习。学习是组织成长的捷径。

第十九条　平等沟通,相互理解。

开放的思维,平等的心态,是沟通的前提,相互理解,达成共识,是沟通的目标。

第二十条　客户服务无小事。

客户的任何小事,都是我们的大事。思考要换位,服务要到位。让顾客满意是我们不懈的追求。

第二十一条　做负责任的企业。

金地是敢于承担并忠实履行自己责任的企业,对客户、股东、员工和社会的责任是我们神圣的使命。

第六篇　金地员工操守

第二十二条　忠诚对企业,坦诚待同事。

有损公司的事不做,有益公司的事多做。对待同事,坦率真诚,光明磊落。

第二十三条　助人者自助。

工作需协作,成事靠大家。职责内的工作,必须做好,绝不推托;职责不明的工作,主动承担;职责外的工作,乐于协助。

第二十四条　善于发现问题,勇于解决问题。

不能发现问题是企业最大的问题。我们鼓励员工提出问题,倡导以建设性态度寻求解决之道。

第二十五条　找方法不找借口。

面对困难,失败者找借口,成功者找方法。

第二十六条　彼此尊重,相互欣赏。

敬人者,人恒敬之。送人玫瑰,手有余香。

第二十七条　常怀感激之心感激。

使我们内心充盈。感激,让我们充实、满足、幸福。

我们感激顾客,给我们提供劳动回报;我们感激企业,给我们提供成就自我的平台;我们感激股东,给我们提供创业的条件;我们感激同事,给我们提供工作的协助;我们感激社会,给我们提供发展的环境。

第二十八条　健康生活,幸福人生。

健康的身心、快乐的工作、美满的家庭,三者平衡才是精彩人生。

第七篇　金地管理者操守

第二十九条　成就部属就是提升自己。

培养下属是对管理者的基本要求,不培养下属的领导,自己也得不到培养。管理者既要给自己机会,更要给下属创造机会。

第三十条　公平公正,立德立信。

公生明,正生威。公平待人,公正处事,取信于人,予信于人,是管理者的立身之本。

第三十一条　做指导者,做支持者。

管理者要善于授权,言传身教,指导下属正确地做事,并提供必要的资源支持,保障下属做成事。

第三十二条　时刻不忘激励。

奖赏是激励,关爱是激励,倾听是激励,信任是激励,激励永远是最好的礼物。

第三十三条　赏罚及时,对事对人。

赏罚贵在及时,误了最佳时机,效果就会大打折扣。事情是人做的,所以赏要对人,罚也要对人。

第三十四条　有胆有识,敢做敢当。

富有远见,敢于做事,勇于承担责任,才能创造非凡的绩效。不求有功,但求无过,必将扼杀企业的生机与活力。

第三十五条　志存高远,心怀淡泊。

要放开眼界,胸怀大志,把事情做实,把事业做大,要襟怀宽广,得意不忘形,失意不失志,永怀平常心。

金地集团简介

金地集团的前身——深圳市上步区工业村建设服务公司成立于1988年。1994年,公司被列为深圳市首批现代企业制度试点的28家企业之一,在全国率先实行企业"员工持股"制度,并以此为突破口,进行产权多元化改革。"以员工持股为特色的多元化产权结构""以考绩考评为特色的科学化管理制度""以创造精品为特色的品牌经营方式",为金地创造良好的业绩奠定了坚实的基础。2001年4月,金地(集团)股份有限公司在上海证券交易所挂牌上市,成为1994年以后首批上市的房地产企业。2001年上市后,金地集团进入全国化的发展阶段,完成全国七大区域的布局。2005年,金地集团确立"科学筑家"企业新使命,全国化业务拓展迅速驶入快车道。金地集团在房地产金融领域锐意探索,与瑞银集团合作成立国内第一只标准化房地产私募美元基金。金地集团确立了"一体两翼"发展战略,先后成立了稳盛投资管理有限公司和金地商置集团有限公司。2016年,金地集团销售额破千亿。2017年,其销售额达到1 408亿元,同比增长40%。在主营住宅业务以外,集团旗下的商业地产、产业地产和物业管理等业务也在主营业务的基础上不断发展、开拓创新。

2019年,金地集团提出"精益管理、协同共进"的经营导向,通过城市深耕和不断拓展新城市,进一步做强地产主业,同时在地产新业务、多元化等方面持续探索和布局。从目前金地的布局看,代建业务、产业地产等板块为公司经营业绩直接贡献了相当份额,而体育产业、教育、医疗、养老等板块,对开发主业的促进催化作用也正在加速凸显。

金地集团深知,优秀的企业文化成就企业,失败的企业文化毁灭企业。

资料来源:金地集团官网,https://www.gemdale.com/。

思考与探究:

1. 金地集团"以创造精品为特色的品牌经营方式"有何战略意义?
2. 结合企业战略管理实际,谈谈"金地圣经"给我们带来的心智启迪是什么?

4.1 企业使命的概念和作用

通过对企业外部环境和内部条件的有关分析,我们已识别出外部环境给企业发展带来的机会、威胁与企业自身存在的优势、劣势。在制定企业战略之前,要构思和决定企业发展的战略方向,即企业准备承担什么样的社会使命、战略期内要达到什么样的战略目标。这是企业进行外部环境和内部条件分析的重要目的与结果,也是企业战略制定的必要前提和步骤。

确定企业战略发展方向的第一项工作是明确企业使命。确定企业使命是选择和确定企业战略目标的前提。德鲁克指出:"一个企业不是由它的名字、章程和公司条例来定义,而是由它的任务来定义的。企业只有具备了明确的任务和目的,才可能制定明确和现实的企业目标。"而企业使命即企业的任务和目的,是对企业存在的社会价值的思考,是规范和指导企业所有生产经营管理活动的最重要的依据。目前,国际上已经有越来越多的企业将确定企业使命视为自己竞争制胜的法宝。

4.1.1 企业使命及其与战略的关系

1. 企业使命的定义

关于企业使命的思想是建立在德鲁克提出的一些原则基础上的。德鲁克认为,问"我们的业务是什么"就等于问"我们的任务是什么"或"我们的使命是什么",以此作为使一个企业区别于其他类似企业的对经营目标的叙述。企业使命陈述是对企业存在理由的宣言,它回答了"我们的业务是什么"这一关键问题,明确的使命陈述对于有效地树立目标和制定战略具有重要意义。

企业使命是指企业区别于其他类型组织而存在的原因或目的,它说明企业的宗旨、哲学、原则,揭示企业长远发展的前景,为企业战略目标的确定与战略制定提供依据。

企业使命有狭义和广义之分。狭义的企业使命是产品导向的。而广义的企业使命是从本企业的实际条件出发,以市场为导向来定义的,着眼于满足市场的某种需要。例如,微软公司的企业使命可有两种表述。其中,狭义的表述为:在微软,我们的使命是创造优秀的软件。广义的表述为：在微软，我们的使命是不仅使人们的工作更有效率，而且使人们的生活更有乐趣。对比两种陈述，可以发现狭义的表述能够清晰地确定微软公司的基本业务领域，但与此同时，这种表述也限制了它的经营活动范围，甚至可能剥夺其发展机会。因为任何产品都有其市场生命周期，都可能随着时间的推移而被市场所淘汰。比如，有可能某一天人们会不需要软件，那时，微软公司就可能因产品没有销路而倒闭。广义的表述相对比较模糊，但却为微软公司指明了未来的发展方向，是更为持久的。

在《营销近视》一文中，西奥多·莱维特（Theodore Levitt）提出了下述观点：企业的市场定义比企业的产品定义更为重要。企业经营必须被看成一个顾客满足过程，而不是一个产品生产过程。产品是短暂的，而基本需要和顾客群则是永恒的。马车公司在汽车问世后不久就被淘汰，但如果它明确规定自己的使命是提供交通工具而不是提供马车，它就会从马车生产转入汽车生产，从而获得长期、持续生存与发展的机会。

总之，企业使命就是企业在社会进步和社会、经济发展中所应担当的角色与责任。它是企业对自身生存目的的定位，这种定位是企业全体员工的共识，是区别于其他企业而存在的原因或目的，也是企业胜利走向未来的精神法宝。

2. 企业使命在战略中的重要意义

企业使命在战略中的重要意义如下。

1）明确企业发展方向与核心业务

企业使命回答了这样一些基本问题："我们要成为什么？我们的业务是什么？我们的业务应该是什么？"这就是说，一个好的企业战略应当指明企业未来发展方向，明确企业经营的核心业务。因为任何企业所拥有的资金、场地、设备等经营资源总是有限的，同时每一个企业在经营能力上都只具有某一方面的优势，所以成功企业表明的一条重要经验是：把有限的经营资源投入能够充分发挥自己独特的经营优势的行业中去。

明确企业使命，能够为企业确立一个始终贯穿各项业务活动的共同主线，建立一个相对稳定的经营主题，为进行企业资源配置、目标开发以及其他活动的管理提供依据，以保证整个企业在重大战略决策上做到思想统一、步调一致，充分发挥各方面力量的协同作用，提高企业整体的运行效率。

2）协调企业内外部各种矛盾冲突

通常情况下，公众比较关心企业的社会责任，股东较为关心自己的投资回报，政府主要关心税收与公平竞争，地方社团更为关心安全生产与稳定就业，这样其就有可能在企业使命和目标的认识上产生意见分歧与矛盾冲突。为此，一个良好的使命表述应能说明企业致力于满足这些不同利益相关者需要的相对关心与努力程度，注意协调好这些相互矛盾冲突目标之间的关系，对各种各样利益相关者之间所存在的矛盾目标起到调和作用。一切组织都需要得到用户、员工与社会的支持，企业使命描述能够起到帮助企业实现与内外部环境利益相关者的有效沟通并赢得支持的作用。

企业使命描述通过对企业长期发展目标的说明,可以为各级管理人员超越局部利益与短期观念提供努力方向,促进企业各层次员工以及各代人之间形成共享的价值观,并随着时间的推移不断加强,以做到最终为企业外部环境中的个人与组织所认同、所接纳,从而给企业带来良好的社会形象。

3) 帮助企业树立用户导向思想

一个好的企业使命体现了对用户的正确预期。企业经营的出发点应当是确认用户的需要,并提供产品或服务以满足这一需要,而不是首先生产产品,然后再为它寻找市场。理想的企业使命应认定本企业产品对用户的功效。美国电话电报公司的企业使命不是电话而是通信,埃克森公司的企业使命突出能源而不是石油和天然气,美国太平洋联合铁路公司强调运输而不是铁路,环球影片公司强调娱乐而不是电影,其道理都在于此。

4) 表明企业的社会责任

社会问题迫使战略制定者不仅要考虑企业对各类股东的责任,而且要考虑企业对用户、环境、社区等所负有的责任。企业在定义使命时必然要涉及社会责任问题。社会与企业的相互影响越来越引人注目。社会政策会直接影响企业的用户、产品、服务、市场、技术、盈利、自我认识及公众形象。企业的社会政策应当贯彻到所有的战略管理活动之中,这当然也包括定义企业使命的活动。

5) 有助于企业的共同愿景

"愿"字下面一个"心",原来这是我的心,是我内心深处的一种愿望、期盼。实践证明,那些继往开来走向辉煌的企业,关键是有一个全体员工共同高擎的战略旗帜——企业使命。大家齐心协力都认准一个正确方向,树立理念,高擎战旗,结合群力,方可达致目标。因此,当代企业必须在战略思考、使命定位方面多用些心思,因为它是企业长远发展的纲领和灵魂,是成功的立身之本。

目光远大的公司的战略高明之处就在于:以企业使命的成功定位,并持之以恒地实践它。这些公司通常站得比别人高、看得比别人远。

目光远大的公司是一个组织、一个机构。不论哪一位领导者,不管他有多高的才能、多长远的眼光,他终有去世的那一天;不论企业有多么优秀的产品和服务,终有过时的时候。然而,目光远大的公司却能做到:经历了一代又一代领导者和一代又一代产品仍长盛不衰、持续发展。目光远大的公司的标准:是首屈一指的公司;受到消费者的普遍敬佩;在世界各地留下不可磨灭的印记;有50年以上的发展历史;经历过多任总裁;具有多种产品服务体系。

总之,企业使命为管理者指明了超越个人、局部和短期需要的整体与持久的发展方向。它使不同地位、不同民族、不同文化、不同利益的人建立对企业的共同期望,从而赢得社会的认同和响应。它使企业全体成员共同的愿景得以反映,使员工们的精神境界得以升华。所以,精心地组织研究和清楚地表述企业使命对企业发展与战略管理具有特别重要的意义。它为企业的持续发展定基调、指方向、拓思路、树形象。

一个企业如果不能开发出令人充满信心、深受鼓舞的使命,将会失去为社会尽责、为公众尽力、为员工尽心的机会,也就失去了企业最重要的战略性资源——企业信誉、经营灵魂,持续发展就会成为"泡影"。

4.1.2 企业使命的定位与描述

1. 企业使命的定位

目前,越来越多的企业已将确定企业使命看成企业战略的一个重要组成部分。企业使命的定位,就是企业确定自己在消费者心中关于企业业务范围的位置或印象。一般地,企业使命的定位包括以下三个方面的内容。

1) 企业生存目的定位

德鲁克认为,企业存在的主要目的是创造顾客,只有顾客才能赋予企业以存在的意义。顾客是企业的基础和生存的理由。因此,企业生存目的定位主要应该说明企业要满足顾客的什么需要,而不是说明企业要生产什么产品。对企业生存目的具体定位要回答以下两个基本问题:企业的业务是什么?企业未来的业务应该是什么?下面用实例说明企业使命的定位与描述,如表 4-1 所示。

表 4-1 企业使命的定位与描述

公 司	生产的产品	满足的顾客需要
化妆品公司	生产化妆品	出售美丽和希望
复印机公司	生产复印机	帮助提高办公效率
化肥厂	生产化肥	帮助提高农业生产力
石油公司	生产石油	提供能源
电影厂	生产影片	经营娱乐
空调器厂	生产空调器	为家庭及工作地点提供舒适的环境

因为围绕着满足某种顾客需要可以开发出许多不同的产品和服务,所以将满足顾客需要作为企业生存的基础,可以促使企业不断开发出新技术和新产品,从而使企业在创新中不断发展。

2) 企业经营哲学定位

企业经营哲学是对企业经营活动本质性认识的高度概括,是包括企业的基础价值观、企业内共同认同的行为准则及企业共同的信仰等在内的管理哲学。国际商业机器公司(IBM)前董事长托马斯·沃森(Thomas Watson)曾论述过企业经营哲学的重要性。他说:"一个伟大的组织能够长久生存下来,最主要的条件并非结构形式或管理技能,而是我们称之为信念的那种精神力量,以及这种信念对于组织的全体成员所具有的感召力。我坚决相信,任何组织若想生存下去并取得成功,它就必须建立起一系列牢固的信念,这是一切经营政策和行动的前提。其次,必须始终如一地坚持这些信念,相信它们是正确的。最后,一个组织或企业在自己的整个寿命期内必须随时准备改变自身,应付环境变化的挑战,但它的信念却不应当改变。换言之,一个组织与其他组织相比较取得何等成就,主要取决于它的基本哲学、精神和内在动力。这些比技术水平、经济资源、组织结构、新的选择时机等重要得多。"

企业经营哲学的主要内容通过企业对外界环境和内部环境的态度来体现:对外包括企业处理与顾客、社区、政府等关系的指导思想;对内包括企业对其投资者、员工及其他利益相关者的基本观念。企业经营哲学是企业战略的意志和经营"真谛",是企业最持久、最显著的发展动因。例如,麦当劳:"Q、S、C、V"(质量、服务、清洁、物有所值)的精神;IBM:"尊重个人、竭诚服务、追求卓越"三原则;同仁堂:同修仁德,济世养生。又如,日本松下电器公司经营哲学由纲领、基本准则及内部行为精神所组成。其纲领:作为工业组织的一个成员,努力改善和提高人们的社会生活水平,要使家用电器像"自来水"那样廉价和充足。其基本准则:通过公司和顾客之间的互利来增长;获利是对社会做贡献的结果;在市场上公平竞争;公司和供应商、经销商、股东之间互利;全体雇员参与经营。其内部行为精神:松下为整个产业服务;公平和忠诚;和谐和协作;为改善而奋斗;礼貌和谦让等。

3) 企业形象定位

人美在心灵,鸟美在羽毛,企业美在形象。企业形象是指企业以其产品和服务、经济效益和社会效益给社会公众与企业员工所留下的印象,换言之,也就是社会公众与企业员工对企业整体的看法和评价。它具体包括两方面的内容。

第一,企业的客观形象,即指企业在生产经营过程中展现出来的整体面貌和基本特征。

第二,公众对企业的主观形象,即指人们头脑中对企业的评价和认定。每一个企业在其特定的公众心目中,都有自己的形象。如顾客普遍认为 IBM 是计算机业的蓝色巨人、松下是生产高质量电子产品的企业、百事可乐则是年青一代的选择等。

良好的企业形象意味着企业在社会公众心目中留下了长期的信誉,是吸引现在和将来的顾客的重要因素,也是形成企业内部凝聚力的重要原因。因此,企业在设计自己的使命时,应把企业形象置于首位。

一般地,企业形象定位可以通过企业识别系统(CIS)来体现,即通过理念识别(MI)、视觉识别(VI)、行为识别(BI)三个部分来体现。与此同时,在塑造企业形象时,由于行业不同,影响企业形象的主要因素不同,因此还要特别注意根据企业所处行业特征来开展形象工程。例如:在食品业,良好的企业形象在于"清洁卫生、安全、有信任感";在精密仪器业,顾客可能对"可靠性、时代感、新产品研究开发能力"等方面的形象比较关注。

2. 企业使命的描述

企业使命描述,就是用恰当的语言将企业使命表述出来。

1) 确定企业使命时应考虑的因素

（1）企业发展历史。每个企业都有自己的发展历史，它记载了企业的辉煌业绩，也反映了企业的经验教训。现实和未来是相互衔接的，不了解过去，就无法预测未来。所以，确定企业使命应当以史为鉴、面向未来。

（2）企业领导者的个人偏好。企业领导者在企业使命的确定上发挥着非常重要的作用。每一个领导者，都存在着个人世界观、人生观和价值观方面的差异，对企业各种问题已形成自己独特的偏好，这种偏好对企业使命的确定有很大的影响。

（3）企业外部环境要素。外部环境是企业生存和发展的基本条件。外部环境发生某些重大变化，企业使命也可能作出相应的改变。特别是对这些变化可能带来的威胁和机遇，企业更要善于发现和及时作出反应。

（4）企业资源和管理能力。企业资源是实现其使命的物质基础，任何企业确定企业使命时，都不能脱离企业实际情况，而应当认真分析企业目前所存在的资源优势和劣势以及未来可能形成的资源优势，做到扬长避短、优势互补。企业管理能力是自身竞争优势最主要的体现，企业生产经营规模越大、经营业务越复杂，越需要管理经验丰富、管理能力强的管理者。现代企业竞争在很大程度上是由人力资源的素质，尤其是管理者的素质决定的。企业使命的确定必须充分考虑企业目前和未来管理者的管理能力问题。

（5）其他企业利益相关者的要求和期望。每一个组织都有许多委托人或者利益相关者，如果忽视了他们的需要，可能会造成很严重的消极后果。一个利益相关者就是有能力对这个组织施加影响的人，或者这个组织以显著的方式极大地影响了他。因此企业在确定使命时须考虑内外利益相关者对企业的要求与愿望。这些利益主体的要求与愿望可能是企业生存和发展的支持力量，也可能是企业生存和发展的制约力量。

2) 企业使命描述的构成要素

从目前的实际情况看，由于每个企业认识水平和经营环境的差异，它们所制定的企业使命在构成要素、形式和具体化等方面有着较大的不同之处。当前，在理论界、实业界有两种不同的观点：一种观点认为，一个企业使命是否描述得好，主要看它是否体现了企业使命的四大重要意义，即明确企业发展方向与核心业务，能协调企业内外部各种矛盾冲突，能帮助企业树立用户导向思想，能表明企业的社会政策。另一种观点则认为，优秀的企业使命描述，应尽可能多地包括以下九个基本要素。

（1）顾客，即谁是企业的顾客或者说企业应当满足顾客哪些方面的需求。这是企业使命首先要表述的内容，只有弄清顾客的需求，才能开发出满足顾客需求的产品或服务。如美国电话电报公司的使命是："我们所致力的事业是要将人们联结在一起，使他们更容易相互交流，并得到信息，我们要满足人们在任何时间、任何地点的需求，我们要在全世界做得最好。"

（2）产品或服务，即企业向顾客提供的产品或服务有哪些。如英特尔公司为计算机行业提供芯片、主板、操作系统和软件，英特尔公司的产品总是被看成"建筑街区"，被用来为个人计算机用户建立高级计算机系统。

（3）市场，即企业将在哪些地域范围或者行业领域内展开竞争。如："某公司将不断开拓国际市场，进一步扩大华南、华东、西南及西北市场，提高在这些地区的市场占有率，继续使产品保持在全国的领先地位。"

（4）技术，即企业采用的技术是什么以及能否满足顾客的要求。如："本公司是中国唯一研制、生产、经营各种信用卡及信用卡专用设备的企业，属于技术密集型企业，担负印制各种有价证券的重要任务，拥有当今世界先进水平的制版与印刷设备。"

（5）对生存、增长和盈利的关注，即企业对经济目标的要求是什么。如："本公司按照事业可持续成长的要求，确立每个时期的足够高的利润率和利润目标，使我们的事业得以稳健高速地发展。"

（6）经营理念，即企业的经营宗旨是什么。如玫琳凯公司的全部宗旨都基于一条重要的原则，即分享与关怀，出于这种精神，人们将愉快地贡献他们的时间、知识与经验。

（7）自我意识，即企业的竞争优势是什么。如："本公司将通过释放其全体雇员的能量和利用他们的创造力，在未来3年竞争中实现飞跃。"

（8）对公众形象的关心，即企业希望在社会、社区及利益相关者中的形象是怎样的。如："在企业发展的同时，努力为国家和所在社区的公益事业、教育事业、贫困地区的发展作出贡献。"

（9）对员工的关心，即企业应当怎样对待自己的员工。如："本公司坚持造物先造人，努力提升员工的素质，以良好的工作条件，有吸引力的福利待遇，个人成长的机会，高度的就业保障来招聘、培养、激励、回报和留住有能力、高品格、有奉献精神的人员。"

显然，以上关于企业使命的描述应包含使命要素的两种观点，并无本质区别，只是对要素考察的角度与细致程度不同而已。

3）优秀企业使命描述的语言要求

（1）综合性。企业使命描述要包含以上的基本要素。

（2）现实性。企业使命既不是痴心妄想，也不是没有抱负，而是既具有挑战性，又是经过努力可以达到的。

（3）独立性。企业使命必须是针对本企业具体情况来讲的，对于一个外来者来讲，他可以从使命的宣言中辨认出来这是某个企业，即企业的使命与愿景不具有一般性、普遍性，必须具有独立性，要反映出企业的个性。

（4）文字清晰、简洁并激动人心。要用清晰的、激动人心的文字来表达企业的性质、企业现在在哪里、将要走向何方。

4）企业使命的调整

一个企业的使命，如果制定得好，一般不宜轻易变更。因为企业使命是企业发展的方向，它就像天边的启明星，指引着企业未来发展的进程。然而，客观上，企业外部环境变幻莫测，在制定企业战略与执行企业战略后的一定时期，企业外部环境可能会发生巨大变化，从而要求企业对自己的使命进行调整。主观上,由于人对企业内外部条件与环境认识的局限,在企业使命制定之初是明确或基本合适的,但过了一段时间,便应对其分析,以决定它是否需要更改。企业的经营环境、市场地位、高级管理人员、所采用的技术、资源供给、政府法规和消费者需求等各方面的变化,都可能导致企业使命部分或全部调整。

企业使命需要变动的情况大致有三种:第一,随着企业的发展或某些新产品和新市场的开发,以前制定的使命变得不那么清楚了;第二,企业使命仍然清楚,但某些管理人员对于初始的使命和意图失去了兴趣;第三,企业使命虽然清楚,但由于新的外部环境和内部条件已经不能适应了。当企业领导者意识到企业处于上述几种情况时,就应及时地重新订立使命,发挥其使全体员工朝共同方向奋进的激励作用。

通常有经验的领导者,会在日常经营活动中隐约意识到需要重新评价企业使命的某些信号,如市场占有率持续下降、产品销量持续减少等。这意味着企业使命重新订立即将开始。随后,企业的研究机构,如战略研究小组等对此问题做深入分析,提出改变目前使命的必要性,而企业领导组织有关人员通过正式与非正式的途径进行讨论,以形成大多数员工对变革使命的广泛支持。最后,由企业高级管理人员组成的一个专门委员会来阐明使命改变后可能出现的情况,或由总经理以书面或口头方式表达使命改变后企业所处的地位,使使命的要点更加清晰和更容易使人接受。

4.2 企业使命表述要诀

1. 表述应以"需求导向"而不是"产品导向"

立足需求特别是创造需求来概括企业的存在目的,可以使企业围绕满足不断发展的需求开发出众多的产品和服务,获得新的发展机会。例如,以"需求导向"与"产品导向"两种不同的思路表述使命的差异如表 4-2 所示。

表 4-2 比较"需求导向"与"产品导向"表述使命

公司	"产品导向"表述	"需求导向"表述
玛丽化妆品公司	生产女士化妆品	创造魅力和美丽
美国电话电报公司	生产电话设备	提供信息沟通工具
埃克森公司	出售石油和天然气	提供能源
迪士尼公司	提供娱乐场所	组织娱乐休闲活动

2. 表述范围既不能太宽也不能太窄

表述使命的难点在于限定业务范围的"宽"与"窄"的问题。表述的范围太宽或太窄都会给企业战略运行带来不利影响。范围太宽,可能在语言上太模糊而显得空洞无物,令人不着边际,从而丧失了企业的特色;范围太窄,会由于语言上的局限而失去指导意义,失去与目标市场相似领域中的重要战略机会而限制企业的发展。某些公司在建立使命时,往往盲目追求高大、完美、正确的效果,使企业使命陈述不但雷同,而且"假、大、空"现象严重,形同标语口号,没有起到其应有的作用。例如,"改革、开拓、求实、进取"及"人民企业人民办、办好企业为人民"。

案例4-1

小放牛:经营顾客价值

河北小放牛餐饮管理有限公司(以下简称"小放牛")将菜品体验、服务体验与文化体验有机结合,营造以顾客价值为核心的餐饮体验场景,深受消费者青睐。

1. 创造文化体验价值

(1)菜品文化体验。小放牛以"地道河北味,创新民间菜"为菜品的文化定位,致力于挖掘河北民间美食文化,打造了一批特色菜品,如被评为"中国名菜"的"河北神仙鸡",被评为"河北名菜"的"骨渣丸子""白洋淀石锅嘎鱼""白洋淀荷叶米排骨""承德坝上炖牛肉"等。

(2)服务文化体验。小放牛以顾客价值为中心的经营理念就是兼顾菜品体验和服务体验,不仅要让消费者吃得好,还要服务好。小放牛全面对标海底捞的服务文化和服务标准,如顾客感觉菜品不合口味,无条件退换;顾客对服务不满意并提出有助于改进的具体意见建议,可以获得菜品奖励乃至免单。

(3)环境文化体验。"小放牛"品牌名称源于河北民间的歌舞小戏,产品定位为河北民间菜,其分布于保定、石家庄、唐山、邯郸、沧州等地的30多家直营店的装潢设计多以河北农村常见建筑和物件风格为主,保持了乡土民俗元素,如木头大梁、木桌椅、四脚板凳以及剪纸、稻草、麻绳等,同时又不拘泥于传统,有机嵌入灯光、投影等现代时尚设计,让顾客就餐时沉浸在一种穿越时空的体验中。

2. 创造服务体验价值

(1)标准化、流程化服务。小放牛的标准化、流程化服务体现在每一个环节和细节中。比如,前台的迎宾员看到顾客向饭店走来时,会主动问候、热情微笑并小跑着上前接待。顾客落座后,服务员会及时送上茶水和餐前水果,并以标准话术介绍特色菜品、请顾客点餐。顾客点单时,服务员彬彬有礼且清晰、准确地介绍每一道菜品。完成点单后,服务员会及时通知后厨下单制作,并向顾客提供菜品计时沙漏,因为小放牛承诺"30分钟内上齐所点菜品,如有超时即免费赠送"。顾客就餐结束、起身离席时,服务员会主动提醒有无物品遗漏并送客至饭店门口。

(2)人性化服务。在做好标准化、流程化服务的基础上,小放牛还针对顾客的特定需求做好服务。小放牛的每个直营店都会专门辟出面积大小不一的儿童娱乐区,以方便带孩子就餐的顾客;对孕妇、老人、残障人士等特殊人群给予周到细致的关爱和照顾;对过生日的顾客,不仅免费提供长寿面,还会送上一份生日礼物,服务人员为其唱生日祝福歌。

（3）及时响应顾客需求。餐饮行业最好的服务体验就是顾客有什么需求，服务人员能够及时响应并提供相应的服务，这样才会让顾客感觉到受欢迎、被尊重、被关注，从而获得味蕾的满足与精神的愉悦。由于生意火爆，上座率和翻台率高，小放牛对顾客需求的及时响应非常重视。除了通过标准化、流程化和人性化服务来创造服务体验价值外，小放牛还重视加强员工培训，提高服务人员的业务素质和应变能力，确保对顾客需求及时响应。

3. 创造菜品体验价值

（1）菜品定位鲜明，不断创新。小放牛主打河北民间特色菜品，定位鲜明。根据旗下众多直营店长期积累的销售大数据和顾客反馈意见，不断挖掘本地食材，对菜品进行创新。小放牛菜单中专门有一个"新品上市"栏，每隔一段时间就会推出一两道新菜品，以满足消费者更换口味的需求。

（2）菜品不在多而在精。有些餐饮店在菜品数量方面常常有一个误区，即菜品越多越好，试图以名目繁多的菜品来满足顾客的各种口味需求。然而，菜品越来越多，一是会使菜品品质失去完整的表现，二是会让顾客在众多的菜品中陷入选择焦虑。小放牛在开发新菜品的同时，注重梳理餐单、精简菜品数量，由过去的近100道菜精简为现在的40多道，保留下来的30多道热菜和10多道凉菜都是经过长期检验、获得高度认可的菜品。这样做的益处体现在三个方面：一是避免顾客的选择焦虑，缩短顾客的点单时间；二是始终保持河北民间菜的鲜明特色，聚焦主打菜品，保证每道菜的高品质；三是确保兑现"30分钟内上齐所点菜品"的服务承诺，因为菜品越少，后厨备菜、制作的难度和压力就越小。最终的效果就是既节约了顾客的等餐时间，又提高了饭店的运作效率。

资料来源：任丽丽，赵海民.小放牛：经营顾客价值[J].企业管理，2021(2)：85-86.

企业使命要回答的基本问题是：企业因为什么而存在，企业今后一段时间内怎样存在等事关企业发展的重大问题。清醒、理智、具有远见卓识的企业经理人决不会当企业出现危机时，才开始考虑其使命，他们通常能居安思危、未雨绸缪，把这一关键问题事先运筹好。反思企业使命的最佳时机应该是企业经营最成功之时。这是因为，成功的喜悦容易使人骄傲自满，甚至忘乎所以，将大好的企业形势葬送掉。所以，成功的企业应该在其最成功之时就开始对使命和战略作出重新思考，以明确企业进一步发展的方向和目标。例如：日本松下公司企业精神是"产业报国，光明正大，友善一致，奋斗向上，礼节谦让，顺应同化，感激报恩。"

3. 语言表达要有准确性

鲁迅先生说，字的修辞要做到"三美"，即"音美以感耳，形美以感目，意美以感心"，只有这样推敲文字做到音美、形美、意美，才能收到美化语言、交流思想、说服他人的效果。要让语言精益求精，就必须做到以下三点：一是要下苦功，"吟安一个字，捻断数茎须"，不马虎应付；二是要高标准、严要求，"有得忌轻出，微瑕须细评"，刻意追求最佳表达效果；三是贴切自然，不要堆砌辞藻，追求"句险语曲"，一句能令千古传。无论是理念的创意、句式的选择，还是句意的酝酿,都要千锤百炼,才能炉火纯青、美自天成,让人神思荡漾、情怀激越。

4.3 战略目标

在规定组织的使命,进行组织的外部环境分析和内部条件审计之后,企业想要制定正确的企业战略,仅仅有明确的企业使命和功能还不够,必须把这些共同的愿景和良好的构想转化成各种战略目标。企业使命较抽象,而战略目标较具体,后者是前者的具体化和现实化。

战略目标是企业使命的具体化,是企业追求的较大的市场份额、利润率、客户服务、创新、生产率等。战略目标是企业战略构成的基本内容,它所表明的是企业在实现其使命过程中要达到的阶段性结果,能够进一步细分为长期战略目标和短期战术目标两大类:前者的实现期限通常超出一个现行的会计年度,通常为5年以上;后者是执行目标,是为实现长期战略目标而设定的短期目标,它的实现通常是在一个会计年度以内。

企业使命和功能是对企业总体任务的综合表述,一般没有具体的数量特征及时间限定;而战略目标则不同,是为企业在一段时间内所实现的各项活动进行数量评价。目标可以是定性的,也可以是定量的,如企业获利能力目标、生产率目标或竞争地位目标等。正确的战略目标对企业的行为有重大指导作用。它是企业制定战略的基本依据和出发点,战略目标明确了企业的努力方向,体现了企业的具体期望,表明了企业的行动纲领;它是企业战略实施的指导原则,战略目标必须使企业中的各项资源和力量集中起来,减少企业内部的冲突,提高管理效率和经济效益;它是企业战略控制的评价标准,战略目标必须是具体和可衡量的,以便对目标是否最终实现进行比较客观的评价考核。因此,制订企业战略目标,是制定企业战略的前提和关键。如果一个企业没有合适的战略目标,则势必使企业经营战略活动陷入盲目的境地。战略目标是企业战略的核心力方向,体现了企业的具体期望和愿景的特征。它反映了企业的经营思想,明确了企业的努力方向,表明了企业的行动纲领。

4.3.1 战略目标的特征

1. 可接受性

首先,企业战略的实施和评价主要是通过企业内部人员与外部公众来完成的,因此,战略目标的表述必须明确而清晰;其次,战略目标要能调和各个利益相关群体的利益要求,这是因为不同的利益相关群体的要求往往互不相同,而且经常目标冲突。例如在企业中,股东追求利润最大化,员工需要工资和有利的工作条件,管理人员希望拥有权力和威望,顾客渴望获得高质量的产品,政府则要求企业尽可能多地纳税,企业必须力图满足所有公众的要求,以使其继续与组织合作。

2. 可检验性

为了对企业管理活动的结果给予准确衡量，战略目标应该是具体的、可以检验的。目标必须明确，具体地说明将在何时达到何种结果。

目标的定量化是使目标具有可检验性的最有效的方法。如"极大地提高企业销售利润率"的目标，就不如"到 2023 年产品的销售额达到 2 亿元，毛利率为 40%，税前净利润率为 23%，税后盈利为 1 500 万元，5 年内使销售利润率每年提高一个百分点"的目标操作性强。又如企业生产目标不应是"尽可能多地生产产品、减少废品"，而应是"2023 年产品产量为 4 万个，废品率降至 2% 以下"。事实上，还有许多目标难以数量化，时间跨度越长、战略层次越高的目标越具有模糊性。此时，应当用定性化的术语来表述其达到的程度，这一方面要求明确战略目标实现的时间，另一方面要求详细说明工作的特点。对于完成战略目标的各阶段都有明确的时间要求和定性或定量的规定，战略目标才会变得具体而有实际意义。一般地说，企业的战略目标一经制订，就应该保持相对稳定；同时要求战略目标保持一定的弹性以对客观环境的变化作出反应。

3. 可实现性

在制订企业战略目标时，必须在全面分析企业内部条件的优劣、外部环境的利弊的基础上判断企业经过努力后所能达到的程度，既不能脱离实际将目标定得过高，也不可妄自菲薄把目标定得过低。过高的目标会挫伤员工的积极性、浪费企业资源，过低的目标容易被员工所忽视、错过市场机会。一句话，战略目标必须适中、可行。此外，战略目标必须是可分解的，即必须能够转化为具体的小目标和具体的工作安排，从而帮助管理者有效地从事计划、组织、激励和控制工作。企业战略目标是一个总体概念，必须按层次或时间阶段进行分解（使每一目标只包含单一明确的主题），使其将应完成的任务、应拥有的权利和应承担的责任，具体分配给企业的各部门、各战略单位乃至个人。

4. 挑战性

目标本身是一种激励力量，特别是当企业目标充分体现企业成员的共同利益，使战略大目标和个人小目标很好地结合在一起时，就会极大地激发组织成员的工作热情和献身精神。一方面，企业战略目标的表述必须具有激发全体职工积极性和发挥潜力的强大动力，即目标具有感召力和鼓舞作用；另一方面，企业战略目标必须具有挑战性，但又是经过努力可以达到的。因而员工对目标的实现充满信心和希望，愿意为之贡献自己的全部力量。

5. 灵活性

企业面临外部的动态环境，目标应能随环境的变化相应地调动，即具有适应这种动态变化的灵活性而不应是僵化的。但值得注意的是，赋予目标灵活性意味着要在其可检验性上付出代价。而且过于强调目标的灵活性会使企业成员对实现目标的信心动摇,从而在行动上迟疑观望。为了正确处理两者的关系,通常认为较好的做法,首先是制订的中长期营销战略目标包含较大的灵活性,而在近期具体目标中则更强调可检验性;其次是尽可能保持在性质上的稳定,而在其水平上做一些灵活处理。

4.3.2 合理的战略目标的概念

如果说企业愿景(使命)是极具诱惑力的终点线,战略目标就是一个个里程碑,是连接理想目标与现实行动的桥梁,具体地显示企业的宗旨,又有目的地规划更微观的操作。

由于战略目标是企业使命和功能的具体化,一方面,有关企业生存的各个部门都需要目标,从不同侧面反映了企业的自我定位和发展方向;另一方面,目标还取决于个别企业的不同战略。因此,企业的战略目标是多元化的,既包括经济性目标,也包括非经济性目标;既包括定量目标,也包括定性目标。尽管如此,德鲁克认为,各个企业需要制订目标的领域却全都是一样的,所有企业的生存都取决于同样的一些因素。德鲁克在《管理的实践》一书中提出八个关键领域的目标:

(1) 市场方面的目标——应表明本企业希望达到的市场占有率或竞争中占据的地位;

(2) 技术改进和发展方面的目标——对改进和发展新产品,提供新型服务内容的认知及其措施;

(3) 提高生产力方面的目标——有效地衡量原材料的利用,最大限度地提高产品的数量和质量;

(4) 物质和金融资源方面的目标——获得物质和金融资源的渠道及其有效利用;

(5) 利润方面的目标——用一个或几个经济指标表明希望达到的利润率;

(6) 人力资源方面的目标——人力资源的获得、培训和发展,管理人员的培养及其个人才能的发挥;

(7) 职工积极性发挥方面的目标——对职工激励、报酬等措施;

(8) 社会责任方面的目标——注意企业对社会产生的影响。

一般企业的战略目标包括以下内容。

(1) 盈利能力,用利润、投资收益率、每股平均收益、销售利润率等来表示。例如,5年内税后投资收益率增加到15%。

(2) 市场,用市场占有率、销售额或销售量来表示。例如,4年内微波炉的销售量增加到100万台/年。

(3) 生产率,用投入产出比率或单位产品成本来表示。例如,4年内每个工人的日产量提高10%。

(4) 产品,用产品线或产品的销售额和盈利能力、开发新产品的完成期表示。例如,5年后淘汰利润率最低的产品。

(5) 资金，用资本构成、新增普通股、现金流量、流动资本、回收期等来表示。例如，5年内流动资金增加到100万元。

(6) 生产，用工作面积、固定费用或生产量来表示。例如，5年内浦东分厂的生产能力提高20%。

(7) 研究与开发，用花费的货币量或完成的项目来表示。例如，8年中陆续投资1亿元开发一种新型的汽车。

(8) 组织，用将实行的变革或将承担的项目来表示。例如，4年内建立一种分权制的组织机构。

(9) 人力资源，用缺勤率、迟到率、人员流动率、培训人数或将实施的培训计划数来表示。例如，5年内以每人不超过8 000元的费用对200个员工实行40小时的培训计划。

(10) 社会责任，用活动的类型、服务天数或财政资助来表示。例如，5年内对希望工程的捐助增加200万元。

当然，还应该意识到，一个企业并不一定在以上所有领域都规定目标，并且战略目标也并不局限于以上十个方面。

4.3.3 确定目标的原则

企业战略目标作为指导企业市场经营的准绳必须是恰当的。不恰当的战略目标，不但难以起到应有的指导作用，而且会使在各种内外条件制约下就已十分复杂的企业经营增加人为的矛盾和摩擦。也就是说，在选择恰当的目标和合理的目标内容时应当遵循相关的原则。

1. 关键性

这一原则要求企业确定的战略目标突出有关企业经营成败的重要问题、有关企业的全局的问题，切不可把次要的战术目标作为企业的营销战略目标，以免滥用企业资源而因小失大。

2. 可行性

确定的战略目标必须保证如期实现。因此，在制订战略目标时，必须全面分析企业各种资源条件和主观努力所能达到的程度。

3. 定量化

要使企业的战略目标明确清晰，就必须使目标定量化，具有可检验性，以便检查和评价其实现的程度。因此，战略目标必须尽量多用量化指标表示，而且最好具有横向和纵向的可比性。

4. 一致性

一致性原则又称平衡性原则。首先,它要求战略目标实现不同利益之间的平衡。扩大市场和提高销售额的目标与提高投资利润率的目标往往是有矛盾的,即因扩大销路而牺牲了利润,或因提高利润而影响了销路,必须把两者摆在适当地位求得平衡。其次,它要求战略目标实现近期利益和远期利益的平衡。只顾近期需要,不顾长远需要,企业难以在未来继续生存;相反,只顾远期需要而不兼顾近期需要,企业也将难以为继。因此,战略目标的制订必须兼顾企业的长短期利益。最后,它要求战略目标实现总体战略目标与职能战略目标的平衡。

5. 激励性

制订企业的战略目标既要具有可行性,又要考虑到它的先进性。所谓先进性,就是目标要经过努力才能实现,只有那些可行而先进的战略目标才具有激励和挑战的作用,才能挖掘出人的巨大潜能。

6. 稳定性

企业的战略目标一经制订和落实,就必须保持相对稳定,不可朝令夕改而引起企业战略的变更。当然,如果经营环境发生了变化,企业总体战略目标调整后,企业的战略目标及所有的经营单位的短期目标也要及时作出相应的调整。

7. 权变

由于客观环境变化的不确定性、预测的不准确性,因此在制订战略目标时,应制订多种方案。一般情况下,制订在宏观经济繁荣、稳定、萧条三种情况下的企业战略目标,分析其可行性及利弊得失,从而选择一种而将另外两种作为备用。或者制订一些特殊的应急措施,如在原材料价格猛涨等情况下对战略目标进行适应性调整等。例如,一个快速发展的食品企业的发展目标是在 4 年内扩建 6 个商店,相应的权变方案是:如果情况比预料的要好,新扩建的商店就可达到 10 个;如果经济萧条,企业不但无法扩展,而且有可能关闭掉 4~10 个商店。

4.3.4 战略目标体系

企业所制定的各项战略行动及其结果,是通过战略目标表达的。由于企业内不同的利益相关者的存在,目标之间不可避免地会出现冲突和矛盾。例如,企业生产部门的产量目标和销售部门的销量目标之间可能有冲突;企业降低成本、增加利润的经济因素可能与保护环境、实现可持续发展的社会责任目标之间存在冲突。因此,必须构造战略目标体系,使战略目标相互联合、相互制约,从而使战略目标体系整体优化,反映企业战略的整体要求。企业战略目标通常用树形图来表示,图 4-1 形象地表现了这点。

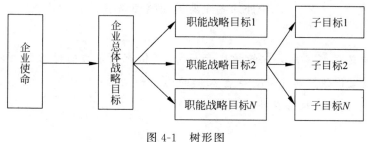

图 4-1　树形图

企业战略目标体系一般由企业总体战略目标和职能战略目标所组成,在企业使命和企业功能定位的基础上制订企业总体战略目标。为保证总目标的实现,必须将其层层分解,规定企业总体战略目标。也就是说,企业总体战略目标是主目标,职能战略目标是保证目标。

4.3.5　战略目标设定时的常见错误列举

在我国企业战略规划实践中,由于存在模糊认识,战略目标设置时经常出现明显的错误,这使战略规划往往流于形式,无法取得其应有的效果。

例一:本企业的战略目标是实现利润大幅增长。

分析:究竟增长多少才是大幅增长,而且需要多少时间实现利润增长?

改进:本企业未来 3 年的战略目标是实现利润总额增长 50%。

例二:本企业未来 3 年的战略目标是改善目前较落后的市场地位。

分析:市场地位改善到什么程度才能称得上是改善?

改进:本企业未来 3 年的战略目标是将市场占有率提高到 10%。

例三:本企业在 2025 年度的战略目标是增加促销费用支出 20%。

分析:促销活动只是一种活动,而不是一种结果,战略目标应是经营活动的一个结果。

改进:本企业在 2025 年度的战略目标是通过增加促销费用支出 20%,以使我们的市场占有率由 2% 上升到 6%。

例四:本企业的战略目标是在未来 10 年内跻身世界工业企业 500 强。

分析:高估了本企业未来的发展速度,把发展目标定得太高。

改进:本企业未来 10 年的战略目标是跻身国内工业企业 50 强。

例五:本企业未来 5 年的战略目标是成为本行业的领导者。

分析:究竟是市场领先者,还是技术领先者,还是两者兼而有之?不明确。

改进:本企业未来 5 年的战略目标是成为本行业技术方面的领导者。

案例4-2

中外知名企业的战略使命书

1. 华为

华为的使命是聚焦客户关注的挑战和压力,提供有竞争力的通信解决方案和服务,持续为客户创造最大价值。其愿景是丰富人们的沟通和生活;核心价值观为以客户为中心,以奋斗者为本,长期坚持艰苦奋斗。

2. 海尔

海尔的使命是创中国的世界名牌,为民族争光。海尔希望成为行业主导,用户首选的第一竞争力的美好住居生活解决方案服务商。

3. 阿里巴巴

阿里巴巴的使命是让天下没有难做的生意。阿里巴巴的愿景为:第一,活102年;我们不追求大,不追求强,我们追求成为一家活102年的公司;第二,到2036年,服务20亿消费者,创造1亿就业机会,帮助1000万家中小企业盈利。

4. 微软

微软的使命是予力全球每一人、每一组织,成就不凡。微软提供生产力和平台,打造"无平台障碍的最佳生产力应用"。

5. Facebook

Facebook的使命是给予人们分享的权利,使得世界更开放、联系更紧密。Facebook希望让全球公司参与集体决策;这是一家专注于影响、快速行动、敢于冒险、保持开放、打造社交价值的企业。

资料来源:国内外知名企业的使命、愿景、核心价值观都是什么?[EB/OL].(2022-11-20). http://www.360doc.com/content/22/1120/19/272091_1056818496.shtml.

 知识拓展

 案例解析

本章思考题

1. 企业使命的作用是什么?
2. 企业使命定位三要素是什么?
3. 企业使命的表述要诀是什么?
4. 什么是企业的战略目标?其构成要素是什么?
5. 制订战略目标的原则有哪些?

即测即练

第 5 章 企业业务战略

本章要点

1. 稳定型战略。
2. 增长型战略。
3. 市场渗透战略及其主要思路、主要方法。
4. 多元化战略及其应注意的问题。
5. 稳定型战略、紧缩型战略的类型与优缺点。

先导案例

海底捞的蓝海战略

海底捞创建于 1994 年,是一家以经营川味火锅为主的餐饮企业,公司创始人和董事长是张勇。该公司不管是对待员工,还是对待顾客都是至善至诚,员工愿意把企业当作自己的家,也愿意把顾客当作自己最诚挚的伙伴。海底捞 2004 年开始在北京开连锁店,生意异常火爆,以无微不至的服务细节名噪京城和全国各地。

蓝海战略没有把战略目标定位在竞争上,而是避开竞争,在给消费者创造价值的同时提升企业的价值,这是一个双赢的战略,不存在竞争,而是创造一个全新的天地。海底捞有三个明显有别于其他火锅店的地方:一是在海底捞你会常常看到很多顾客愿意排很长时间的队。二是服务非常好,服务员细心、认真、负责,个个都很机灵,你只需要稍微示意,服务员马上就会过来为你服务;排队等位的时候会为你提供零食、做美甲、擦鞋等各种贴心的服务。三是餐饮环境温馨,所有的服务员都面带微笑,给人一种宾至如归的感觉。这些和其他火锅店完全不一样的服务和经营,不仅成为同行的标杆,甚至成为其他行业服务效仿的标杆。海底捞为消费者创造了新的需求和体验,诸如等候时的小吃、宾至如归的感受、擦鞋的尊贵体验、做美甲的享受、免费提供的水果、服务员的热情、爱吃的零食可以打包带走等,都是消费者以往不曾体验到的。消费者也不会想到吃一顿火锅可以有这些服务,这就为他们创造了新的需求和价值。

海底捞打破价值与成本互替定律,同时追求差异化和低成本,把企业行为整合为一个体系。同是火锅店,为什么海底捞可以做到如此呢?因为该企业的员工是幸福的,当员工感到幸福了,自然会安心地把精力投入工作中。吃火锅的消费者也很幸福,他们感到幸福,自然会再来,不仅会自己来,还会介绍朋友来,或者是带着亲朋好友一起来。实际上,企业的价值在于为员工创造价值以及价值理念,然后员工为企业和顾客创造价值,员工为企业创造的价值是花钱也买不了的,无形之中为企业节约了大量的成本,也带来了好的声誉。海底捞给员工提供了家一般的生活条件和工作环境,使很多原本坚持不下来的员工坚持下来了。海底捞有经验的员工越来越多,人力资源上节约了大量的成本,从而使价值和成本兼得。海底捞在餐饮行业中开拓了一片蓝海,避开了大多数餐厅的价格战、味道战、菜品战等竞争,找到了一片非竞争的市场空间,而且是别的餐饮企业很难模仿的天地。既然与竞争对手提供的产品的差异化不大,就不应该在产品上做文章,而应该在服务上做文章。如何快速回答客户的问题,如何让客户感到尊重,重视客户的问题和难点等,才是企业真正应该花时间去研究的。

资料来源:胡友,李营.蓝海战略在 H 企业的运用[J].广西质量监督导报,2021(4):138-139.

思考与探究:
海底捞是如何运用蓝海战略的?

5.1 稳定型战略

5.1.1 稳定型战略的概念及特征

顾名思义,稳定型战略就是企业在战略规划期的内外部环境与条件的约束下,对产品、技术、市场等方面都采取基本维持现状的一种战略,企业不再进入新领域,而是在现有经营领域内使产销规模和市场地位大致不变或以较小幅度增减。从企业经营风险的角度来说,稳定型战略的风险是相对小的,对于那些曾经成功地在一个处于上升趋势的行业和一个不大变化的环境中活动的企业来说会很有效。由于稳定型战略从本质上追求的是在过去经营状况基础上的稳定,因此它具有如下特征。

(1)企业对过去的经营业绩表示满意,决定追求既定或与过去相似的经营目标。例如,企业过去的经营目标是在行业竞争中处于市场领先者的地位,稳定型战略意味着在今后的一段时期依然以这一目标作为企业的经营目标。

(2)企业在战略规划期所追求的绩效按大体的比例递增。与增长型战略不同,这里的增长是一种常规意义上的增长,而非大规模和非常规的迅猛发展。例如,稳定型增长可以指在市场占有率保持不变的情况下,随着总的市场容量的增长,企业的销售额的增长,而这种情况则并不能算典型的增长型战略。实行稳定型战略的企业,总是在市场占有率、产销规模或总体利润水平上保持现状或略有增加,从而稳定和巩固企业现有的竞争地位。

(3)企业准备以与过去相同或基本相同的产品和劳务服务于社会。企业继续以基本相同的产品或服务来满足它的顾客。这意味着企业在产品上的创新较少。

从以上特征可以看出,稳定型战略主要依据前期战略。它坚持前期战略对产品和市场领域的选择,它以前期战略所达到的目标作为本期希望达到的目标。因而,实行稳定型战略的前提条件是企业过去的战略是成功的。对于大多数企业来说,稳定型战略也许是最有效的战略。

5.1.2 稳定型战略的类型

在具体实施方式上,稳定型战略可依据其目的和资源分配的方式分为不同类型。

1. 无变化战略

无变化战略(no change strategy)似乎是一种没有战略的战略。采用它的企业可能是基于以下两个原因:一是企业过去的经营相当成功,并且企业内外环境没有发生重大的变化;二是企业并不存在重大的经营问题或隐患,因而企业战略管理者没有必要进行战略调整,或者害怕战略调整会给企业带来利益分配和资源分配的困难。在这两种情况下,企业的管理者和职工可能不希望企业进行重大的战略调整,因为这种调整可能会在一定时期内降低企业的利润总额。采用无变化战略的企业除了每年按通货膨胀率调整其目标以外,其他都暂时保持不变。

2. 维持利润战略

这是一种以牺牲企业未来发展来维持目前利润的战略。维持利润战略(profit strategy)注重短期效果而忽略长期利益,其根本意图是渡过暂时性的难关,因而往往在经济形势不太景气时被采用,以维持过去的经营状况和效益,实现稳定发展。但用得不当的话,维持利润战略可能会使企业的元气受到伤害,影响长期发展。美国铁路行业在20世纪60年代处于十分困难的状况,许多铁路公司通过减少铁路维修和保养来减少开支,实行维持利润战略,维持分红。然而不幸的是,这一困难时期延续到20世纪70年代,铁路的状况恶化,最终使这些铁路公司的经营受到了影响。

3. 暂停战略

在一段较长时间的快速发展后,企业有可能会遇到一些问题使效率下降,这时就可采用暂停战略(pause strategy),即在一段时期内降低企业的目标和发展速度。例如,采用并购发展的企业,往往会在新收购的企业尚未与原来的企业很好地融合在一起时,先采用一段时间的暂停战略,以便有充分的时间来重新实现资源的优化配置。从这一点来说,暂停战略可以充分实现让企业积聚能量、为今后的发展做准备的功能。

4．谨慎实施战略

如果企业外部环境中的某一重要因素难以预测或变化趋势不明显，企业的某一战略决策就要有意识地降低实施进度，步步为营，这就是谨慎实施战略（proceed with caution strategy）。比如，某些受国家政策影响比较严重的行业中的企业，在国家的一项可能的法规公布之前，就很有必要采用谨慎实施战略，一步步稳固地向前发展，而不是不问青红皂白地大干快上，置未来政策于不顾。

5.1.3 稳定型战略的利弊分析

以上讨论了稳定型战略态势在不同内外环境下的适用性。就一般意义来说，稳定型战略具有自己的优点和缺点。其优点主要表现为以下几个方面。

（1）企业经营风险相对较小。其能够保持连续性和稳定性，降低风险性。由于企业基本维持原有的产品和市场领域，因而可以利用原有的生产经营领域、渠道，避免开发新产品和新市场所必需的巨大的资金投入、激烈的竞争抗衡和开发失败的巨大风险。

（2）能避免因改变战略而改变资源分配的困难。由于经营范围与规模与过去大致相同，因而稳定型战略不必考虑原有资源的增量或存量调整，相对其他战略态势来说，显然要容易许多。

（3）能避免因发展过快而导致的弊端。在行业发展迅速时，许多企业无法清醒地看到潜伏的危机而盲目发展，结果造成资源的大量浪费。我国的许多彩电和空调企业就犯过这种毛病，造成了设备闲置、效益不佳的结局。

（4）能给企业一个较好的修整期，使企业积聚更多的能量，以便为今后的发展做好准备。从这点来说，适时的稳定型战略是将来的增长型战略的一个必要的酝酿阶段。

但是，稳定型战略也具有很多的缺陷，主要表现为以下几个方面。

（1）稳定型战略的执行是以包括市场需求、竞争格局在内的外部环境的基本稳定为前提的。一旦企业的这一判断没有被验证，就会打破战略目标、外部环境、企业实力三者的平衡，使企业陷入困境。因此，如果环境预测有问题，稳定型战略即具有很大的风险。

（2）特定细分市场的稳定型战略往往隐含着较大的风险。由于资源不够，企业会在部分市场上采用稳定型战略，这样做实际上是将资源重点配置在这几个既定的子市场上，因而如果对这部分特定市场的需求把握不准，企业可能更加被动，会丧失外部环境提供的一些可以快速发展的机会。

（3）稳定型战略容易使企业的风险意识减弱，甚至形成惧怕风险、回避风险的企业文化，这就会大大降低企业对风险的敏感性、适应性，削弱其冒风险的勇气，从而也提升了以上所述风险的危害性和严重性。

稳定型战略的优点和弊端都是相对的，企业在具体的执行过程中必须权衡利弊，准确估计其收益和风险,并采取合适的风险防范措施。只有这样,才能保证稳定型战略优点的充分发挥。

5.1.4 稳定型战略的适用情况

采取稳定型战略的企业,一般处在市场需求及行业结构稳定或者较小动荡的外部环境中,因而企业所面临的竞争挑战和发展机会都相对较少。但是,有些企业在市场需求以较大幅度增长或外部环境提供了较多发展机遇的情况下也会采用稳定型战略。这些企业一般来说是由于资源状况不足以使其抓住新的发展机会而不得不采用相对保守的稳定型战略态势。

1. 外部环境

外部环境的相对稳定性会使企业更倾向于稳定型战略。影响外部环境稳定性的因素很多,大致包括以下几方面。

1)宏观经济状况

如果宏观经济在总体上保持总量不变或总量低速增长,那么企业所处行业的上游、下游产业也往往只能以低速增长,这就势必影响到该企业所处行业,使其无法以较快的速度发展。因此,宏观经济的慢速增长会使某一产业的增长速度也降低,这就会使该产业内的企业倾向于采用稳定型战略,以适应这一外部环境。

2)产业的技术创新度

如果企业所在的产业技术相对成熟,技术更新速度较慢,企业过去采用的技术和生产的产品无须经过太大的调整就能满足消费者的需求并与竞争者抗衡,则企业的产品系列及其需求保持稳定,从而促使企业采纳稳定型战略。

3)消费者需求偏好的变动

这一点其实是决定产品系列稳定度的另一方面:消费者频繁的偏好转移势必使企业在产品特性和营销策略上与过去的做法有所不同,否则将会被竞争对手击败,而这种策略上的变动毫无疑问将影响到企业的经营战略,因而企业若继续采用稳定型战略态势,很可能陷入被动。从这点来看,稳定型战略适合消费者需求偏好较为稳定的企业。

4)产品生命周期(或行业生命周期)

对于处于行业或产品的成熟期的企业来讲,产品需求、市场规模趋于稳定,产品技术成熟,以新技术为基础的新产品开发难以取得成功,因此以产品为对象的技术变动频率低,同时竞争对手的数目和企业的竞争地位都趋于稳定,这时提高市场占有率、改变市场地位的机会很少,因此较为适合采用稳定型战略。

5)竞争格局

如果某企业所处行业的进入壁垒非常高或由于其他原因使得该企业所处的竞争格局

相对稳定，竞争对手之间很难有悬殊的业绩改变，则企业采用稳定型战略可以获得最大的收益，因为改变竞争战略带来的业绩增加往往是不尽如人意的。

2. 内部环境

企业战略的实施一方面需要与外部环境相适应，另一方面需要有相应的资源和实力，也就是既要看到外部的威胁与机会，又要看到自身的优势与劣势。除了分析企业所处的外部环境之外，还要分析企业的内部环境。具体来说，应分析以下几个方面，看其是否适合使用稳定型战略。

1）企业资源

如果外部环境较好，为企业提供了有利的发展机会，企业就可以采取提高市场占有率的策略。但是，如果企业资源不充分，如资金不足、研究开发力量较差、人力资源不足等，就无法采取提高市场占有率的战略。于是，企业可以采取以局部市场为目标的稳定型战略。

2）资源分配

当外部环境较为稳定时，资源较为充足的企业可以在广泛的市场上选择自己的战略资源分配；而资源相对稀缺的企业可以在相对狭窄的细分市场上集中资源，它们都可以采用稳定型战略，以适应外部环境。

3）竞争优势

当外部环境较为不利时，资源丰富的企业可以采用一定的稳定型战略。资源不够充足的企业，如果它在某个细分市场上具有独特的竞争优势，可以考虑采用稳定型战略；但如果不具备相应的特殊竞争优势，则不宜采用稳定型战略。

当外部环境较为稳定时，资源较为充足的企业与资源相对较为稀缺的企业都应当采用稳定型战略，以适应外部环境，但两者的做法不同。前者可以在更为宽广的市场上选择自己战略资源的分配点，而后者则应当在相对狭窄的细分市场上集中自身资源，以求稳定发展。

5.2 增长型战略

5.2.1 增长型战略的概念及特征

1. 增长型战略的概念

增长型战略是一种使企业在现有的战略基础上向更高一级的目标发展的战略。它以发展作为自己的核心内容，引导企业不断地开发新产品、开拓新市场，采用新的生产方式和管理方式，以便扩大企业的产销规模，提高竞争地位，增强企业的竞争实力。

2. 增长型战略的特征

（1）企业总是获得高于行业平均水平的利润率。
（2）企业多要用非价格竞争的手段与竞争者抗衡。
（3）它的基础是"价值创新"，试图通过创新和创造新的需求，来使外界适应企业自己。

案例5-1

采取集中生产单一产品或服务的最典型的企业是美国的麦当劳公司。1948年，迪克·麦当劳(Dick McDonald)和马克·麦当劳(Mac McDonald)兄弟俩合伙开了一家名叫麦当劳的餐馆，主要出售汉堡包、炸薯条和饮料及冰淇淋。当时兄弟俩并无太大的雄心，对在其他地方开设类似的餐馆无多大兴趣。但在1954年，瑞·克罗克(Ray Kroc)建议在全国范围内设立餐馆，麦当劳兄弟俩采纳了克罗克的建议，随即成立了麦当劳公司。时至今日，麦当劳公司的主要产品仍是汉堡包，辅以炸薯条和饮料或冰淇淋。多年来，它也增加了早餐食品、炸排骨、炸鸡块和其他快餐食品。然而，它的发展是通过区域扩张、维持高质量、优质服务及洁净的名望等手段。

麦当劳公司在119个国家经营优质食品和饮料。麦当劳的业务模式分为三种：发展式特许营、直营和传统式特许经营。单个餐厅、贸易区或市场（国家）所采取的业务模式取决于多种因素，包括在财产所有权和特许经营等关键领域具有创业经验、财务资源以及当地法律和监管环境的个人的可用性。麦当劳与其独立特许经营商之间的业务关系得到了标准和政策的支持，对整体业绩和保护麦当劳品牌至关重要。

麦当劳2023财年第一财季净利18.02亿美元，同比增加63.19%。2023年4月25日麦当劳（股票代码：MCD）公布财报，公告显示公司2023财年第一财季归属于普通股东净利润为18.02亿美元，同比增长63.19%；营业收入为58.98亿美元，同比增长4.1%。

资料来源：麦当劳2023财年第一财季净利18.02亿美元 同比增加63.19%[EB/OL].(2023-05-05). http://stock.10jqka.com.cn/usstock/20230505/c646921334.shtml.

5.2.2 密集增长型战略

1. 密集增长型战略的概念

密集增长型战略是指企业在原有生产范围内，充分利用在产品和市场方面的潜力来求得成长的战略。

2. 密集增长型战略的形式

密集增长型战略源于战略学家安索夫提出的产品-市场矩阵（表5-1），主要包括市场渗透、市场开发、产品开发三种战略形式。

表 5-1 产品-市场矩阵

市　　场	产　　品	
	现有产品	新产品
现有市场	市场渗透	产品开发
新市场	市场开发	多元化

1）市场渗透战略

市场渗透战略是由企业现有产品和现有市场组合而产生的战略。在现有市场上如何扩大现有产品的销售量主要取决于两个因素：产品使用人的数量和每个使用人的使用频率，因为销售量等于产品使用人的数量乘以每个使用人的使用频率，所以，市场渗透战略的具体思路主要从这两个因素角度出发，具体方法如下。

（1）提高产品使用人的数量。

① 转变非使用人。企业通过努力把原来不使用本企业产品的人转变为使用人。例如，飞机货运服务公司的发展就要不断寻找新的用户，说服他们相信空运比陆地运输有更多的好处。

② 努力发掘潜在的顾客，把产品卖给从未使用过本企业产品的用户。例如，本来为妇女生产的洗发剂，现在又成功地推销给男士及儿童使用。

③ 把竞争者的顾客吸引过来，使之购买本企业的现有产品。例如，百事可乐公司劝说可口可乐的饮用人改喝百事可乐。

（2）提高产品使用人的使用频率。

① 增加使用次数。企业可以努力使顾客更频繁地使用本企业的产品。例如，肉联厂宣传它生产的火腿肠不仅可以夹在面包里吃，而且可以放在菜里、汤里吃，味道同样鲜美，因此早、中、晚餐都可以吃。

② 增加使用量。企业努力使消费者在每次使用时增加该产品的使用量。例如，油漆公司可以给用户暗示，每次使用本企业的产品来油漆家具时，起码要上三遍油漆，上油漆的次数越多，则家具会越光亮、美观。

③ 增加产品的新用途。企业应努力发现本企业产品的各种新用途，并且要使人们相信它有更多的用途。例如，杜邦公司生产的尼龙产品最初是做降落伞的原料，后来又做妇女丝袜的原料，再后，又做男女衬衣的主要原料；此外，尼龙放在橡胶中制成轮胎，可大大提升轮胎强度及耐磨性。每一种新用途的发现，都使该产品进入新的生命周期，给公司带来源源不断的利润。

（3）改进产品特性。

① 提高产品质量（即提升产品的功能特性），这种办法通常可以压倒竞争对手。

② 增加产品的特点，如在尺寸、重量、材料、添加物、附件等方面，使产品具有更多的功

能,提高其使用的安全性、便利性。例如,在开罐头的工具上增加了动力装置,使人们开铁包装罐头时既迅速又便利、安全。

③ 改进产品的式样,如化妆品的包装瓶子的颜色和形状应不断变换,以招揽顾客。

在营销组合方面,企业应努力在销售价格、销售渠道、促销手段(广告、销售促进、人员推销)、服务等方面加以改进,以提高现有产品的销售量。

总之,市场渗透战略希望通过对现有产品进行较小的改进,从现有市场上赢得更多的顾客。这种战略风险最小,如果市场处于成长期,在短期内此战略可能会使企业利润有所增长。但是当市场日趋成熟时,企业必然会面临激烈的竞争,对使用市场渗透战略的企业最致命的打击是市场衰竭。

市场渗透战略表面看起来是风险最小的一种发展战略,但因为以下四个原因,它也许是风险最大的一种发展战略。

(1) 除非该企业在市场上处于绝对优势地位,否则必然会出现许多强有力的竞争对手。

(2) 企业管理者宁愿把精力放在现有事务处理上,因而可能错过更好的投资机会。

(3) 顾客兴趣的改变容易导致企业现有目标市场的衰竭。

(4) 一项大的技术突破甚至可能会使产品在一夜之间成为一堆废物。

2) 市场开发战略

市场开发战略是由现有产品和新市场组合而产生的战略。它是发展现有产品的新顾客群或新的地域市场从而提高产品销售量的战略。实行这种战略有三种办法。

(1) 扩大新的市场范围。这种办法即把本企业现有产品打入其他相关市场,如区域性市场、国内市场和国际市场等,从而扩大现有产品的销量。

(2) 在新市场寻找潜在的用户。例如,计算机过去一直是销售给科研部门、学校、企业及事业单位的,但现在已经走入家庭,许多想培养孩子计算机能力的家庭及教师、科研人员、医生、作家等家庭都需要计算机,存在潜在的计算机购买群。

案例5-2

方太:科技如何守护厨房里的健康

方太集团创建于1996年。作为一家以智能厨电为核心业务的幸福生活解决方案提供商,方太长期致力于为人们提供高品质的产品和服务,打造健康环保、有品位、有文化的生活方式,让千万家庭享受幸福安心的生活。油烟对人体健康的危害起先并不为消费者所知,而像方太这样的厨电企业已经在解决油烟的危害上做了大量努力。方太不做急功近利的事,而是利用颠覆式创新,切实解决中国家庭的问题。

三年风云变幻,"不跑烟"守护呼吸健康

方太董事长兼总裁茅忠群看到一则央视报道《厨房油烟加剧家庭主妇肺癌风险》后,决定在研发思路上放弃比拼单纯的技术指标(如风量、风压等),创造一种以用户使用时"不跑烟"为衡量指标的技术，最后的结果指向减少油烟对用户的伤害。"不跑烟"是KPI（关键绩效指标），但又不是KPI，拿它做KPI是一场只有起点、没有终点的旅程。当科技与商业利益互搏时，企业的价值观才是裁判。是为了用户的健康幸福，还是为了商业利益的最大化？显然方太选择了前者。

在"为家人研发"文化的指导下，每个研发工程师在一次次技术攻关时都会想：如果这个抽油烟机是给自己的父母和爱人用的，怎样才能不让他们呛着和熏着？怎样才能避免油烟对他们呼吸道和肺部的伤害？特别是远离家乡的员工，想着自己研发制造的抽油烟机能够给父母一个健康的厨房环境，这也是尽孝。在方太的员工看来，如果不能达成"不跑烟"，那就不是真正的进步。

五年投身水槽洗碗机，安心去除农药残留

方太将视角从抽油烟机拓宽至全厨电领域，希望能够解决行业里久未解决而顾客有迫切健康需求的问题，其中农药残留成为关注度极高的问题。每天人体要摄取1斤左右的蔬菜水果，以补充维生素，而蔬果上残留农药主要是有机磷类和有机氯类。对于少量的残留农药，人体会降解，但长期食用危害性会日益显现。在解决农药残留的问题上，方太并不是将其作为单一的问题来处理，而是考虑到中国小厨房的特点，希望实现多功能合一，将水槽、洗碗机和去农药残留的功能创造性地综合在一款产品上。方太的水槽洗碗机便实现了洗碗和洗果蔬的功能切换。2020年，方太对水槽洗碗机进步升级，推出E5/Z5，搭载全净透空化技术，将以往洗碗机单纯的"水洗技术"升级为水气混动的"气泡洗技术"，开创了洗碗机品类的"第二代清洗技术时代"。方太水槽洗碗机还增加了"湍流速洗"技术，把空化泡震出来的杂质和分解出来的农药残留悉数冲去，真正实现了安心去除农药残留的目标。

八年攻克膜技术，喝一杯真正健康的好水

2019年8月12日，方太推出了新一代净水机，这是始于2012年的谋划，"八年磨剑"的成果。严谨踏实、格物致知的精神是方太研发团队的传统，这一传统亦是传承自中华优秀文化。关于创新，茅忠群曾提出"创新三论"——创新的源泉是仁爱，创新的原则是有度，创新的目标是幸福。净水器市场近些年复合增长率超30%，早一天上市，早一些盈利。但是在决定投入净水机研发之前，茅忠群需要明确：怎样的水才是对人体健康有益的好水？市场上已有的技术是否满足了这一目标？世界卫生组织在《饮用水中的营养素》中指出，纯净水对其接触的材料有更高的侵蚀性。于是在参考科学研究和前人得失的基础上，方太认为洁净且保留天然有益矿物质的水，才是健康的好水。

面对净水市场如此强劲的增长，方太是买现成技术赚快钱还是长时间投入做真正有益于健康的好水？后者不仅可能赚不到钱，还存在因为研发失利而赔钱的风险。茅忠群对研发工程师们说："我们要从消费者出发，做别人不能做或者不愿意做的事情，无愧做美善产品的初心！"于是，方太回归国内，专心自主研发。经过8年时光，方太NSP（New Selected Pureration，新型选择性过滤净化）膜色谱双效净水技术才实现了从理论到实践、从实验室到产业化的跨越式发展。

当人们越发热爱烹饪、热衷于展示厨艺之时,厨房里的健康也变得越发重要。方太始终认为,面对行业新趋势和新变化,不必一味追求产品的颠覆式创新,应该将用户利益、社会责任放在首位。因此,在针对健康科技创新时,方太强调:有爱有度,恰到好处。所有的创新"无过无不及""恰如其分""恰到好处",这是一种隐藏式的保护,让每个产品做好分内之事,从而守护用户的健康,尽享烹饪和饮食的乐趣。

资料来源:钱丽娜.国际肺癌关注月:科技如何守护厨房里的健康?[J].商学院,2020(11):28-30.

(3)增加新的销售渠道。例如,葡萄酒厂的产品原来只通过烟酒公司等中间商到达消费者手中,现在为了增加销售量,有的葡萄酒厂自己开设经销店,直接将产品卖给消费者,同时企业还与各大中城市的大饭店、旅馆挂钩,直接将葡萄酒卖给这些单位,极大地提高了销售量。

市场开发战略比市场渗透战略风险性大,这种战略迫使管理人员放开眼界、拓宽视野,重新确定营销组合,但此战略仍是一个短期战略,它仍然不能降低因客户减少或技术上落后而导致的风险。

3)产品开发战略

产品开发战略是由企业现有市场和其他企业已经开发而本企业正准备投入生产的新产品组合而产生的战略,即对企业现有市场投放新产品或利用新技术增加产品的种类,以提高市场占有率和增加销售额的企业发展战略。从某种意义来说,这一战略是企业发展战略的核心,因为对企业来说,市场毕竟是不可控制的因素,而产品开发则是企业可以控制的因素。

采用此战略的前提条件是:企业要对它原有顾客有透彻的了解,能够提供满足顾客需要的其他产品。这种战略具有一定程度的创新开拓性,它鼓励企业从事新的探索,可以提升企业对技术进步的适应能力。但是采用这种战略的企业仍然束缚了自己,企业的潜能仅仅被用来在原有市场的顾客群中寻找新的投资机会,可能会因为没有寻找到其他市场而导致较大的机会成本,因为其他市场,尤其是正在成长的新市场可能会比企业现有市场更加有利可图。

关键点

1. 在寻找市场机会和进行产品设计时,应注重市场导向,而不是强力推行某个技术人员所喜欢的构思。

2. 从战略高度强化开发以核心能力为基础的核心产品,并以此构建企业长期发展的技术基础。

3. 在产品开发过程中要充分听取顾客、供应商和营销人员的意见。

5.2.3 一体化战略

"一体化"的原义是指将独立的若干部分加在一起或者结合在一起成为一个整体。一体化战略是指企业充分利用自己在产品、技术、市场上的优势,根据物流的方向,不断地向深度和广度发展的战略。一体化战略是企业的一种非常重要的成长战略,它有利于深化专业分工协作,提高资源深度利用和综合利用的效率。

1. 一体化战略的类型

1) 纵向一体化

纵向一体化也称垂直一体化,是指生产或经营过程相互衔接、紧密联系的企业之间实现一体化。按物质流动的方向,其又可以划分为前向一体化和后向一体化。

(1) 前向一体化。这是指企业与用户企业之间的联合,目的是促进和控制产品的需求,做好产品营销。如纺织印染厂,原来只是将坯布印染成各种颜色的花布供应服装厂,现在纺织印染厂与服装加工厂联合,即该厂不仅进行印染,而且制成服装出售,这样就促进和控制了产品需求,促进了产品营销。

(2) 后向一体化。这是指企业与供应企业之间的联合,目的是确保产品或劳务所需的全部或部分原材料的供应,加强对所需原材料的质量控制。如自行车厂原来要向橡胶厂购买轮胎,现在自行车厂与橡胶厂联合起来,让橡胶厂专门生产自行车轮胎,保证了自行车的轮胎供应。电视机制造公司兼并显像管制造公司、食品公司投资兴办养殖场等均属此种策略。

纵向一体化战略可以通过以下三种方式实现:第一,企业内部壮大而进入新的经营领域;第二,与其他经营领域的企业实现契约式联合;第三,合并其他经营领域的企业。具体采取何种形式应视企业实力及所处经营环境而定。

2) 横向一体化

横向一体化也称水平一体化,是指与处于相同行业、生产同类产品或工艺相近的企业实现联合,实质是资本在同一产业和部门内的集中,目的是扩大规模、降低产品成本、巩固市场地位。如海尔集团整体收购合肥黄山电子集团,就是为了进一步扩大海尔彩电的生产规模。横向一体化战略可以通过契约式联合、合并同行业企业等形式实现。

3) 混合一体化

混合一体化,是指处于不同产业部门、不同市场且相互之间没有特别的生产技术联系的企业之间的联合。它包括三种形态:第一,产品扩张型,即与生产和经营相关产品的企业联合;第二,市场扩张型,即一个企业为了扩大竞争地盘而与其他地区生产同类产品的企业进行联合;第三,毫无关联型,即生产和经营彼此之间毫无联系的产品或服务的若干企业之间的联合。混合一体化可以降低企业长期处于一个行业所带来的风险,也可以使企业的技术、原材料等各种资源得到充分的利用。

2. 纵向一体化的战略利益

1) 实现范围经济,降低经营成本

(1) 通过把技术上相区别的生产运作放在一起,企业有可能实现高效率。例如在制造业,这一做法能够减少生产过程的步骤、降低成本、减少运输费用。比如在热钢轧平的经典事例中,如果钢铁生产和轧平活动被连接在一起,钢坯就没有必要被再次加热。

(2) 由于成品和零部件归并成一个系统,在生产、设计、营销等内部环节上,更易控制和协调,从而会提高企业的生产效率。

(3) 生产与销售一体化有利于市场信息准确及时地反馈,使企业迅速地了解市场供求和监控市场,实行一体化还能将收集信息的总成本由各部分分摊,从而减少信息成本。

(4) 通过纵向一体化,企业可以节约市场交易的销售、谈判和交易成本。尽管内部交易过程中也常常要进行某些讨价还价,但其成本绝不会接近市场交易成本。这主要是因为内部交易不需要任何销售力量和市场营销或采购部门,也不需要支出广告促销费用。

2) 稳定供求关系,规避价格波动

实行纵向一体化,可以使上游、下游企业之间不会随意终止供求关系,不管是在产品供应紧张的时期还是在总需求很低的时期,都能保证充足的货源供应,从而降低市场供求的不确定性。由于实现了纵向一体化,上游、下游企业之间的交易虽然也必须反映市场价格,但这种内部转移价格实际上只是一种为了便于业务管理、成本核算的影子价格,而且企业可以主动调节,从而避免产品价格的大起大落。

3) 增强差异能力,树立经营特色

由于企业规模扩大、成本降低和控制加强,进入壁垒提高了;强化对关键零部件设计的控制,有可能更好地满足不同市场层面用户的特殊需求,从而增强对最终用户的控制;同时也有更多机会通过使用特殊原材料、零部件或技术等途径寻求区别于同行业竞争者的产品特色。

3. 纵向一体化的战略成本

1) 弱化激励效应

纵向一体化意味着通过固定的关系来进行购买与销售,也就是说把原本的市场交易内化为企业内部交易。上游企业的经营激励可能会因为是在内部销售而不是在市场上竞争而有所减弱,下游企业同样也会由于从企业另一个单位购买产品,从而不会像从外部供应商购买时那样激烈地讨价还价。因此,纵向一体化可能弱化激励效应,从而降低企业运作的效率。我国企业普遍存在的"大而全"效率低于"小而专"现象的原因就在于此。为了纠正纵向一体化的这种弊端,很多企业实施了"企业内部市场化"的做法,收到了较好的效果。

2) 加大管理难度

实行一体化战略以后,两个或多个不同的企业合并或联合在一起,企业的管理层次大大增加、管理幅度大大提高,企业管理所需的生产、营销、服务等各项职能都更加复杂,尤其是不同企业文化的融合更非一朝一夕所能解决的,这些因素都对企业管理者的管理素质和管理技巧提出了很高的要求。显而易见,其管理难度要比一体化之前大得多。

3) 加剧财务紧张

虽然企业实行纵向一体化战略以后,一些零部件和原材料由企业外购转变为企业自制,这些零部件和原材料的成本将比外购低,但自制所需的生产资金、储备资金和材料资金等都要比外购时多得多。如果企业的财务资源不够雄厚,就有可能加剧企业的财务紧张,严重时将导致整个一体化战略的失败。

4) 降低经营灵活性

企业选择纵向一体化会导致产品设计方面的局限性,对厂房和原材料来源的巨额投资,常常阻碍新的产品设计或材料品种的完善。如果不实行纵向一体化战略,企业可以根据外界环境变化而削减原材料的采购量,或转向其他供应企业;而采用纵向一体化战略的企业就缺乏这种机动性,同时经营方向的调整也更加困难,因而也就增大了经营风险。

5) 难以平衡生产能力

纵向一体化企业内部的上游单位与下游单位的生产能力必须保持平衡,否则会出现问题。纵向链中任一有剩余生产能力的环节(或有剩余需求量的环节)必须在市场上销售一部分产品(或购买一部分投入),否则就将牺牲市场地位。然而,在企业纵向一体化条件下,这一步可能往往是困难的,因为纵向一体化常常迫使企业从它的竞争者处购买原料或向它的竞争者销售产品。为了避免加强竞争者的地位,它们可能不情愿地与该企业做生意。

4. 横向一体化的战略利益

横向一体化的战略利益主要包括获取规模经济、减少竞争对手、扩张生产能力。

1) 获取规模经济

横向一体化通过收购同类企业达到规模扩张,这在规模经济性明显的产业中,可以使企业获取充分的规模经济,从而大大降低成本,取得竞争优势。同时,通过收购往往可以获取被收购企业的技术专利、品牌名称等无形资产。

2) 减少竞争对手

横向一体化是一种收购企业竞争对手的增长战略。通过实施横向一体化,可以减少竞争对手的数量,降低产业内企业间相互竞争的程度,为企业的进一步发展创造一个良好的产业环境。

3) 扩张生产能力

横向一体化是企业生产能力扩张的一种形式,通过合并或联合,可以迅速提升企业的生产能力、扩大企业的规模,与企业自身的内部扩张相比较,这种扩张形式相对较为简单与迅速。

5. 横向一体化的战略成本

横向一体化具有一定的战略成本,主要包括管理协调问题和政府法规限制两个方面。

1) 管理协调问题

收购一家企业往往涉及收购后母子公司管理上的协调问题。由于母子公司在历史背景、人员组成、业务风格、企业文化、管理体制等方面存在较大的差异,因此母子公司的各方面协调工作非常困难,这是横向一体化的一大成本。

2) 政府法规限制

横向一体化容易造成产业内垄断的结构,因此,各国法律法规都对此作出了限制。如美国司法部反托拉斯公司在确定一项企业合并是否合法时要考虑以下因素。

(1) 这一合并是否导致过高的产业集中度。

(2) 这一合并是否增强合并企业对其他企业的竞争优势。

(3) 进入该产业的困难程度是否提高。

(4) 产业内是否已经存在一种合并的倾向。

(5) 被合并企业的经济实力。

(6) 对该行业产品需求是否增长。

(7) 这一合并是否有激发其他企业进行合并的危险。

5.2.4 多元化战略

社会经济的不断发展,引起市场需求和企业经营结构的变化。企业为了更多地占领市场和开拓新市场,或避免单一经营的风险,往往会选择进入新的领域,这一战略就是多元化战略。

1. 多元化战略的类型

多元化战略是指在现有业务领域基础之上增加新的产品或业务的经营战略。根据现有业务领域和新业务领域之间的关联程度,可以把多元化战略分为相关多元化与不相关多元化两种类型。

1) 相关多元化

相关多元化,是指虽然企业发展的业务具有新的特征,但它与企业的现有业务具有战略上的适应性,它们在技术、工艺、销售渠道、市场营销、产品等方面具有共同或相近的特点。根据现有业务与新业务之间"关联内容"的不同,相关多元化又可以分为同心多元化与水平多元化两种类型。

(1) 同心多元化,即企业利用原有的技术、特长、经验等发展新产品,增加产品种类,从同一圆心向外扩大业务经营范围。例如,汽车制造厂增加拖拉机生产。同心多元化的特点是,原产品与新产品的基本用途不同,但有较强的技术关联性。冰箱和空调就是用途不同但生产技术联系密切的两种产品(关键技术都是制冷技术)。海尔、春兰等企业的发展就是这一战略的具体例子。

(2) 水平多元化,即企业利用现有市场,采用不同的技术来发展新产品,增加产品种类。例如,原来生产化肥的企业又投资农药项目。水平多元化的特点是,现有产品与新产品的基本用途不同,但存在较强的市场关联性,可以利用原来的分销渠道销售新产品。例如,娃哈哈创办之后就定位于儿童市场，以后企业的发展也一直围绕这一目标市场。

2）不相关多元化

不相关多元化，也称集团多元化，即企业通过收购、兼并其他行业的业务，或者在其他行业投资，把业务领域拓展到其他行业，新产品、新业务与企业的现有业务、技术、市场毫无关系。也就是说，企业既不以原有技术为依托，也不以现有市场为依托，向技术和市场完全不同的产品或劳务项目发展。这种战略是实力雄厚的大企业集团采用的一种经营战略。例如，美国通用电气公司20世纪80年代收购美国业主再保险公司和美国无线电公司，从而从单纯的工业生产行业进入金融服务业和电视广播行业。我国很多企业现在也开始运用不相关多元化战略。比如，海尔集团除生产电视、冰箱、空调等家电产品之外，还涉足软件开发、医药生产等业务领域。

2．多元化的战略利益

1）实现范围经济

范围经济是指由于企业经营范围的扩大而带来的经济性，通俗地说，就是联合生产的成本小于单独生产成本之和。范围经济的存在，本质上在于企业多项业务可以共享企业的资源。特定投入都有一定的最小规模（不可分性），而这种投入在生产一种产品时可能未能得到充分利用，在生产两种或两种以上的产品时，就能够使这种投入的成本在不同的产品中分摊，于是使单位成本降低、产生范围经济。范围经济的存在原理与规模经济有相似之处，但本质不同的是，规模经济在于产品产量的增加，而范围经济则来自生产多种产品或从事多项业务，简而言之，来自经营范围的扩大。

2）分散经营风险

如果企业的多元化战略是相关多元化，那么企业对进入的新业务较为熟悉，在技术开发、筹供、生产等方面的联系可以减少企业的成本，从而使企业扩展过程中的风险降低；如果企业的多元化战略是不相关多元化，那么企业不同业务之间收益的盈亏在一定程度上可以相互平衡，从而分散经营风险。人们常常用"东方不亮西方亮"来形象地比喻这一作用。

3）增强竞争力量

多元化企业凭借其在经营规模及不同业务领域的优势，通过其他业务领域的收益来支持某一业务领域的竞争，实现调动全企业资源专攻一点的效果，从而大大增强企业的竞争力量。

3．多元化的战略成本

1）分散企业资源

任何一个企业，哪怕是巨型企业，其所拥有的资源总是有限的。多元化发展必定导致企业将有限的资源分散到每一个发展的业务领域，从而使每个意欲发展的领域都难以得到充足的资源支持，有时甚至无法维持在某一领域的最低投资规模要求和最低维持要求，结果在与相应的专业化经营的竞争对手的竞争中失去优势。从这个意义来说,多元化战略没有规避风险,不仅没能"东方不亮西方亮",还很可能"东方不亮西方也不亮",加大企业失败的风险。

2) 加大管理难度

企业在进行多元化经营时,不可避免地要面对多种多样的产品和各种各样的市场,这些产品在生产工艺、技术开发、营销手段上可能不尽相同,这些市场在开发、渗透、进入等方面也都可能有明显的区别。企业的管理、营销、生产人员必须重新熟悉新的业务领域和新的业务知识。另外,由于企业采用多元化经营,企业规模逐渐扩大,机构逐渐增多,企业内部原有的分工、协作、职责、利益平衡机制可能会被打破,管理、协调的难度大大增加,在资源重新配置和保证企业竞争优势方面会遇到较大的挑战。

3) 提高运作费用

企业由专业化经营转向多元化经营,进入众多陌生的业务领域,必将使企业的多元化经营运作费用上升。这表现在两个方面。

(1) 多元化发展的学习费用较高。企业从一个熟悉的业务领域到另一个陌生的业务领域,从新成立一个企业到企业产出效益,这需要一个学习过程。这个过程中,由于不熟悉而导致的低效率、由陌生到熟悉的机会损失都构成较高的学习费用。

(2) 顾客认识企业新领域的成本加大。当企业在新的领域有产出品时,需要消费者认识,虽然此时可借用原有领域的品牌,但要在新领域中改变消费者原来的认识态度,不加大投入是不行的,这反过来又使已分散的资源更加难以应付。

4) 加剧人才短缺状况

企业竞争归根结底是人才竞争,企业成功归根结底依赖于优秀的人才。然而,每个人都有自己的专长,专业对口是人才发挥作用的基础。所以,企业在进行多元化发展时,必须有多元化领域内相应的经营管理和技术等方面专业人才的支撑,多元化发展才能成功;反之,则可能失败。从理论来说,社会上存在企业发展多元化所需的人才,问题是这些人才往往已在其他企业之中。引进人才固然可能,但费用也很高,往往超出企业的承受能力,从而加剧企业的人才短缺状况。

4. 多元化战略应注意的问题

1) 客观评估企业多元化经营的必要性与能力

从上面的论述可以看出,多元化经营是一把"双刃剑",既可能给企业带来巨大的收益,也可能加剧企业的经营风险。企业在采用多元化之前,必须客观评估企业多元化经营的必要性,切不可头脑发热、跟潮流、盲目进行多元化。尤其是对自身能力的评估,除要考虑企业现有的资源存量之外,还必须考虑企业是否具备把新业务领域培育成利润增长点期间所需要的资源数量。当企业不具备这些资源时,其他业务领域的预期收益再好也只能让别人去做。

2）坚持把主业做好之后再考虑多元化

稳定而具有相当优势的主营业务,是企业利润的主要来源和企业生存的基础。企业应该通过保持和扩大企业所熟悉与擅长的主营业务,尽力提高市场占有率以求规模经济效益最大化,要把增强企业的核心竞争力作为第一目标。在此基础上,兼顾"专业化"与"多元化"。世界上优秀的企业,在业务领域的选择上,都是首先确立了自己的核心业务(即主营业务),并以此为基础,考虑多元化经营的。

3）新业务领域与现有业务领域之间应具有一定的战略关联

当企业内部不同业务单位之间可以通过分享共同的资源,组合相关的生产经营活动,进行核心专长如技术开发、管理能力、品牌等的转移时,则把企业不同业务部门之间的这种关系称为战略关联。在多元化战略实施中,能否建立有效的战略关联,是决定多元化成败的核心因素之一。一般来说,企业应该首先选择那些与其主营业务和已经建立的核心能力关联密切、容易获得关联优势的业务领域作为多元化的主要目标。其根本原因在于,与关联程度低的领域相比,进入高关联度的领域更容易依托在主营业务领域建立的优势地位和核心能力,以较低的成本和风险建立优势地位。

4）建立横向协调不同业务单位的关系

在多元化企业中,不同的业务单位往往以本部门的利益作为决策的出发点。由于部门利益与企业整体利益之间存在一些不可避免的矛盾,以及部门利益之间的"外部性"或"搭便车"问题,多元化企业往往会遇到一系列难以克服的组织障碍,如管理协调难度加大、激励效应的弱化、集权与分权的矛盾等。所以,实施多元化的企业应建立横向组织,以加强企业纵向组织结构中不同业务单位的相互联系,使纵向因素和横向因素达到平衡。

5.3 紧缩型战略

5.3.1 紧缩型战略的概念和特征

企业的资源是有限的,既然企业采取了各种方式进入新的产业或扩大业务范围,它们就需要在必要时退出某些业务;而且企业的经营环境在不断变化,原本有利的环境在经过一段时间后会变得不那么有吸引力了;原来能容纳许多企业发展的产业会因进入衰退阶段而无法为所有企业提供最低的经营报酬,或企业为了进入某个新业务领域需要大量的投资和资源的转移等。所有上述情况的发生都会迫使企业考虑紧缩目前的经营,甚至退出目前的业务或实施公司清算,即考虑紧缩型战略态势。

紧缩型战略,是指企业从目前的战略经营领域和基础水平收缩与撤退,且偏离战略起点较大的经营战略。与稳定型战略和增长型战略相比,紧缩型战略是一种消极的发展战略。一般地,企业实行紧缩型战略只是短期性的,其根本目的是使企业挨过风暴后转向其他的战略选择。有时,只有采取收缩和撤退的措施,才能抵御对手的进攻,避开环境的威胁和迅速地实行自身资源的最优配置。可以说,紧缩型战略是一种以退为进的战略态势。

与此相适应,紧缩型战略具有以下特征。

(1)对企业现有的产品和市场领域实行收缩、调整和撤退策略。比如放弃某些市场和某些产品线系列,因而从企业的规模来看是在缩小的;同时一些效益指标,如利润和市场占有率等,都会有较为明显的下降。

(2)对企业资源的运用采取较为严格的控制和尽量削减各项费用支出,往往只投入最低限度的经管资源,因而紧缩型战略的实施过程往往会伴随大量员工的裁减,一些奢侈品和大额资产的暂停购买等。

(3)过渡性。与稳定型战略和发展型战略两种战略态势相比,紧缩型战略具有明显的过渡性,其根本目的并不在于长期节约开支、停止发展,而是为了今后发展而积聚力量。

案例5-3

从一年关掉1 821家门店　到营收破百亿　李宁是如何"绝地反击"?

2019年2月12日,国产运动品牌"李宁",在纽约时装周上,再次引爆了视觉盛宴。自从创始人李宁回归管理岗位之后,"李宁"这一经典国产品牌也重生了,李宁公司曾3年亏损30亿元,而现在这样的局面已经改变了,不仅再续纽约行,而且门店超6 000家、营收过100亿元,"李宁"是如何"绝地反击"的呢?

对于很多"80后""90后"来说,"李宁"这一品牌也是充斥很多人的青春。"李宁"曾出现危机,但是也通过改变,完成了自我救赎。如今的"李宁"已经完美逆袭,成了年轻人青睐的潮牌,在各大时装周上亮相,以全新品牌形象赢得市场认可。

李宁公司创立于1990年。其实创办"李宁"这一品牌,或许那时作为创始人的李宁是有点无奈的。李宁曾是一名体操运动员,在运动场上取得了很多骄人的成绩,但是之后经历了多次失利,在备受争议之时,李宁选择了创办服装品牌,并且以自己的名字命名。

"李宁"的发展也很顺利,从2003年开始,其营收不断打破纪录。2008年,北京奥运会,李宁在鸟巢点燃火炬,让"李宁"这一品牌也得到了升华。2010年,其营收已经高达94.55亿元人民币,那时候的"李宁"已经处于巅峰状态。而从2011年开始,李宁公司的营收开始不断下滑。

尤其是在2012—2014年,3年中,李宁公司亏掉了30亿元,失败很简单,而从头再来却非常困难,其实,在2010年,李宁公司就已经是辉煌和危机并存了,但是如日中天的"李宁",并没有及时意识到危机的袭来,那时候,因为取得了一些成绩,"李宁"就认为自身和耐克、阿迪达斯比都不逊色,而且企业内部还存在铺张浪费的现象。

由于太盲目自信,成功的喜悦蒙蔽了李宁的双眼,在一年的时间中,"李宁"很快被安踏超越,之后便是连续3年的亏损,股价也大跌。

李宁虽然是"李宁"这一品牌的创始人，但是早在1998年，李宁就已经开始开启职业经理人管理模式了，而他本人充当的则是一个"招牌"，当李宁看到危机的时候，他也明白，想要解决危机，并不是那么容易的事情，于是李宁想要进行转型，从批发转型为零售，因此李宁将企业交给了金珍君。

金珍君出现的时机不佳，当时正好是"李宁"的"至暗时刻"，在金珍君执掌"李宁"期间，企业一直没有扭亏为盈，因此外界都认为是金珍君能力不行。其实，金珍君也是背锅了，金珍君是一位空降的管理人员，而他为"李宁"注入的国际化理念，让"李宁"这一国产品牌一时半会也适应不了。而且金珍君的国际化理念，让李宁公司的元老级员工也无法适应，种种困难之下，金珍君就算有天大的能力，也无法施展，在一年时间中，为了对渠道进行调整，李宁公司关掉了1821家门店。此后，金珍君主导了零售模型的改革，让"李宁"逐渐地焕发生机，很快解决了李宁公司的盈利问题，也改变了其发展方向。

2014年，李宁重新管理企业，在之后的4年中，"李宁"也在逐渐崛起，不仅在2015年实现了扭亏为盈的目标，2018年的营收也破百亿元。很多人都说，李宁品牌"起死回生"了。而在这一切的背后，其付出了很多努力。2015年，李宁公司通过裁员，控制成本，效果显著。重生之后的"李宁"，也踏上了新征途。2020年，"李宁"开始走时尚路线，为了得到更多年轻人的喜爱，李宁公司对产品也进行了改革，最终在纽约时装周上大展光芒。

2018年，李宁公司的股价大涨，累计上涨32.7%，市值超220亿元，全年营收突破100亿元，零售时代才刚刚开始，经历了风雨飘摇的8年，李宁用了4年自我拯救。未来"李宁"也将创造更多奇迹，但是李宁却并不希望企业一直依赖自己，毕竟"李宁"这一品牌还有很长的路要走，而李宁也有老的那一天。

"李宁"扭亏为盈、转败为胜这一事件，给了我们不少启发。企业在辉煌之时，也不要太自信，市场毕竟有竞争，稍不注意，或许就被淘汰了；李宁在意识到危机之后，也积极自救，没有故步自封，而是选择了转型，最终才能"重生"。

资料来源：从一年关掉1821家门店 到营收破百亿 李宁是如何"绝地反击"？[EB/OL].(2023-06-29).https://jiameng.baidu.com/content/detail/39614543948?from=search.

5.3.2 紧缩型战略的类型

按照紧缩的方式和程度不同，紧缩型战略可以分为三种类型：抽资转向战略、放弃战略和清算战略。

1. 抽资转向战略

抽资转向战略，是指企业在现有的经营领域不能维持原有的产销规模和市场而不得不采取缩小产销规模和市场占有率，或者企业在存在新的更好的发展机遇的情况下，对原有的业务领域进行压缩投资、控制成本以改善现金流为其他业务领域提供资金的战略方案。另外，在企业财务状况恶化时，也有必要采取抽资转向战略，这一般发生在物价上涨导致成本上升或需求降低使财务周转不灵的情况下。

针对这些情况,抽资转向战略可以采取以下措施来配合进行。

(1) 调整企业组织。这包括改变企业的关键领导人以及在组织内重新分配责任和权利等。调整企业组织的目的是使管理人员适应变化的环境。

(2) 降低成本和投资。这包括压缩日常开支、实行更严格的预算管理以及减少一些长期投资项目等,也可以适当减少培训、广告、研究开发、公共关系等活动,精简某些管理部门或降低管理费用。在必要时,企业也会以裁员作为压缩成本的方法。

(3) 减少资产。这包括:出售与企业基本生产活动关系不大的土地、建筑物和设备;关闭一些工厂或生产线;出售某些在用的资产,再以租用的方式获得使用权;出售一些盈利产品,以获得急需使用的资金;等等。

(4) 加速收回企业资产。这包括缩短应收账款的回收期、派出讨债人员收回应收账款、降低企业的存货量、尽量出售库存产成品等。

抽资转向战略会使经营主方向转移,这有时会涉及经营的基本宗旨的变化,其成功的关键是管理者明晰的战略管理概念,即必须决断是对现存的企业业务给予关注还是重新确定企业的基本宗旨。

2. 放弃战略

在采取抽资转向战略无效时,企业可以尝试放弃战略。放弃战略是指将企业的一个或几个主要部门转让、出卖或者停止经营的战略方案。这个部门可以是一个经营单位、一条生产线或者一个事业部。

在放弃战略的实施过程中,通常会遇到一些阻力,具体如下所述。

(1) 结构或经济上的阻力,即一个企业的技术特征及其固定和流动资本妨碍其退出,如一些专用性强的固定资产很难出售等。

(2) 公司战略上的阻力。如果准备放弃的业务与企业的其他业务有较强的联系,则该项业务的放弃会使其他有关业务受到影响。

(3) 管理上的阻力。企业内部人员,特别是管理人员对放弃战略往往持反对意见,因为这往往会威胁他们的职业和业绩考核。

这些阻力的克服,可以采用以下办法:在高层管理者中,形成"考虑放弃战略"的氛围;改进工资、奖金制度,使之不与"放弃"方案相冲突;妥善处理管理者的出路问题等。

3. 清算战略

清算战略是指卖掉其资产或停止整个企业的运行而终止一个企业的存在的战略方案。显然,清算战略对任何企业来说都不是最有吸引力的战略,而且通常只有当所有其他战略都失败时才启用它。但在确实毫无希望的情况下,尽早地制定清算战略,企业可以有计划地逐步降低企业股票的市场价值,尽可能多地收回企业资产,从而减少全体股东的损失。

因此,清算战略在特定的情况下,也是一种明智的选择。

放弃战略与清算战略并不一样。由于放弃战略的目的是要找到肯出高于企业固定资产时价的买主,所以企业管理人员应说服买主,认识到购买企业所获得的技术或资源,能使对方利润增加。而清算一般意味着基本上只包括对资产的有形价值部分的清算。要特别指出的是,清算战略的净收益是企业有形资产的出让价值,而不包括其相应的无形价值。

5.3.3 紧缩型战略的利弊分析

与稳定型战略和增长型战略一样,紧缩型战略也有利有弊。一般来说,其有如下优点。

(1) 能帮助企业在外部环境恶劣的情况下,节约开支和费用以顺利地渡过面临的不利处境。

(2) 能在企业经营不善的情况下最大限度地降低损失。在许多情况下,盲目而且顽固地坚持经营无可挽回的事业,而不是明智地采用紧缩型战略,会给企业带来致命性的打击。一些世界性的大公司往往并不避讳采取紧缩型战略。20世纪60年代初,美国无线电公司和通用电气公司都试图进入计算机市场。然而这两个公司的努力都没有得到预期的结果,于是两者都采用了紧缩型战略退出了计算机制造业。

(3) 能帮助企业更好地实行资产的最优组合。如果不采用紧缩型战略,企业在面临一个新的机遇时,只能利用现有的剩余资源进行投资,这样做势必会影响到企业在这一发展机遇上的前景;相反,通过采取适当的紧缩型战略,企业往往可以从不良运作的资源处转移部分到这一发展点,从而实现企业长远利益的最大化。

与上述优点相对应,紧缩型战略也有可能给企业带来一些不利之处。例如,实行紧缩型战略的尺度较难加以把握,因而如果盲目使用紧缩型战略,可能会扼杀具有发展前途的业务和市场,使企业总体利益受到伤害。此外,一般来说,实施紧缩型战略会引起企业内部人员的不满,从而引起员工情绪的低落,因为紧缩型战略常常引起不同程度的裁员和减薪,而且实行紧缩型战略在某些管理人员看来意味着工作的失败和不利。这些紧缩型战略潜在的弊端往往较难避免,这向战略管理者在战略态势决策方面提出了新的问题,要求他们在紧缩型战略实施中对战略参与者加强宣传和教育,以减少可能的弊端。

5.3.4 紧缩型战略的适用性

采取紧缩型战略的企业可能出于各种不同的动机。从这些不同的动机来看,有三种类型的紧缩型战略:适应性紧缩战略、失败性紧缩战略、调整性紧缩战略。

适应性紧缩战略是企业为了适应外界环境而采取的一种战略。这种外界环境包括经济衰退、产业进入衰退期、对企业产品或服务的需求减小等。在这些情况下,企业可以采用适应性紧缩战略来渡过危机,以求发展。因此,适应性紧缩战略的适用条件就是企业预测到或已经感知到外界环境对企业经营的不利性,并且企业认为采用稳定型战略尚不足以使企业顺利地应对这个不利的外部环境。如果企业可以同时采用稳定型战略和紧缩型战略,并且两者都能使企业避开外界威胁、为今后发展创造条件,企业应当尽量采用稳定型战略,因为它的冲击力要小得多,对企业可能的伤害也就小得多。

失败性紧缩战略则是由于企业经营失误造成企业竞争能力虚弱、经营状况恶化,只有采用紧缩型战略才能最大限度地减少损失、保存企业实力。失败性紧缩战略的适用条件是企业出现重大的内部问题,如产品滞销、财务状况恶化、投资已明显无法收回等情况。这就涉及一个"度"的问题,即究竟在出现何种严重的经营问题时才考虑实施紧缩型战略?要回答这一问题,需要对企业的市场、财务、组织机构等方面做一个全面的评估,认真比较实施紧缩型战略的机会成本,经过细致的成本-收益分析,才能最后下结论。

调整性紧缩战略的动机则既不是经济衰退,也不是经营失误,而是谋求更好的发展机会,使有限的资源分配到更有效的使用场合。因而,调整性紧缩战略的适用条件是企业存在一个回报更高的资源配置点。为此,需要比较的是企业目前的业务单位和实行紧缩型战略后资源投入的业务单位。在存在较为明显的回报差距的情况下,可以考虑采用调整性紧缩战略。

5.4 混合型战略

5.4.1 混合型战略的概念与特征

稳定型战略、增长型战略和紧缩型战略既可以单独使用,也可以混合起来使用。事实上,大多数有一定规模的企业并不只实行一种战略,大部分企业也并不是长期使用同一种战略态势。

一般较大型的企业采用混合型战略较多,因为大型企业相对来说拥有较多的战略业务单位,这些业务单位很可能分布在完全不同的行业和产业群之中,它们所面临的外界环境、所需要的资源条件不完全相同。因而若对所有的战略业务单位都采用统一的战略态势,显然是很不合理的,这会导致战略与具体战略业务单位的情况不相一致而使企业总体的效益受到伤害。所以,混合型战略是大企业在特定历史发展阶段的必然选择。

从市场占有率等效益指标来看,混合型战略并不具备确定的变化方面,因为采用不同战略态势的战略业务单位市场占有率的变化方向和大小并不一致。所以,无法从企业总体的市场占有率、销售额、产品创新率等指标反映出来的状况得出一个一般的结论,实施混合型战略的企业只有在各个不同的战略业务单位中,才体现出该战略业务单位所采用的战略态势的特点。

在某些时候,混合型战略也是战略态势选择中不得不采取的一种方案。例如,企业遇到一个较为景气的行业前景和比较旺盛的消费者需求,因而打算在这一领域采取增长型战略。但如果这时企业的财务资源并不很充裕,就可能无法实施单纯的增长型战略。此时,就可以选择部分相对不令人满意的战略业务单位,对它们采用实行抽资转向的紧缩型战略,以此来保证另一战略业务单位实施增长型战略的充分资源。由此,企业从单纯的增长型战略变为混合型战略态势。当然,对这四种战略态势进行选择时,并不应当强调孰优孰劣,因为在特定场合下,这四种战略态势都有可能是最合适的选择。

5.4.2 混合型战略的类型

混合型战略是其他三种战略态势的组合,组成该混合战略的各战略态势称为其子战略。按照不同的分类方式,混合型战略可以分为不同的种类。

1. 按照各子战略的构成不同分类

1)同一类型战略组合

同一类型战略组合,是指企业采取稳定型战略、增长型战略和紧缩型战略中的一种作为主要战略方案,但具体的战略业务单位是由不同类型的同一种战略态势来指导。例如,健力宝集团就是采用由不同类型的增长型战略组成的混合型战略。因此,从严格意义来说,同一类型战略组合并不是"混合型战略",因为它只不过是在某一战略态势中的不同具体类型的组合。

2)不同类型战略组合

这是指企业采用稳定型、增长型和紧缩型战略态势中的两种以上的组合,因而这是严格意义上的混合型战略,也可以称为狭义混合型战略。不同类型战略组合与同一类型战略组合相比,其管理相对更为复杂,因为它要求最高管理层很好地协调和沟通企业内部各战略业务单位之间的关系。事实上,任何一个被要求采用紧缩型战略的业务单位管理者都多少会产生抵抗心理。例如,总公司决定对 A 部门实行紧缩型战略,而对 B 部门实行增长型战略,则 A 部门的经理人员则往往会对 B 部门人员产生抵触和矛盾情绪,因为紧缩型战略不仅可能带来业绩不佳和收入增长无望,更有可能对自己管理能力的名誉产生不利影响,使自己在企业家市场上的价值受到贬损。

2. 按照战略组合的顺序不同分类

1)同时性战略组合

这是指不同类型的战略被同时在不同战略业务单位执行而组合在一起的混合型战略。战略的组合可以有许多种,但常见的主要是以下几种。

(1)在撤销某一战略经营单位、产品系列或经营部门的同时增加其他一些战略经营单位、产品系列或经营部门。这其实是对一个部门采取放弃战略或清算战略,同时对另一部门实行增长型战略。

（2）对某些领域或产品实行抽资转向战略的同时对其他领域或产品实施增长型战略。这种情况下，企业实行紧缩的战略业务单位还并未恶化到应该放弃或清算的地步，甚至有可能是仍旧有发展潜力的部门，但为了给其他部门提供发展所需的资源，只有实行紧缩型战略。

（3）对某些产品或业务领域实行稳定型战略而对其他一些产品或部门实行增长型战略。这种战略组合一般适用于资源相对丰富的企业，因为它要求企业在并没有靠实行紧缩而获取资源的情况下以自己的积累来投入需要增长的业务领域。

2）顺序性战略组合

顺序性战略组合是指一个企业根据生存与发展的需要，先后采用不同的战略方案，从而形成自身的混合型战略方案，因而这是一种在时间上的顺序组合。常见的顺序性战略组合如下。

（1）在某一特定时期实施增长型战略，然后在另一特定时期使用稳定型战略。这样做能够发挥稳定型战略的"能量积聚"作用。

（2）首先使用抽资转向战略，然后在情况好转时再实施增长型战略。采用这种战略的企业主要是利用紧缩型战略来避开外界环境的不利条件。

当然，不少企业会既采用同时性战略组合又采用顺序性战略组合。总的来说，对大多数企业的管理层而言，可选择采用的战略的数量和种类都相当宽泛。明确识别这些可用的战略方案乃是挑选出一个特定企业最为适合的方案的先决步骤。

案例5-4

乘风破浪领行东方

2019年7月22日，由中国一汽、东风汽车、长安汽车发起，联合苏宁、腾讯、阿里巴巴等多家知名企业，共同投资打造的智慧出行平台——T3出行在南京举办了品牌战略发布会，标志着T3出行正式上线。三大车企业和三大互联网巨头组成的"3+3"阵容，T3出行的朋友圈之豪华可见一斑。T3出行不仅给用户带来了新的出行选择，同时依靠其强大的科技力量，还助推国内出行市场实现行业升级。

当前网约车市场的竞争已进入白热化阶段，T3出行此时杀入网约车市场，需要勇气，更需要智慧和实力。T3出行CEO崔大勇作出承诺，"T3出行致力于为用户提供便捷、安全、舒适、价格透明的出行服务，高峰期绝不溢价"，这句绝不溢价将发布会现场气氛推向高潮，阵阵掌声不绝于耳。

手握百亿资金，背靠三大主机厂，再有互联网三大巨头加持，T3出行可谓名副其实的网约车"国家队"。满怀着期望，T3出行也展示了自身的实力，上线仅10个月，T3出行进驻7个城市，南京、武汉单城市市场稳居B2C平台排名第一。QuestMobile的数据显示，2020

年9月,T3出行月活跃用户规模同比增长达904.6%,位居用车服务业首位,T3出行以闪电般的速度在网约车市场打出一片天下。截止到2020年,T3出行已进入全国21座城市、超4万运营车辆投入市场,注册用户规模达1 400万,峰值日订单85万,已为用户提供安全出行服务1.2亿次,与其他独立App相比,T3出行日活跃用户规模和增速在B2C出行领域排名第一,在整个网约车行业位列第二。

1. 车联网加持,为用户安全保驾护航

安全始终是移动出行领域最重要的话题,崔大勇认为,目前行业内普遍采用撮合式商业平台,这种方式有其固有的"天花板",如标准不统一、监管难落地等,这是造成用户安全无法得到保障的根本原因。为了解决这些问题,T3出行致力于技术、产品创新。T3出行首创的V.D.R(vehicle-driver-road,车-人-路)安全防护系统既可以保障用户出行安全、提升坐乘体验,同时还能够利用精准的大数据和先进的算法,提高平台运营效率。

此外,T3出行还上线了"一键叫车"功能,解决了老年人群体使用网约车"痛点",填补了"数字鸿沟"。作为全行业第一个基于车联网的出行平台,T3出行打通了人、车、路三大元素,将移动出行与车联网深度融合,输出精准结构化数据,开启了移动出行行业的新篇章。

2. 用合作对抗挑战,背靠大树好乘凉

目前,移动出行市场仍处于探索阶段,资本的雄厚程度和是否具备抗压能力将会成为各出行平台能否在日后脱颖而出的主要决定因素。

作为网约车行业的"国家队",T3出行在这方面可以说是"背靠大树好乘凉"。三大主机厂占据了中国四大汽车集团中的三个席位,在中国汽车产业中都是首屈一指的存在,中国一汽和东风汽车在2020年《财富》世界500强名单中,均进入前100名。除此以外,T3出行还融合了中国顶尖互联网企业,不论是在互联网技术实力上,还是在思维前瞻性方面,三大主机厂与顶尖互联网企业的组合都堪称豪华。这些先天优势让T3出行有足够底气撑过"烧钱摸索阶段"。

3. 赋能传统行业智慧升级,打造智慧城市新生态

基于车联网架构,T3出行实现了V.D.R安全防护系统的技术创新和产品创新,在此基础上,T3出行同时也致力于为出租车行业的智能化升级提供整体解决方案,推动传统行业数字化升级,构建产业互联网新生态。T3出行已发布T3新享出租,可以通过终端升级提高供需匹配效率,通过后台管理提高出租车公司管理效率。

2021年2月,国务院出台的《国家综合立体交通网规划纲要》提出了车城协同发展、打造智慧城市新生态,该纲要的推出给T3出行带来了新的发展机遇。2020年,T3出行通过使用新能源汽车实现碳排放量减少近19万吨,对智慧能源生态建设意义重大。崔大勇表示,"T3出行将大力推动智能网联汽车与智慧能源、智能交通、智慧城市深度融合。"

资料来源:刘丹,曹亭亭.乘风破浪 领行东方——T3出行打响行业升级战[EB/OL]. http://www.cmcc-dlut.cn/Cases/Detail/6136.

5.4.3 单一经营战略

单一经营战略：企业生产的单一产品销售额占销售总额的95%以上。

1. 优点

（1）有利于生产要素的优化和重组，可以集中优势提高企业的市场竞争力、市场占有率。
（2）有利于实现企业生产的专业化，可以集中精力创名牌。
（3）有利于实现规模经济，加速科技进步，可以集中企业所有经营资源，提升生产能力，达到合理规模。

2. 缺点

单一经营市场风险大，易"吊死"在一棵树上，市场需求旺盛时，企业景气；市场疲软时，企业萧条。

3. 单一经营适宜选择的领域和条件

（1）规模经济显著的行业，如汽车制造、水泥、化工、钢铁等。
（2）市场容量大、需求增长率相对稳定的行业。
（3）新建企业，因为它受经营管理经验不足、资金有限、技术积累差等条件的限制，所以不宜多种经营。
（4）特别是追求规模的企业，必需资源供应有保障；否则，单一经营企业就会"前面临市场销售风险""后面临资源供应风险"。

5.4.4 多角化增长战略

1. 概念和分类依据

（1）主导经营战略：企业生产的主导产品销售额占销售总额的70%～95%。
（2）多角化经营战略：企业某一主导产品销售额占销售总额的70%以下。

2. 多角化增长战略的类型

多角化增长战略分为技术相关多角化（同心多角化）、市场相关多角化（水平多角化）、垂直多角化、附产品（服务）多角化。

3. 多角化增长战略是"馅饼"还是"陷阱"

所谓"馅饼"，是指多角化增长战略可带来一定的利益：协同效应（管理营销、生产技术);分散经营风险;市场内部化,降低交易成本。

多角化增长战略的"陷阱"如下。

(1) 资源配置过于分散。

(2) 运作费用过大。

(3) 产业选择误导。

(4) 人才难以支持。

(5) 时机选择难以把握。

5.4.5 横向多元经营

对于横向多元经营,人们总倾向于将其与专精发展做比较,从而存在这样几种比较形象的提法。如赞成多元经营者建议,在企业逐步做大时,"不要将全部鸡蛋放在同一个篮子里",认为这样可以做到"小钱集中,大钱分散"。反对多元经营者则认为:"与其把鸡蛋分散放进不同的篮子里,还不如把所有鸡蛋都装进一个篮子里,然后看好那个篮子。"这首先是由于"装鸡蛋的篮子本身也需要钱",其次是由于"人们常常只知道把鸡蛋放在不同的篮子里,却不知道哪个篮子底下有洞",最后是由于"无法保证捡到篮子里的一定是好鸡蛋"。

实际上这些提法,基本上抓住了多元与专精两种决策问题的本质,这就是:能否识别出优质业务,多元经营业务范围多宽为宜。

 小知识

多元化经营六问

基础稳:在当前市场上,比对手做得更好的是什么?

进得去:为在新市场取得成功,必须具备什么优势?

站得住:进入新业务能否迅速超越其中现有竞争者?

无冲突:多元化是否会破坏公司现有整体战略优势?

能取胜:在新业务领域,公司是否有可能成为优胜者?

有发展:多元化是否能为公司进一步发展打下基础?

多元化经营六戒

(1) 盲目跟随:片面仿效行业领先企业的战略,忽视了行业中同类产品市场可能已趋于饱和,很难再进入的现实,盲目跟风、一哄而上,结果造成重复建设和资源的浪费。

(2) 墨守成规:由于成功地开发了一个新产品,暂时取得了市场竞争的主动权,就期待再次交好运,倾向于按同样的思路去开发另一个成功的新产品,结果往往以失败而告终。在拓展新业务时,已被经验证明成功的战略,如果不再创新,并不一定达到相同的效果。墨守成规、守株待兔是不可取的。

（3）军备竞赛：为了增加企业的市场份额，置可能引发的"价格战"于不顾，针锋相对与另一个企业展开白热化的市场争夺战，结果或许能够给企业带来销售收入的增长，但却可能由于广告、促销、研究开发、制造成本等方面费用的更大增长，使企业的盈利水平下降，造成两败俱伤，得不偿失。

（4）多方出击：在企业面临许多发展机会时，往往会自觉不自觉地希望抓住所有的机会，以实现广种薄收的目的。结果常常因企业资源、管理、人才等方面的制约，很难达到多头出击的目的，最终会被过长的"战线"所累，不但新业务没有开展起来，甚至连"大本营"也会告急。

（5）孤注一掷：当企业在某一战略方案上投入大量资金后，企业高层管理者往往难以接受战略不成功的现实，总是希望出现"奇迹"。由于战略思路上的惯性，他们不肯中途撤退，这种孤注一掷的做法可能导致越陷越深。

（6）本末倒置：在市场开拓与产品促销上盲目投入，甚至不惜代价大搞"造名攻势"，而不是在解决产品质量、性能等根本方面下功夫。这种本末倒置的战略取向，好似水中月、空中楼阁，没有坚实的根基，迟早难逃企业坍塌之厄运。

5.5 企业多元化成长战略的经营陷阱与风险防范

企业多元化主要是指向不同的行业市场提供产品或服务。多元化成长战略也是一种常见的企业成长战略，总体来讲，它有非常明显的拓展企业经营边界、谋求广阔发展空间、增强企业竞争优势、规避企业风险的优越性。企业采取多元化成长战略的根本动因：一是规避经营风险，努力使企业生产经营活动稳定，增强抗风险的能力，而采取犹如"将鸡蛋放入多个篮子"的一种风险组合；二是拓展企业成长发展空间，根据对各个行业潜在收益、市场需求潜力、未来发展前景的分析判断，选择满意的行业进入经营，追求更快的发展、更高的收益，即希望由产品、业务项目在价值活动方面的关联性形成协同效应。然而，任何事物都是一分为二的，其实多元化成长战略是一把"双刃剑"，不能简单地说它是"馅饼"还是"陷阱"。多元化成长战略要选择恰当的时机和适当的行业，结合目前企业的实际，本节就企业多元化成长战略的常见病状、陷阱及其风险防范进行一些探究。

5.5.1 企业多元化成长战略的常见病状分析

企业多元化失败的原因或常见病状大致有以下几种。

1．"早熟症"

"早熟症"即过早地进入多元化经营，也就是说，多元化经营时机不当，在未具基本条件的情况下进入目标行业。许多企业集团都把不相关多元经营当作自己的基本战略,不仅追求"科、工、技、金、房"一体化,而且讲"产、供、销、农、工、商"一条龙发展,甚至涉足几十个不同行业,精力财力分散,欲速则不达。根据经验,企业集团的发展过程是:集中发展核心产品企业,发展相关多元化经营,再到不相关多元化成长。从采用集中型战略向多元化成长战略转变是有条件的,否则就会患"早熟症"。

2."急躁症"

其主要表现在对目标行业了解得不多,企业内部缺少应有的准备和积累,从而急于进入目标行业,采用集中发展战略的企业要改用多元化成长战略,必须考虑的条件是:

(1) 这个企业所在的行业是否已经没有增长潜力了;
(2) 这个行业是否在所在的行业占据了相当稳固和非常有利的地位;
(3) 新进入的行业是否能带动原来的主业或受到原来主业的带动,存在协同效应;
(4) 是否积累了足够的人才、资金、技术等实力,这一点至关重要。

3."自恋症"

其主要表现在过度自信,"别人行,我也行","白手起家我都能创业成功,还有什么事我干不好呢?",再加前后左右的朋友和同事互相奉承。"我们要干不成,别人谁能干成?"隔行如隔山,忽视新行业、新市场的特殊性,到头来什么都想干的企业往往什么事也干不成。

4."失眠症"

其主要表现在不了解和借鉴其他企业的成功经验与失败教训。不在事前从事可行性研究,看不清自己的优势和劣势。"什么赚钱就干什么",这山望见那山高,折腾来折腾去,元气大伤,熬红双眼操碎心,久而久之,失眠健忘,想入非非,举棋不定。

5."近视症"

许多企业的成长经历证明:完成创业期的资本原始积累并不难,而最难能可贵的是可持续发展,长盛不衰。单凭胆量和运气去运作企业,迟早要栽跟头,其失误的症结在于"三盲":一是盲目,战略目标不清晰,好高骛远,超越实际;二是盲从,一听说什么赚钱就一哄而上,又一哄而散,赶时尚、追潮流;三是盲打,心中无数,不讲战略,多面出击,急于求成。归根结底,这些"三盲"企业在战略决策方面患上了严重的"近视症",甚至盲目多元化,把许多企业集团拖下了水。

5.5.2 企业多元化成长战略的陷阱与风险

多元化成长战略要求企业同时涉足多个产业领域,实施多种产品、业务项目的组合经营,导致企业经营资源分散使用、经营管理难度加大,可能使其追求的目标落空。因为多元化经营是一项涉及技术、市场、管理和其他经济、非经济问题的内容相当复杂的企业成长战略,在其避免单一产品、业务经营的风险和获得更大、更快发展的同时,自身的风险程度也是相当高的。如果不顾条件盲目多元化,将会使企业面临更大的风险,甚至将生机变成危机。

(1) 企业实施多元化成长战略所面临的最大失误或陷阱是分散的资源配置方式。由于企业资源有限甚至严重不足,每个意欲发展的领域都难以得到充足资源的持续支持,从而难以形成规模经济和竞争优势,更无法谈持久的竞争优势;更有甚者,一旦陷入"资源危机",其众多经营项目投入难以为继、供血不足,后果不堪设想。在这种情况下,多元化成长战略反而增大企业的经营风险,原本规避经营风险的策略"东方不亮西方亮,黑了南方有北方"反而变成"东西南北全不亮"、一片漆黑,企业陷入多元化陷阱,欲生不成,欲死不行,两难选择,因此,对非相关多元化战略尤其要谨慎从事。

(2) 多元化成长战略的不恰当实施,可能使企业经营运作费用增加。一方面,企业跨行业进入新领域,对业务不熟悉,从投入资源开始经营到产生效益,要经历一个艰难漫长甚至是曲折的过程,一切从头做起。这个过程中由于陌生、不懂而导致效率低、浪费多、费用高,最终影响经济效益。另一方面,企业在原领域内的信誉、品牌顾客认知度等是不可能太快转移到新的领域的。没有多少人会相信一个企业能做好一种产品就一定能做好所有的产品或业务。这都将导致多元化成长战略外部经济的协调效应丧失。

(3) 产业选择误导,产业选择失误。企业主要是受某个行业高预期收益的诱惑,也受原行业经营业绩的成功过分自信的支持,从而忽略产业前景、经营者必备条件及本企业的"核心能力"竞争优势之所在,导致产业选择不适当,一着不慎,满盘皆输。

(4) 人才难以支持。企业是人的企业,人是企业的灵魂。经营之本,重在得贤、任贤。由于跨行业不相关多元化,隔行如隔山,不能尽其专长发挥优势,新的产业没有人才的支撑,基础工作十分薄弱,犹如空中楼阁,难以为继。

(5) 时机选择难以把握。经营时机是一种特殊的资源,具有价值性。它如同资金、技术、劳动,也是一种重要的资源。然而时机的价值性及资源性都不是客观性的东西,而是带有主观性和依赖性。同一时机由于经营者的需求认识理解程度不同,所产生的效益也不同。时机是一种宝贵的无形资源,只有通过开发和利用,才能变为直接财富,因此对于经营者来说,时机就是市场,就是潜在财富,实施多元化有时需要恰当地把握时机。现在我国虽然进入"过剩经济"阶段,但机会多多,关键是看企业在战略选择时能否看出来、抓得住、用得上。

5.5.3 企业多元化成长战略的风险防范

综合以上分析,多元化战略是一种重要的企业成长战略,对企业的发展和营造竞争优势都有积极的作用,同时对多元化成长战略的常见病状也做了分析,目的是防止步入误区、掉入陷阱,以下建议对多元化成长战略实施中防止掉入陷阱和防范风险都是有益的。

第一,明确认识,纠正认识偏差。多元化成长战略与分散风险之间不存在直接的因果关系。因此,认为"多元化成长战略一定可分散风险"是不正确的,问题的关键在于:如何从事和从事什么样的多元化成长战略。新行业的选择要特别注意行业之间的关联性和协同效应。

第二,有足够的资源和经济实力。实施多元化成长战略的企业必须具备充足的资源和实力,有能力支持新产业领域、培植新的经济增长点,并能应对进入初期激烈的竞争压力。

事实上,任何一种市场机会都包含风险,这些机会的价值很大程度上取决于一个企业驾驭风险、把握机会的能力,而这种能力又与战略性资源的积累水平有关。企业在甄别市场机会时,必须考虑它们与战略资源的一致性、与长期发展方向的一致性,而不应该做无限制的选择。许多企业的经验已证明,那些表面看来最有吸引力的机会,也恰恰含有最大的竞争风险。因此,只有在积累自身能力的基础上,企业才能把机会转化为效益。

第三,防止"多动症"。实施多元化成长战略,不可"贪多""爱多"。一些企业从事多元化经营,只看重市场机会,因而争先恐后地向高盈利行业投资,而很少考虑自己有没有条件。生产彩电的开发电脑、空调,生产空调的又去开发摩托车、冰箱,结果往往导致副业没有做好、主业陷入危机,这很值得企业深思、引以为戒。

第四,分清主次缓急、抓住重点。企业在一定时期内不可同时涉足过多产业或产品、业务项目。要注意资源的使用在一定时期内相对集中、有重点,注重已从事经营项目竞争实力和竞争优势的培育,力求"做一事成一事"。同时,要注意重点支柱业务项目的培育,在一定时期内要明确选择一项业务或产品作为主业,在各方面给予重点支持。

第五,重视企业核心能力的培育和人才的培养。企业核心能力具有独特性和辐射性,企业应不断孕育自己的核心能力,并向其他领域辐射,这是企业核心竞争能力之关键,也是企业长盛不衰之根本所在。与此同时,应不断加强对人才的培养和使用,舍不得在人才方面下本钱,就像只种田不施肥一样,久而久之,企业的核心能力和竞争优势也会随之消失。由于技术进步、市场多元化、生产经营的国际化,企业所面临的外部环境日益严峻,保持竞争中的组织优势、保持组织中人力资源优势,是企业在市场竞争中立于不败之地的关键。

知识拓展

案例解析

 本章思考题

1. 企业战略主要有哪些类型？
2. 市场渗透战略及其主要思路有哪些？
3. 产品发展战略及其前提条件有哪些？
4. 一体化战略的类型有哪些？
5. 多元化战略的类型有哪些？
6. 实施多元化战略应注意什么问题？
7. 稳定型战略的类型有哪些？
8. 稳定型战略有哪些优缺点？
9. 紧缩型战略的类型有哪些？
10. 紧缩型战略的适用条件是什么？
11. 紧缩型战略有什么利弊？

即测即练

第 6 章

企业竞争战略选择

本章要点

1. 企业态势竞争战略。
2. 成本领先战略。
3. 差异化战略。
4. 集中化战略。
5. 中小企业营销战略模式选择。

先导案例

企业获得持续竞争优势的三条途径

企业的长期可持续发展取决于其能否根据市场的发展实际,动态地选择发展和升级自身的能力组合,以适应产品市场的需求变化。将产品市场、资源市场和股权市场同时纳入分析的框架,系统地考察那些跨期持续成功的企业,发现在战略节奏下,企业可以通过农耕者、狩猎者、圈地者三条典型途径来获得持续的竞争优势。

农耕者

农耕者企业立足某一特定行业,根据市场不同阶段,发展不同能力,及时地调整自己的资源和能力组合。它们像农民一样,熟悉自己耕耘的产业,洞悉市场和需求的变化。农耕者企业成功的关键在于为未来的转变做好充足的准备,适时地发展下一个阶段所需要的能力。个人计算机时代的联想就是典型的农耕者企业。联想成长的历史就是中国个人计算机产业发展的历史,在市场发展的每一个节点,联想几乎都精准地把握住了节奏。

20世纪末,联想陆续推出"E系列"经济型电脑和天禧电脑。这两款电脑预装了"幸福之家""一键上网"的功能。这些功能都是针对非专业的大众用户的改动,使产品变得更加易于使用,这有助于联想在日后大众市场开启时产品迅速传播。

在大众市场开启之际,联想建立了全面省级分销渠道和以区域为重心的营销网络,覆盖全国,直达用户。与此同时,联想加强供应链管理,确保产能和售后服务。2004年,在产业高速发展期,联想通过并购IBM的个人电脑业务增强自身技术能力,这在联想发展过程中是非常重要的一步,为后来分众市场和杂合市场中产品技术能力的竞争建造了一个有力的基点。联想充分估计到中国计算机市场阶段的转变,提前调整和改版产品研发、供应链、营销和定价策略,始终专注于满足市场的需求,这使联想的个人电脑业务获得了极大的成功。

狩猎者

与农耕者企业立足某一行业不同,狩猎者企业基于自身的独特能力在不同产业寻找战略机会。它们拥有独特的资源或能力,善于在某一特定的阶段获取市场价值。它们像猎人一样,在不同的行业寻找机会。选择合适的行业,把握最佳的进入和退出时机,是狩猎者企业发展的关键能力。

京东方的前身是北京电子管厂,原属军工企业,主要完成军方计划任务,产品包括收讯放大管、发射管等电子管。20世纪80年代,半导体器件逐渐代替全球电子产业中的电子管,京东方因体制限制等原因,主营业务收入萎缩。

20世纪90年代,凭借在电子管时代积累的能力基础,京东方先后与多家日本企业合作,生产彩色显像管的关键零部件,取得了良好的收益。21世纪初,通过收购韩国现代集团的液晶业务,京东方正式进入薄膜液晶显示器行业。虽然这与京东方早期生产液晶显示器的技术难度不可同日而语,但是在国内企业中,京东方对这个领域是相对熟悉的,经过几年的发展,京东方在中小尺寸屏这个细分市场的份额持续提高。

京东方在几十年起起落落的发展中,每一次成功地进入新行业,都与自身已有的优势能力和资源分不开,是典型的狩猎者企业。

圈地者

圈地者企业同时驾驭不同的业务,它们在不同的行业投入,捕捉收获的机会。这种同时在好几个行业布局的运作方式,需要庞大的资源,圈地者一般都有巨大的体量,最终成长为巨无霸。在不同的"栖息地"之间快速、灵活转换的能力是成功的圈地者的重要技能。

新希望集团从养殖和饲料起家,横跨农牧业、金融、房地产和化工多个领域。房地产、化工与宏观经济需求联系紧密,属于周期业务,在低谷里遭遇几年亏损就可以把企业拖垮。农牧业的稳健盈利使公司可以熬过房地产和化工的低谷期。金融业务无疑扩展了新希望集团的能力,为它在不同行业经营提供了强大的支持。新希望集团可以说是一个典型的圈地者企业。

三种路径的转换

三种路径看上去差别很大,但现实中企业采取的成长路径不是一成不变的,会随着企业和市场形势的变化而在这三种路径之间转换。农耕者可能成长到一定体量后,开始在多个行业中布局而变成一个圈地者;狩猎者可能在发现一处沃土后选择定居;圈地者对不同的业务可能会分别采取农耕者或狩猎者的路径。比亚迪以制造电池、手机零部件起家,锻炼出了高效率、低成本的制造能力,而后,以这样的独特优势进入汽车行业,是一个狩猎者企业。进入汽车行业后,比亚迪从整车组装一直到研发设计,在汽车行业尤其是新能源汽车领域耕耘。随着产品市场的发展,比亚迪已经转变成了一个农耕者企业。

联想在个人电脑市场的整个发展过程中是一个典型的农耕者企业,但是随着全球和中国的个人电脑市场增速放缓,联想也开始规划进入房地产、农业和投资等多个领域,开启了圈地者的发展历程。

世易时移,变法宜矣。随着时间的变化,客户需求会改变,市场所处阶段会改变,由此带来的关键竞争要素、商业模式等都会改变,所以企业的战略和经商之法也应该动态地改变,让自己的战略节奏与市场演进节奏相契合,建立自己适时、适势、实时的竞争优势。

资料来源:朱恒源,杨斌.战略节奏:在动荡的商业世界把握未来[J].清华管理评论,2018(5):10-17.

思考与探究:

企业如何根据环境的变化获得持续竞争优势?

6.1 基本竞争战略

6.1.1 企业态势竞争战略

态势竞争战略是企业依据竞争中的实力或处境,而对企业生存、发展的竞争状态所做的谋划。

 小知识

古代兵法典型举要

老子:以柔克刚、以弱胜强的柔道术。

孙子:"不战而屈人之兵,善之善者也",不战而胜的"伐交""伐谋"的全胜思想。

孙膑:雷动风举,后伐而先至,离合背向,靠轻疾制胜的"贵势"思想。

吴起:"审敌虚实而趋其危"的诡诈奇谋。

苏秦:联合六国共同讨伐秦国的"合纵"思想。

张仪:"远交近攻"的连横主张。

1. 进攻战略

进攻战略是企业立足于攻击状态而进行的竞争谋划。该战略追求的目标是:提高市场占有率,提高竞争位次,扩大市场范围。其主要有以下两种。

1) 争斗取胜战略

它是通过优势超越对手从而战胜对手的战略,其内容如下。

(1) 正面进攻战略。这种战略是以打击对手的长处或优势为目标,如对低成本企业采取低成本战略,对低价格企业采取低价格战略,对产品差异化企业采取差异化战略。这种战略危险性大,所以一般对下位企业的进攻可采取这种战略,而且企业必须集中优势经营资源,采取迅速行动,尽量避免持久战。

(2) 侧翼进攻战略。这种战略以打击对手的劣势为目标,选择对手的薄弱环节或存在失误的地方(或产品),作为进攻对象。这种战略风险较小,适合向上位企业挑战。

(3) 游击进攻战略。这种战略在不同的地区发动小规模的竞争,一方面了解对手的虚实,另一方面使对手疲于应付,本企业可乘虚而入。这种战略比较灵活,有"投石问路"、避免冒失进攻风险的优点。其主要适用于对上位企业和同位企业的竞争。

(4) 迂回进攻战略。这种战略不以打击对手现有市场为目标,而是立足于培养新顾客或生产代用品与对手竞争。这种方式属于长远竞争,风险较小,适宜上位企业与同位企业的竞争。如百事可乐与可口可乐的竞争等。

(5) 包围进攻战略。这种战略是既采取正面进攻又采取侧翼进攻的方式。这种方式只适用于上位企业对下位企业的进攻,这种进攻往往以挤垮对手为目标,集中资源给对手以毁灭性的打击。

2) 不战而胜战略

(1) 吞并战略。这种战略是将对手吞并、同化对手的战略,主要是通过兼并手段吞并对手,从而使对手失去竞争资格。

(2) 协调战略。这种战略是减少对手的敌对行为,甚至令其配合本企业行动的战略。其手段主要有横向联合、收购和合资控股,使对手受控于本企业,从而使之减少竞争行为或失去竞争能力。

(3) 分栖战略。这种战略是一种依靠市场细分与竞争对手分栖共存、互不侵犯的战略。其主要手段:一是目标市场的选择具有分栖共存性,一般小企业找大企业不愿光顾的市场空隙;二是与对手利用各方的优势、劣势,协商"画地为牢""和平"共处,割据市场的不同区域。

进攻战略投资水平高,适用于实力强、竞争能力强的企业。进攻战略配合总体战略的扩张战略效果更好。

2. 防御战略

它是企业立足于防御状态而进行的竞争谋划。该战略追求的目标是:避开市场地位竞争,在获利能力方面有所提高。其主要有以下几种。

(1) 同盟战略。改善与竞争对手的关系,稳定市场,稳定竞争形势。有可能结成同盟的,应尽力结成同盟。

(2) 寄生战略。加入某些企业集团,寻求稳定的协作关系,随该企业集团的发展而发展。

(3) 以攻为守战略。这是一种积极防御战略,通过适当的进攻以牵制对手的力量,从而达到防御的目的。

(4) 跟随战略。并不主动挑战,被动跟随市场竞争,尽力降低竞争成本。

无论哪一种战略,都是为了避免因争夺市场地位而掀起的消耗战,最大限度地依靠现有市场、资源、技能,获得更多的收益。防御战略投资水平低,适合负债率高、实力一般的企业使用。该战略配合总体战略的维持战略效果更好。

3. 退却战略

它是企业立足于摆脱困境、保存实力而进行的竞争谋划。该战略追求的目标是:紧缩战线,舍卒保帅,提高局部实力,设法生存。其主要包括以下两种。

(1) 重点集中战略。缩小市场范围,调整产品结构,节约资金,保证重点品种、重点市场的资金使用。加强这些品种和市场的营销实力,从而提高企业局部生存和发展能力。

(2) 转危为安战略。企业在竞争中受到沉重打击,难以生存发展,虽然整体管理水平、技术水平较好,但资金严重不足,负债率高。应当主动寻求被兼并、收购、合资经营,使企业走出困境。

该战略适合生存困难,但管理和技术均有好的基础的企业使用。该战略主要配合总体战略的收缩战略运用。

6.1.2 持续竞争优势

持续竞争优势的准则如下。

(1) 竞争优势来源于以企业自身资源或能力为基础,提供被顾客认为是物有所值的产品或服务,相对于其他企业而言,具有竞争优势的企业能够更好地创造顾客所需的价值。

(2) 竞争优势构建如下。面对动态变化的环境,抓住了今天,即现有顾客与潜在顾客动向,也就意味着抓住了未来,即在现有顾客与潜在顾客基础上扩大的顾客。这是竞争优势构建的根本之所在。

只有当企业所构建的竞争优势至少满足一个或多个这样的准则时,企业的优势才有可能真正动态持续。

持续竞争优势判定六准则

无法学:稀缺专用。这主要表现在拥有不可流动的稀缺与专用资源及能力上。这种竞争优势的形成,基于企业具有独一无二的资源或能力。

学不全:累积整合。这主要表现为企业拥有不可模仿的意会性经验、知识与做法。这些经验、知识与做法,是经过企业内部员工长期相互磨合,最终逐步累积而成的,对其他企业来说,要真正掌握与理解颇费时日,有时甚至是不可能的。

不愿学:低调处世。这主要表现在放低姿态、悄悄积累实力上。从持续竞争优势的操作层面看,对于刚刚创业的小企业来说,通常并不具备让竞争对手"无法学"或者"学不全"的优势。在这里,"做人低姿态、办事高水平"。

不怕学:先占优势。这主要表现在抓住先占优势、培养忠诚顾客,使后来进入的竞争者在市场规模等方面始终处于劣势。

不敢学:不战屈人。这主要表现在通过信息发布、先声夺人等战略性行动,使潜在竞争对手事先对参与竞争望而却步,主动采取回避谦让做法。

难替代:超前突破。这主要表现在通过各种途径的努力,使竞争对手很难生产功能相近的替代品。

竞争优势创新,必须贯彻以顾客为本的思想,以改变假设、超越自我、突破定式为切入点。对成功企业或个人来说,常常需要先学会放弃与忘却,才有可能实现真正意义上的创新。

 小知识

竞争优势创新:顾客为本、突破定式

看人家所看不到(不愿、不想看或视而不见);
听人家所听不到(不愿、不想听或听而不闻);
想人家所想不到(不敢、不愿想或思而不深);
悟人家所悟不到(不能、不肯悟或想而不透);
学人家所学不到(不想、不愿学或学而不精);
做人家所做不到(不能、不愿做或为而不果);
最终成人家所不能成。

6.2 成本领先战略

成本领先战略又称低成本战略,是指企业的全部成本水平低于竞争对手,即在追求规模效益的基础上降低成本的战略。其主旨是成本水平低于竞争对手。

6.2.1 成本领先战略的优势

(1)低成本、高利润、占主动,抵挡住现有竞争对手的对抗。
(2)抵御购买商讨价还价的能力。

(3) 更灵活地处理供应商的提价行为。

(4) 形成进入障碍,使欲加入该产业的新进入者望而却步。

(5) 在与替代品竞争时,低成本企业往往比行业中其他企业处于更有利的地位。

6.2.2　成本领先战略的主要形式

从产品价值链的链条各环节降低成本。

(1) 改进产品设计的低成本战略。

(2) 材料采购的低成本战略。

(3) 生产过程的低成本战略。

(4) 营销管理的低成本战略。

从产品的"功能"入手降低成本:应用价值工程原理,用"功能分析"的方法达到节约资源、降低成本的目的。价值工程是一种以提高产品的功能、降低成本为目的的技术与经济相结合的现代管理方法。价值工程的"价值"是指产品的功能与效益的尺度(价值=功能/成本)。为达到提高价值的目的,企业有以下五种途径供选择。

(1) 功能不变,成本降低。

(2) 成本不变,功能提升。

(3) 功能提升,成本降低。

(4) 成本略有提高,功能有更大提升。

(5) 功能略有下降,成本大幅度下降。

6.2.3　成本领先战略的风险

(1) 降价过度引起利润率降低。打价格大战,甚至恶性竞争,导致整个行业利润率降低。

(2) 新加入者可能后来居上。新加入者通过模仿、总结前人经验或购买更先进的生产设备,使其成本更低,以更低的成本起点参与竞争,后来居上。

(3) 丧失对市场变化的预见能力。采用成本领先战略的企业把其主要力量集中于降低产品成本,从而对市场变化的预见能力降低,最终导致虽然企业的产品价格很低,但也不为顾客所欣赏和需要。

(4) 技术变化降低企业资源的效用。生产技术的变化或新技术的出现可能使过去的设备投资或产品学习经验变得无效,成为无效用的资源。

(5) 容易受外部环境的影响。比如企业因通货膨胀率的提高而提高生产投入成本,降低产品成本-价格优势,从而不能与采用其他竞争战略的企业相竞争。

6.3 差异化战略

差异化战略是指在一定的行业范围内,企业向顾客提供的产品或服务与其他竞争者相比别具一格,使企业建立独特竞争优势的战略。

差异化战略应该具有顾客感受到的、对其有实际价值的产品或服务的独特性,而不是企业自我标榜的独特性。为保证差异化战略的有效性,企业必须注意到以下两个问题。

(1) 充分了解自己拥有的资源和能力,及其能否创造出独特的产品或服务。

(2) 深入细致地了解顾客的需求和偏好,及时去满足它们。企业所能提供的独特性产品、服务与顾客需求吻合,是取得差异化优势的基础和前提。

6.3.1 差异化战略的优势

(1) 建立顾客对企业的忠诚。随着顾客对企业产品或服务的认识和依赖,顾客对产品或服务的价格变化敏感程度大大降低。这样,差异化战略就可以为企业在同行业竞争形成一个隔离带,避免竞争对手的侵害。

(2) 形成强有力的产业进入障碍。由于差异化提高了顾客对企业的忠诚度,如果行业新加入者要参与竞争,就必须扭转顾客对原有产品或服务的信赖,克服原有产品的独特性的影响,这就提高了新加入者进入该行业的难度。

(3) 增强企业对供应商讨价还价的能力。这主要是由于差异化战略提高了企业的边际收益。

(4) 削弱购买商讨价还价的能力。企业通过差异化战略,使购买商缺乏与之可比较的产品选择,降低了购买商对价格的敏感度。

(5) 由于差异化战略使企业建立顾客的忠诚,因此替代品无法在性能上与之竞争。

案例6-1

差异化经营战略成功的企业例子——儿童益智手工坊

如今,儿童教育工艺品车间的市场开发不可或缺,已经成为各购物中心的必备项目之一,吸引了很多投资者的目光,很多投资者都想涉足这个行业。但是由于缺乏经验和信心,他们往往想很多,却不知道如何下手。对于儿童教育工艺品作坊的从业者来说,掌握以下差异化的经营理念,会有进一步的发展。

第一,产品差异化。

新产品是经营手工艺作坊的核心,要不断创造有特色的手工制品,满足孩子喜新厌旧的天性,这对于会员后期的续卡非常重要。天才计划成立了一个 DIY(自己动手制作)R&D

（科学研究与试验发展）部门，以确保新产品和项目的不断更新。

第二，服务差异化。

努力做好服务，让员工更专业、更友善，赢得孩子和父母的心。天才计划的天才货币体系是为会员服务的重要举措，其不仅可以培养孩子们存钱和理财的想法，还可以通过玩来让孩子们把自己的天才硬币换成自己喜欢的礼物。

第三，营销差异化。

商店可以定期举行一些活动。如果在购物中心，可以利用商场的资源在更大的地方举办活动，让自己的小手工艺作坊不断发挥亲子互动的力量。全国各地的天才计划手工艺作坊店铺先后开展了大小主题活动近1 000项，经验极其丰富。

第四，成员增值差异化。

让自己的会员不仅在自己的店内做手工折扣，还可以在其他地方享受折扣。这就需要老板有一定的业务发展能力。

市场越受欢迎，竞争对手就越多。凭借"价格战"是无法在手工艺作坊的竞争中脱颖而出的。只有坚持差异化的经营理念，才能立于不败之地。

资料来源：差异化战略的企业例子［EB/OL］. https://localsite.baidu.com/okam/pages/article/index?categoryLv1＝%E6%95%99%E8%82%B2%E5%9F%B9%E8%AE%AD&ch＝54&srcid＝10004&strategyId＝137768616128335.

6.3.2 差异化战略的风险

（1）企业的成本可能很高。这是因为它要增加设计和研究费用。

（2）用户所需的产品差异的因素下降。当用户变得越来越老练，对产品的特征和差别体会不明显时，就可能发生忽略差异的情况。

（3）大量的模仿缩小了感觉得到的差异。特别是当产品发展到成熟期时，拥有技术实力的厂家很容易通过逼真的模仿，缩小产品之间的差异。

（4）过度差异化。差异化虽然可以给企业带来一定的竞争优势，但这并不意味着差异化程度越高越好，因为过度的差异化容易使企业产品的价格相对竞争对手的产品来说太高，或者差异化属性超出了消费者的需求。

6.3.3 实现差异化途径

（1）思维差异：主意诚可贵、思维价更高。意识能量是财富的种子，财富是意识能量的果实。

（2）功能差异：如山地自行车风靡一时等。目前市场竞争中最亮丽的风景线是电冰箱大战。海尔、容声、美菱、新飞等品牌占据了国内市场的绝对份额。各个企业都采取了差异化战略:海尔强调的是模糊控制、节能静音、变温变频和自动杀菌等功能。容声长于热转化、双开门等。美菱在保持电脑模糊、节能环保等优势的同时,立足于保鲜。而新飞则侧重于用"无氟"去吸引消费者。

(3)质量差异:质量是产品的生命,"零缺陷"的产品质量无疑是消费者所追求的,但是产品质量又是具体而实在的,在许多情况下,需要以质量的差异来满足顾客群的需求差异。例如:我国台湾地区的一个贸易拓展团把2万把雨伞销往美国。这批雨伞的质量并不高,用几次就报废了,但在市场上却很畅销。一般2~3美元一把,正投美国消费者所好,于是这种雨伞占领了美国市场的60%。

(4)品牌差异:品牌的基本功能是辨识卖者的产品或劳务,以便同竞争者或竞争者的产品相区别。品牌是一种知识产权,更是企业宝贵的无形资产。

案例6-2

小熊电器的差异化战略

在竞争激烈的家电行业,小熊电器利用独特的长尾布局、创新型小家电的战略定位,为企业发展明确方向、定位目标。在看似红海的家电市场,小熊电器的产品在客户心中成为具有差异化、个性化的新物种。

低成本是企业竞争的关键要素,但如果小熊电器仅想依靠低成本在家电市场立足,那美的、九阳等已经达到规模经济,它根本避免不了被市场淘汰。因此,小熊电器实施了以市场为导向的差异化战略。

1. 产品差异化

(1)产品由小众款构成,种类繁多。克里斯·安德森提出的长尾理论指出:商业和文化的未来发展不是传统需求曲线上"畅销商品"的头部,而是那条代表"冷门商品"的经常被人遗忘的长尾。小熊电器抓住了长尾模式,聚焦于小众客户生产产品。区别于电视、空调、洗衣机等传统的大型家电,小熊电器产品的重点一直是小家电而非"全能型"家电。专心探索小众产品的市场需求的小熊电器回避了与行业巨头直接竞争,在小众款上建立行业第一。虽然每种电器销量都较小,但架不住种类繁多,总和起来也可产生可观的销售总收入。小家电实惠便宜,会让消费者在小家电推陈出新时产生更换的想法,在损坏时为了避免麻烦选择直接替换而非维修,这进一步提升了小家电的更换频率。

(2)"萌"系外观。"萌"是小熊电器在外观上的最大特色。作为"萌"家电的开创者与实践者,小熊电器的萌系外观更容易吸引女性用户和年轻用户,其产品以90%的"高颜值"抓住用户喜好迷你精致厨电的趋势,由此研发了一系列创意小家电。其中,同时具备颜值和高性价比的"多士炉"以小巧精致、简单方便等特点满足了女性上班族对早餐省时、多样的需求。除了萌系外观,公司产品推陈出新,加入了触摸屏、Wi-Fi、功能预约等实用功能。

(3) 产品设计制造微创新。小熊电器在产品设计制造上具有10%的微创新。通过互联网大数据技术积累海量消费者数据，洞察消费者的喜好，对客户的需求进行细分，并且在产品设计、开发和制造的过程中，专注满足用户最容易忽视的小需求，不断进行用户操作体验的模拟，进行了无数次的试验调试和改良修正。因此，小熊电器的创意小家电产品并非天降，而是充分利用了互联网的大数据、高效率、低成本优势。

2. 渠道差异化

(1) 主打线上渠道销售。与传统的家电企业相比，除了人们的需求变化外，主要是电子商务经济的发展、社交媒体的普及以及物流行业的快速扩张为小熊电器提供了肥沃的土壤。2006年，小熊电器就瞄准线上销售渠道，全年电商渠道销售额占比接近九成。互联网信息传播覆盖了超大规模的消费人群，对于长尾模式的小熊电器来说，即使某个长尾产品的传播效率低，但辅以巨大的客户基数，潜在消费者也十分可观，再加上小家电体积小且无须安装，非常适合电商销售。

(2) 渠道优势。小熊电器采取线上渠道，不需要建立实体店铺，经销成本低，降低了渠道建设成本，也极大地降低了交流、交易成本。由于电商红利的存在，线上常常举行"双11"等大型促销活动，小熊电器存货周转速度快、储存成本低。同时，电商品牌不仅仅是一个展示产品的平台，更是一个用户交流、获取商家产品信息的平台。小熊电器依靠社交裂变式效应扩大用户规模，消费者主动在微博、抖音等社交平台上分享自己发现的创意小家电，在大量用户口碑积累和博主推荐下，消费者可以便捷地获取不同产品的功能、价格、受欢迎程度等信息，推荐的人越多，信赖的程度也就越高，这是线下渠道无法比拟的。电商渠道能让小熊电器获得数据，精准获取消费者需求，并将之转化为产品创造的动力。

3. 品牌差异化

(1) 品牌定位于年轻人。美的、海尔等国内大型家电品牌崛起与升级，已经占据商业流通市场的大部分份额，其市场定位于家庭生活的刚需。随着生活水平的不断提高、生活观念的转变，人们对生活品质提出了更高的要求，小家电主打的是更加细分的需求。伴随着互联网的兴起成长起来的消费者大多是"90后"和"00后"，其消费观念与以往不同，他们的关注点不仅是实用，还有简单方便、时尚与品质。小熊电器的市场为中国市场，主要是大中型城市，专注于年轻人这一目标群体，用年轻人的视角重新定义产品，致力于满足年轻消费群体的需求，让小熊品牌形象在年轻群体中逐渐树立起来，为公司未来发展注入支撑力量。

(2) 推广萌的品牌形象。小熊这一形象是小熊电器品牌建设的核心，主打"萌"形象，提倡"萌"的生活方式，使小熊"萌"的形象深入人心。小熊电器通过在淘宝、京东等主流电商平台上打广告、影视综艺广告植入、直播与短视频等新媒体营销手段，以及聘请明星代言等方式积极推广"小熊"品牌，使小熊电器的品牌知名度和美誉度快速提升，吸引了大批忠实的年轻用户群体。小熊电器因为独特的品牌定位而逐渐深入人心，在消费者心中，小熊就是有趣的、有个性的。

资料来源：张瑜.小熊电器差异化战略分析[J].现代商业，2021(14)：13-15.

小思考：

小熊电器的差异化战略途径有哪些？

6.4 集中化战略

集中化战略是指企业或事业部的经营活动集中于某一特定的目标市场，开展其战略经营活动的战略。伤其十指，不如断其一指。集中优势兵力打歼灭战。

名人名言

把所有的鸡蛋都装进一个篮子里然后看好这个篮子。

——马克·吐温

6.4.1 集中化战略的类型

1. 产品线集中化战略

对于产品开发和工艺装备成本偏高的行业，可采用此战略。

案例6-3

比亚迪汽车——新能源汽车引领者

比亚迪股份有限公司（以下简称"比亚迪"）成立于1995年，分别在香港联合交易所（股票代码：1211HK）及深圳证券交易所（股票代码：002594）上市，致力于"用技术创新，满足人们对美好生活的向往"，业务布局涵盖电子、汽车、新能源和轨道交通等领域，从能源的获取、存储再到应用，全方位构建零排放的新能源整体解决方案，营业额和总市值均超过千亿元。其现有员工约24万人，在全球设立30多个工业，实现全球六大洲的战略布局，在国内，比亚迪拥有长沙、西安等多个生产基地。

比亚迪汽车是比亚迪旗下负责汽车业务的子公司，坚持大力发展科技节能与新能源汽车，矢志为全社会带来更节能环保、更安全、更便利、更舒适的汽车生活，已发展成为中国新能源汽车的领导者。比亚迪2003年收购西安秦川汽车有限责任公司（现"比亚迪汽车有限公司"），正式进入汽车业务。2005年9月比亚迪F3上市。比亚迪一直将新能源车作为业务发展的重点，2010年第一款新能源汽车F3DM上市，先后推出"唐""宋""汉"系列产品。经过多年的发展，比亚迪在新能源车领域达到了全球领先地位。2020年，比亚迪新能源汽车全年销售189 689辆，市场占有率13.5%，销量全国第一。

比亚迪新能源车的成功首先来源于其拥有的核心技术。作为新能源整体解决方案的开创者,它是目前全球唯一一家同时掌握新能源汽车电池、电机、电控及充电配套、整车制造等核心技术的企业,先后获得了"联合国能源特别奖""扎耶德未来能源奖"等多项世界级奖项。其次是产品力强。比亚迪系列新能源车外观时尚、动力强、加速快,更配备多项"黑科技",独创的云服务系统使车主可以足不出户与爱车零距离互动,PM2.5(细颗粒物)绿净系统可随时守护家人健康,360°全景影像系统能帮助新手司机"盲驾"倒车入库,电池智能温控系统可轻松应对各种极端天气状况。最后是坚持市场创新。比亚迪选择在新能源商用大巴和出租车市场上出击,依靠自己稳定可靠的技术、持续的投入和商业模式创新,成为全球范围内该细分领域的领导者。

资料来源:蓝海林,等.企业战略管理[M].3版.北京:中国人民大学出版社,2021.

2. 顾客集中化战略

将经营重心放在不同需求的顾客群上,是顾客集中化战略的主要特点。有的厂家以市场中高收入顾客为重点,产品集中供应注重最佳质量而不计较价格高低的顾客。如手表业的劳力士,时装业的皮尔·卡丹,体育用品业的阿迪达斯、耐克等产品,都是以高质高价为基础,对准高收入、高消费的顾客群。还有的厂家将产品集中在特定顾客群。如"金利来"领带和衬衣将有地位的男士作为重点消费对象,强调该产品是"男人的世界"。再如,适用于黑人消费者的护发品。

案例6-4

中国上市公司纷纷进入养老地产

《中国老龄产业发展报告》显示,2020年,中国老年人口增加到2.6亿,到2030年将突破3亿,到2050年将增至4.8亿。庞大的老年人口意味着巨大的市场需求。据中国社科院老年研究所测算,目前中国养老市场的商机约4万亿元,到2030年有望增至13万亿元,未来中国将成长为全球老龄产业市场潜力最大的国家。

近年来,我国政府出台了多项政策大力推动养老产业发展。2013年9月,国务院发布《国务院关于加快发展养老服务业的若干意见》;2014年11月,财政部、国家发展改革委下达《关于减免养老和医疗机构行政事业性收费有关问题的通知》;2014年12月,商务部、民政部发布公告鼓励外国投资者在华设立营利性养老机构从事养老服务;2015年2月,民政部、国家发展改革委、教育部等十部委联合发布《关于鼓励民间资本参与养老服务业发展的实施意见》;2015年11月,国务院办公厅转发《关于推进医疗卫生与养老服务相结合的指导意见》;2017年7月4日,国务院办公厅印发《国务院办公厅关于加快发展商业养老保险的若干意见》。2019年4月,发布《国务院办公厅关于推进养老服务发展的意见》。

在政策推动下,我国养老产业进入快速发展期,众多企业纷纷进入该产业,重点是发展养老地产。据不完全统计,目前全国已经有超过80家房地产企业、30多家上市公司进入养老地产领域,包括中国石化、中国人寿、中国平安、万科、保利、绿城、龙湖等,公开信息披露的养老地产项目也已超过百个。其中,大型地产公司扮演了主要角色。万科大力推进养老服务产业发展,养老地产正探索城市全托中心、长者公寓和社区嵌入式长者照料中心三种不同的模式。绿城地产早在2012年就提出要积极发展养老地产,首创学院式颐乐养生养老模式,即在提供基础的日常生活与医疗服务之外,在园区中以学校为组织形态,以开展符合老年人生理和心理特征的学习、活动为核心内容的一种新型养老模式,实现老年人物质与精神的"双赢"。

资料来源:蓝海林,等. 企业战略管理[M]. 3版. 北京:中国人民大学出版社,2021.

3. 地区集中化战略

划分细分市场,可以以地区为标准。如果一种产品能够按照特定地区的需要实行重点集中,也能获得竞争优势。

此外,在经营地区有限的情况下,建立地区集中化战略,也易于取得成本优势。如砖瓦、水泥、砂石等由于运输成本很高,将经营范围集中在一定地区之内是十分有利的。

4. 低占有率集中化战略

市场占有率低的事业部,通常被公司总部视为"瘦狗"或"现金牛"类业务单位。对这些事业部,企业往往采取放弃或彻底整顿的战略,以便提高其市场占有率。

格兰仕公司成功地从服装业转移到微波炉行业后,采取了以规模化为重点的集中型战略发展单一的微波炉产品,即把所有的"鸡蛋"都装在微波炉里。对此,时任格兰仕副总裁俞尧昌说:"就格兰仕的实力而言,什么都干,则什么都可能完蛋,所以我们集中优势兵力于一点。"目前,格兰仕已成为中国微波炉第一品牌。

6.4.2 集中化战略的优势

(1) 便于集中使用整个企业的力量和资源,更好地服务于某一特定的目标。

(2) 将目标集中于特定的部分市场,企业可以更好地调查研究与产品有关的技术、市场、顾客以及竞争对手等各方面的情况,做到"知彼"。

(3) 战略目标集中明确,经济效果易于评价,战略管理过程也容易控制,从而带来管理上的简便。

6.4.3 集中化战略的风险

(1) 由于企业全部力量和资源都投入一种产品或服务或一个特定的市场,当顾客偏好发生变化、技术出现创新或新的替代品出现时,就会发现这部分市场对产品或服务需求下降,企业就会受到很大的冲击。

(2) 竞争者打入企业选定的目标市场,并且采取优于企业的更集中化的战略。

(3) 产品销量可能变小,产品要求不断更新,造成生产费用的增加,使采取集中化战略的企业成本优势削弱。

6.5 虚拟企业竞争优势的构建

现代信息业的发展,给企业管理工作带来许多新理念,"可以租借,何必拥有"的观念,克服了以往"小而全,大而全"的思想,从而大大降低生产成本。虚拟企业从产品运作的整个过程中选取一些企业,以动态的方式临时组合一个虚拟的团队。以彼之长,补己之短,实现优势互补和资源的高效利用。企业为了抓住机遇,利用现代网络技术将不同企业的技术优势整合在一起,组成一个没有围墙、超越空间约束的、互惠互利的、协同作战的临时联合网络组织。其实质是突破企业有形界限,延伸和整合各企业的优势功能,创造超常的竞争优势。本节就虚拟企业的内涵、特征、竞争优势、典范应用及其构建途径作出探索。

6.5.1 虚拟企业的内涵及特征

自从美国学者肯尼思·普瑞斯(Kenneth Preiss)、史蒂文·戈德曼(Steven Goldman)和罗格·内格尔(Roger Nagel)1991年提出虚拟组织概念以来,虚拟组织已成为企业界和学术界共同关注的热点问题。人们普遍认为,虚拟组织是目前最符合新经济时代的一种形式。它是若干独立的企业为了响应快速的市场变化,将工厂技术相连接,共享技术与市场,共同承担成本的临时的企业联合体。其主要特征如下。

1. 虚拟性

组织边界模糊,组成虚拟组织的企业只是一种虚聚,只是通过信息技术把各个企业一系列的合同、协议联系在一起,构成网络上的联合体,并不需要形成法律意义上完整的经济实体,不具有独立的法人资格,而且打破了传统企业明确的组织界限,形成了一种"你中有我,我中有你"的网络。

2. 灵活性

虚拟组织本身是市场多变的产物,其灵活性源于组成联盟的企业的灵活性和其连接的虚拟性。它可以随时利用成员企业成熟技术、成熟市场、快速的开发能力等资源,虚拟组织正是以这种动态结构灵活的方式适应市场快速的变化,具有很强的适应市场能力的柔性和敏捷性,各方优势资源的集中更能催生出极强的竞争优势。

3. 伸缩性

虚拟组织可以根据目标和环境的变化进行组合,动态地调整组织结构。这种变化的剧烈程度和经常性都要强于任何传统的企业组织。更重要的是,它可以实现低成本的结构调整、重组和解散。

4. 临时性

虚拟组织随着市场机遇的开始而诞生,随着市场机遇的结束而解体,它的存在周期较短,因而有临时性的特点。

5. 成员的独立性

组成虚拟组织的成员之间并不存在从属关系,它们本身都是独立的企业,联结它们的纽带是共同的目标和利益。

6. 信息的密集性

虚拟组织是一种跨企业、跨行业、跨地区的企业组合方式,成员企业之间的信息交流频率高、密度大,并且由于其虚拟性,成员企业之间存在大量协调工作,沟通联系增强,进一步提升了信息的密集性。

6.5.2 虚拟企业的竞争优势及典范应用

从国内外比较成功的虚拟企业的发展和运作来看,它有以下竞争优势。

1. 降低成本,实现规模效益

过去一般的工业企业从毛坯到最终产品,各类工艺一应俱全,这种状况降低了生产效率、加大了生产成本。采用虚拟企业模式,企业可以系统地选择一些有互补性的企业进行合作生产,让这些外部企业生产一部分零配件或中间产品,而本企业只负责关键性生产环节。这样做,一方面可以使一部分合作方充分利用对方资源,避免重复投资,减少不必要的浪费;另一方面可以避免本企业因某些生产环节的技术力量不足而影响整个产品的质量。

2. 提高效率,精简组织结构

在传统的组织结构中,管理层次重叠、令出多门,甚至互相扯皮、办事推诿。企业高层决策需要经过若干中心环节,使得获取决策信息的成本很高,而工作效率很低。组建虚拟企业正是利用企业组织构架虚拟的思想,以保持自身优势为核心,将其技术和职能虚拟于企业的外部，通过合作使企业省去了部分组织环节，达到了组织机构的精干高效，有利于提高管理效率。

3. 整合经营，优化配置资源

资源在企业之间的配置是不均衡的，通过组建虚拟企业，围绕共同目标，发挥各自优势，以弥补各自劣势；会产生"1+1＞2"的乘数效应，使有限资源投向效益好的产品和行为，有利于提高资源利用率，也保证经营的盈利性和稳定性。

4. 委托生产，"借鸡生蛋"

OEM 是英文 original equipment manufacture 缩写，意指委托生产，即企业集中力量开发产品、开拓市场，而中间制造，只要其他企业的产品质量有保证、综合成本比自己低，企业就应当委托生产。这是一步"不生产，但要赚钱"的妙棋。把重点放在产品开发、市场开拓上，不把生产过程列为竞争的主要内容。抓两头、放中间，形成了"哑铃"式生产经营方式，而大部分企业的生产经营方式为"橄榄"式。

5. 抓住机遇，畅通供销渠道

虚拟组织除了 OEM 方式之外，还采用战略联盟、品牌联盟、特许连锁、虚拟销售等方式，通过这些方式实现经营功能的提升、经营业绩的提高与供销渠道的畅通，如果企业某些供应渠道堵塞，就可以及时通过合作伙伴的供应渠道获得生产所需的原料，不至于因供应渠道出现问题而失去市场机会。同样，组建虚拟企业也有助于各方共享销售网，当一方销售渠道受阻时，可以及时利用其他合作伙伴的有效销售渠道。总之，现在已经有越来越多的公司采用虚拟管理方式。

案例6-6

皮尔·卡丹和耐克没有工厂

皮尔·卡丹为中国人熟知是近 10 多年的事情，但皮尔·卡丹在全球的辉煌已经持续了约 60 个年头。皮尔·卡丹的经营方式与传统的经营方式大相径庭：它几乎没有属于自己的制衣工厂，只将自己的设计方案或新式样衣提供给相中的企业，由它们负责制作，成品经皮尔·卡丹检验认可后，打上"皮尔·卡丹"品牌销往各地。

另一个相似的例子是耐克运动鞋，耐克公司既无厂房也无工人。公司的雇员大致分为两部分：一部分负责收集情报、研究和设计新款运动鞋；另一部分则以广告、销售为己任。至于耐克鞋的制作，则是在全球各地指定的工厂完成的。耐克通过一种精心发展的向外国派驻"耐克专家"的形式来监控其外国供应商，甚至将其经销计划中的广告也委托给一家外国公司来做，该公司以其创造性的优势将耐克的品牌认可度推到了极致。耐克就是依靠这种虚拟经营高速增长。

资料来源：张国良.小微企业经营与管理[M].北京：清华大学出版社,2020.

6.5.3 虚拟企业竞争优势的构建途径

1. 确立愿景　使命导航

虚拟企业的职工要以企业兴旺为己任,职工效忠企业,企业善待职工。愿景的"愿"字原来是我的心,是我的一种愿望,企盼是出自内心的动力,也就是信念。信念是世界上最伟大的力量,信念是生命,也是企业的使命。使命领导责任,责任完成使命,企业使命就是企业在社会进步和经济发展中应担当的角色,它为企业定基调、指方向、拓思路、树形象。其核心价值是调动人的积极性,特别是以人为本的经营理念,日益深入人心。以人为本的管理核心就是对人心和人性的管理,通过企业愿景,使被管理者从心理和生理上产生旺盛的精神、奋发的热情和自觉的行动,以至产生"未见其人,先得其心；未至其地,先有其民"的效果,这也是管理艺术的最高境界。

实践证明,那些继往开来、走向辉煌的企业,关键是有一个全体员工共同高擎的战略旗帜——企业使命。因此虚拟企业必须在战略思考、使命定位与凝聚人心方面多用些心思,因为它们是企业长远发展的纲领和灵魂,也是企业的立身之本、命运之舵。

2. 公平运作　谋求双赢

虚拟企业要想在激烈的市场竞争中获胜,合作处事要有公心、处理公平。每一种联系与合作必须为每个公司提供双赢的机会。市场经济条件下只有与顾客普遍联系、与对手公平竞争,企业才能得到永恒的发展。成功的合作应该是双赢,在合作中应树立正确的胜负观。"欲取先予"应该是合作的一大谋略。"欲致鱼者先通水,欲栖鸟者先树木"；水积而鱼聚,林茂而鸟集。企业与其他企业要做"合作的利己主义者"。然而在实行市场经济以来,企业之间竞争有余、合作不足。有的甚至实行不正当竞争,在联系与合作中总想猛咬对方一口,甚至欺诈胁迫,这是十分危险的。经营者要以信为本,青山似信誉,绿水如财源,只有山清才能水秀,只有源远才会流长。财自道生,利源义取,这样的竞争与合作才会有情有义、地久天长。

3. 团队学习　树人为本

黄金有价人无价,市场无情人有情。21世纪国力的核心是经济,经济的核心是企业,企业的核心是人才,人才的培养靠教育,百年树人,教育为本。置于知识经济时代,管理者有效应对变革、取得最佳选择的方式是不断学习、快速学习。未来最成功的公司,将是那些基于学习型组织并不断创新的公司,要以"积财货之心积学习"。虚拟企业的竞争优势的根源在于企业员工创造性和聪明才智的发挥,因此,必须加大人力资本的投入,组建认知互动的学习型团队至关重要。企业唯一持久的竞争优势或许是具备比其竞争对手学习得更快的能力。这要求企业树立学习观念,不断学习新知识、新技术,培养自己的核心专长,同时也重视向其他组织的学习,把其他组织的经验知识移植到本企业中来,提高虚拟企业的竞争优势。

4. 放眼全球　整合资源

当今世界"信息革命"风靡全球,"网络社会"悄然兴起,网络经济扑面而来,赢得竞争优势、夺取领先地位、获得更大效益已成为全球经济竞争的新景观,企业必须要放眼世界、整合资源。信息技术的发展,打破了时空经济活动的限制,为国际企业之间经济关系的发展提供了新的手段和条件。当前的一大趋势是从过去的一国经济走向世界经济,各国的合作生产已成为全球的经营新模式,全球相互依赖的经济格局已经形成,一个国家可以关起门来发展经济或左右世界经济的局面已经结束。高科技正主宰时代经济的新潮流,没有技术领先就没有市场优势。在高新技术领域能否及时地推出新产品、是否具有技术领先地位,对构建虚拟企业的竞争优势具有极大的影响,技术的开发与应用,是虚拟企业核心竞争力发展的永恒主题。尽可能地放眼全球、整合资源,提高产品的科技知识含量是虚拟企业竞争制胜之本。

5. 创造需求　网络经营

虚拟企业应着眼于市场,不断创造新产品,重视顾客价值创造,构建竞争优势。现代消费需求不仅具有多样性、发展性、层次性,而且具有可诱导性。虚拟企业的战略管理者应着眼于创造市场,而不仅仅是瓜分市场。一个善于开拓的经营者应勤于思、敏于行、乐于言。勤思令人睿智,敏行能捕捉先机,乐言让智慧共享。一个善于开拓市场的经营者,应该明察秋毫,捕捉和发现潜在的需求,并主动去满足它。虚拟企业竞争优势的构建,必须围绕顾客价值创造展开。提升顾客价值可以遵循这样的几条路径:第一,围绕需求,紧跟用户,创造市场,招揽顾客。第二,增加顾客的认知利益,通过全面服务,创造特色产品,达到最终增加顾客利益的目的。第三,降低顾客认知价格,如改善运行效率、节约经营成本,达到最终降低顾客支出的目的,培养顾客的忠诚度、满意度和美誉度。高效的信息网络系统不仅使企业及时了解市场需求,根据市场需求从众多的备选组织中精选出合作伙伴,把具有不同优势的企业组织综合成靠电子手段联系的经营实体,而且使企业之间的信息沟通更为方便快捷、合作更为有效。开放的思维,平等的心态,是沟通的前提;相互理解,达成共识,是沟通的目的。采用通用数据进行信息交换,让所有参与合作的企业组织都能够共同设计、生产以及营销有关信息,从而真正和谐协调、步调一致,保证合作各方较好地实现资源共享、优势互补的合作机制,使虚拟企业的竞争优势不断提升。

 知识拓展

 案例解析

 本章思考题

1. 企业态势竞争战略有哪些？
2. 不战而胜战略有哪些？
3. 持续竞争优劣的准则有哪些？
4. 什么是成本领先战略？其优势有哪些？
5. 成本领先战略的主要形式有哪些？
6. 什么是价值工程？提高价值的途径有哪些？
7. 什么是差异化战略？实现差异化战略的途径有哪些？

 即测即练

第 7 章

战略实施与文化塑造

本章要点

1. 战略实施模式选择。
2. 企业文化的内涵及其功能。
3. 经营道德是企业文化之魂。
4. 企业文化与职工合理化建议。

先导案例

华润集团的愿景、使命与价值观

华润集团是一家以实业为核心的多元化控股企业集团,其主营业务涵盖大消费、综合能源、城市建设运营、大健康、产业金融、科技及新兴产业 6 大领域,下设 25 个业务单元,2 家直属机构,实体企业近 2 000 家,在职员工 37.1 万人,位列 2021 年《财富》杂志世界 500 强第 69 位。所属企业有 8 家在港上市,其中华润置地位列香港恒生指数成分股,目前,华润集团零售、燃气、商业地产、制药和医疗等的经营规模在全国位居前列。电力、水泥业务的经营业绩和经营效率在行业中表现突出。华润置地是实力雄厚的综合地产开发商之一。雪花、怡宝、华润万家、万象城、999、双鹤、东阿阿胶、江中等是享誉全国的知名品牌。

价值观:诚实守信,业绩导向,以人为本,合作共赢。

诚实守信是华润集团的核心价值观,是华润集团建基立业的根本;业绩导向是华润集团发展壮大的支撑;以人为本是华润集团创造价值的动力;合作共赢是华润集团永续发展的基础。

使命:引领商业进步,共创美好生活。

商业进步是推动国家富强、社会发展的重要动力,美好生活是人们的殷切向往。作为具有光荣历史的红色央企,华润集团曾在不同历史时期承担国家使命,为民族振兴和社会发展作出了独特贡献。展望未来,华润集团将通过持续的商业成功,不断推动国有经济发展壮大,夯实国家政权的经济基础,并为促进共同富裕和满足人民对于美好生活的需要作出新的贡献。

愿景:成为大众信赖和喜爱的世界一流企业。

通过全面深化国企改革,努力转变发展方式,不断抓住机遇、超前布局,以更高远的历史站位、更宽广的国际视野、更深邃的战略眼光,积极参与以国内大循环为主体、国内国际双循环相互促进的新发展格局,致力于在管控方式、治理水平、产业布局、业务组合、产品服务、技术创新、文化和品牌管理等方面达到世界优秀企业水平,建立良好口碑和卓越商誉,持续提升公众认知度和好感度,成为中国企业在国际舞台上展现实力和形象的典范。

组织氛围:真诚、团结、开放、进取。

资料来源:企业文化[EB/OL]. http://www.crc.com.hk/about/culture.

思考与探究:

华润集团愿景、使命的构成要素有哪些?华润集团的价值观体现了怎样的商业伦理和社会责任?

企业战略管理是一个系统的过程,从企业任务描述、内外剖析、战略目标确定到战略选择评估和制定,只是在理论上或者说可能给企业的未来规划了一个明朗的方向,而这个方向能否实现则取决于一个因素——战略实施。企业制定出一个合适的战略还不够,还要能够有效地实施这个战略。

7.1 战略实施模式选择

7.1.1 战略实施模式

在企业战略管理的整个过程中,全面而准确的战略分析和规划有助于形成正确的战略,但是如果没有得到有效的实施,那么再好的企业战略也仅仅是美好的愿望而已。好的战略必须以事实和数据为基础,而且要详细、具体。然而,如果缺乏事实基础和具体可行的方案,战略就有可能成为宣传口号和毫无意义的愿景规划。在这里,我们需要强调的是执行力,这是一切有效战略的关键要素,如果没有执行力,战略最终就是一句空话。因此企业的管理者应当对战略的制定和实施给予同样的重视,企业要创造价值、实现利润,都需要付诸行动,企业的高层必须关注企业的执行能力。企业战略的制定和实施能否成功在很大程度上依赖于企业高层管理者,也就是战略管理者的领导艺术。不同规模、不同性质、不同类型的企业,战略管理者的指挥艺术也会有较大差别,总的来说,战略管理者的指挥艺术一般可以归纳为五种类型,如表7-1所示。

表7-1 战略管理者的指挥艺术

类　　型	总经理主要研究的战略管理问题	总经理所扮演的角色	适 用 情 况
指令型	应如何制定出最佳企业战略	理性行为者	高层权威,形象好,历史长

续表

类　型	总经理主要研究的战略管理问题	总经理所扮演的角色	适 用 情 况
转化型	企业战略已形成,应当如何着手实施	设计者	为实施而设计内部激励和组织结构
合作型	如何能使战略管理人员从一开始就对企业战略承担自己的责任	协调者	对外界反应要求高,业务复杂,多事业部
文化型	如何使整个企业都保证企业战略的实施	指导者	员工素质高,有浓厚的企业文化
增长型	如何激励战略管理者和全体员工去执行完美的企业战略	评判者	智力型企业(团队)

1. 指令型战略指挥艺术

这一战略的指挥者具有极为正式的集中制道德倾向,战略实施靠的是最佳战略和有权威的日常指导,具有极为正式的集中权力和决策倾向。它要求总经理运用各种战略分析模型和方法,制定出一个能指导日常工作决策的企业战略,并且靠其权威通过发布各种指令来推动战略的实施。这种战略是假定企业在采取行动之前,就已经进行了大量的分析,总经理拥有相当大的权力和近乎完美无缺的信息,能够较好地作出日常经营决策。

这种战略的运用需要组织具备以下条件。

(1) 战略制定者和战略执行者的目标函数比较一致。

(2) 战略对企业内现行系统不构成威胁,现行系统不妨碍战略实施行动。

(3) 高度集权式的组织结构,高层管理者热衷于集权式管理,下属人员已习惯这种体制。

(4) 多种经营程度低,环境稳定。高速变化的环境不适于采用本战略。

(5) 集中大量且正确的信息;能够准确有效地收集信息并且及时地汇总到高层管理者手中。

(6) 企业处于较强有力的竞争地位。

(7) 配备一定数量的战略规划人员来协调各事业部的计划。

指令型战略的最大弊端在于把战略的制定者和战略的执行者分开,即企业的高层管理人员制定战略,然后强制下属管理人员执行,靠的是高层的权威和命令,难以真正激励中下层员工的积极性和创造性,有可能造成下属在执行战略时缺少动力,甚至产生抵抗情绪,暗中抵制新的战略方案和措施,形成阳奉阴违的局面。

2. 转化型战略指挥艺术

转化型战略是从指令型战略转化而来的,在其基础上进一步完善和补充。像指令型战略指挥艺术一样,转化型战略指挥艺术重视战略分析和战略制定,同时,还深入思考如何运用组织结构、激励手段和控制系统来促进战略实施。总经理要对人力资源、运营管理等方面进行设计,增强战略实施的协调性,将组织纳入战略规划的轨道,推动经营单位为实现战略目标而努力。

转化型战略与指令型战略比较,更强调战略实施问题,应用行为科学等方法,以提高战略实施成功的可能性,具体如下。

(1) 运用行为分析、组织设计理论,以人为中心调整组织结构,把注意力集中在所需要的关键战略领域之中,强调战略实施过程中对员工的激励,让员工有充分的机会去施展才能。

(2) 将战略规划系统、战略实施和控制系统与公司的薪酬体系结合起来,支持和促进企业战略实施。

(3) 建立高绩效的企业文化,运用企业文化促进企业战略的实施。

总之,企业高层管理者通过一整套强有力的战略实施手段,控制企业的组织体系和结构支持某一具体战略,这种战略应当比指令型战略更为有效。但其也有其明显的缺点:在实践中设计某些系统,特别是薪酬激励制度、实施控制系统等要投入很多的时间和精力,即便设计成功,也需要一定的时间才能获得收益。此外,这种战略并没有解决指令型战略存在的如何获得准确信息的问题、部门和个人利益对战略实施的影响问题,而且产生了新的问题,即如何既通过控制企业的组织体系和结构来支持某一战略,又保持总经理战略指挥的灵活性。因此,对于环境不确定性较大的企业,在采用转化型战略指挥艺术的同时,还需要其他辅助措施。

3. 合作型战略指挥艺术

合作型战略是建立在人为战略由集体协商基础上的。其主要特点是,把参与决策的范围扩大到企业高层管理集体,调动高层管理人员的积极性和创造性,使高层管理集体协调一致,发挥集体智慧,使每个高层管理者都能在战略的制定过程中作出贡献。

协调高层管理人员的形式多种多样,如有的企业专门成立了由各部门主管共同组成的"战略研究委员会",专门收集在所确定的战略问题上的不同观点,并进行研究分析,在统一认识的基础上制定出措施等。在这种情况下,总经理的工作重点是组织并协调一支合格胜任的管理人员队伍,促使他们发挥主动性、创造性并很好地合作。

从总体来看,合作型战略突破了前两种战略中存在的两个重大局限,即总经理通过接近生产经营第一线的管理人员,听取众多人员的意见而获得大量信息,克服指令型的信息准确性和认识局限性问题;同时,总经理扩大参与决策的范围,集思广益,解决指令型和转化型战略所遇到的问题,提高了战略实施的成功可能性。

值得注意的是,合作型战略是具有不同观点、不同目的和利益的参与者相互协商的产物,可能会降低战略的经济合理性。而指令型战略所确定的"理想"战略和转化型战略所采用的"理想"行政管理系统在技术和经济上可能是合理的。同时合作型战略仍存在战略制定者和执行者的区别,还不能做到吸收全体人员的智慧、调动全体人员的积极性。

4. 文化型战略指挥艺术

文化型战略是在整个组织里灌输一种适当的文化,以使战略得到实施。它是把合作型战略的参与成分扩大到较低的层次,消除战略制定者与执行者之间的鸿沟,力图使整个组织都支持企业的目标和战略。在这里,低层次的管理人员参与决定战略方向的设计工作,而高层管理人员反复向他们灌输一系列价值观念,影响他们的战略行动。一旦计划形成,总经理便起着"指导者"的作用,鼓励每个层次决策者决定执行这一计划的具体细节。

文化型战略是一种旨在消除战略决策者与执行者之间鸿沟的战略指挥艺术。文化型战略认为,现代企业的员工应能充分地参与各个层次的决策管理,企业组织与其参与者存在着共同的目标,这就保证了企业战略实施迅速且风险较少,使企业能够比较平稳地发展。

文化型战略也有其局限性。

(1) 构造企业文化是一项长期、艰巨、细致的系统工程,既需要企业高层管理者的积极倡导、身体力行,也需要广大员工的认同,还需要协调好各方面的利益关系。

(2) 这种战略需要大多数员工的素质较高,实际上许多企业达不到这个标准。

(3) 企业高层管理者往往不愿放弃控制权,从而使其形式化而无实际作用。

5. 增长型战略指挥艺术

增长型战略是通过激励管理人员的创造性和制定实施完善的战略,充分发挥企业内部的潜能,最终使企业实力得到增长。在这种战略中,企业战略不是从最高层自上而下推行,而是从基层经营单位自下而上产生;战略管理是在创造和维持一种良性平衡,即下层经营单位的"自主战略行为"与高层管理控制的"企业战略"之间的平衡;总经理扮演了一个"评判者"的角色,他要为企业总体承担责任,既要评审能达到预期目标的预选战略方案和最终付诸实施的最优方案,对其实施过程进行评审与控制,又要激发企业内部的创新士气,以获得战略的成功。

增长型战略指挥艺术要求解决下述几个认识问题。

(1) 总经理不可能控制所有的重大机会和威胁,有必要给下层管理人员以宽松的环境,激励他们从事有利于企业长期利益的经营决策。

(2) 总经理的信息、认识和判断总是有缺陷的,不可能在任何方面都可以把自己的愿望强加于组织成员。

(3) 总经理只有在依赖下级的情况下,才能正确地制定和实施战略,因为一个稍有逊色但得到人们积极支持的战略,要比那种"最优"的却根本得不到人们热心支持的战略有价值得多。

(4) 企业战略是集体决策的产物,依靠集体智慧和合成信息,靠一个人是很难有所作为的,因此总经理在战略决策过程中要采取一系列措施减少集体决策中的各种不利、妨碍因素,增强群体接受不同观点的能力。

为了使群体决策的风险降到最低限度,通常可以采用三种方法控制战略决策过程:①在一定时期内,强调某一特定战略主题的重点,指导战略决策思路;②提供一定的规划方法,保证人们运用规范化的评价指标来评价企业战略决策的优势;③利用组织的力量来影响战略建议的类型;④建立专门的战略规划或管理部门研究可能会遇到的问题和解决问题的有效办法。

上述五种战略指挥艺术,在判定和实施战略上的侧重点不同。指令型、转化型和合作型更侧重于战略制定,而把战略实施放在较为次要的位置;文化型和增长型则更多地考虑战略实施问题。其中,文化型是在运用大量时间达成一致决策后,迅速进入实施阶段,而增长型是在各种战略方案被它的拥护者提出来时,事实上已经处于实施过程中了。

从实践来看,五种类型的战略指挥艺术并不是相互排斥的,它们只是形式上有所区别。一个稳定发展的企业可能对各种类型的指挥艺术都感兴趣,只不过各有侧重罢了。当然,没有任何一种类型可以运用在所有的企业,这主要取决于企业多种经营的程度、发展变化速度以及目前的企业文化状态等。

7.1.2 管理者与战略实施相匹配

企业战略管理者要行使战略管理职能,除了应具备战略家的观念和能力外,还应具备与企业战略方向相适应的行为特色。企业战略方向不同,对企业战略管理者的领导风格、艺术的要求也不相同,因此企业战略管理者呈现出行为差异。反过来,战略管理者们存在的个体差异也会在制定战略和实施战略的过程中影响他们的各种决策和行为模式。也就是说,企业的战略管理者与战略实施者存在着相互影响的作用,每一种战略方向都有与之相匹配的战略管理者行为模式。

根据西方学者的实证研究,有五种战略管理者行为模式,分别是开拓者、征战者、谨慎者、重效率者和守成者。不同的战略方向选择决定了战略管理者的行为特征的不同。换言之,每种战略方向对战略管理者的素质和行为都有特殊的要求,战略管理者的素质与行为要与其选择的战略方向保持一致,否则将可能遭遇战略失败的风险。

1. 开拓者的行为模式

当企业经营环境特别动荡,面临较为严峻的外部威胁和挑战的时候,企业需要采取创造性的发展行为和出其不意的策略来扭转不利的局面,开辟出一条新的道路。这时候需要由开拓者来承担这一重任。

开拓者的素质特点表现为:非常灵活,不受常规束缚,富有创造性,性格外向,有鉴别力和魄力,容易受环境驱使,极富有主观能动性,思维方式往往很直观,有时候甚至是非理性的思维,有独创性。然而开拓者们过于积极好动的性格有时候会出现蛮干、多疑、性急、偏离常规等特征。

开拓者的行为特征主要表现为喜欢寻求新奇的冒险、善于创造、外向型的工作重心、靠创造和领袖魅力来领导、接受一切未知的变革，他们主要采用的是头脑风暴和风险管理的工作方法。

2. 征战者的行为模式

当企业的外部经营环境比较动荡，同时企业也面临着比较有利的机遇和挑战的时候，需要采取积极的扩张战略，这时候需要由征战者带领企业，针锋相对地夺取市场、大刀阔斧地开辟出新天地。

征战者的素质特点表现为有节制地不遵守常规、具有发展新事物的创造性、性格外向、精力充沛、对情绪有较强的自制力、性情平稳，思维方式表现出理性而不恪守常规的特点。

征战者的行为特征主要有喜欢寻求不平凡的冒险、有创造精神、致力于创业性活动、外向型的工作重心、依赖于严格的协调来领导下属；常采用的工作方法为收益分析、方案分析和德尔菲法；他们对变革的态度是接受间接性变革；征战者成功的模式有多元化经营，即征服竞争者，争取一切机会。

3. 谨慎者的行为模式

当企业的经营环境不太动荡，企业面临的机遇和挑战都不多的时候，企业需要采取持续发展的战略，这时候适于由谨慎者来求稳定、图发展。

谨慎者的素质特点有遵守常规、性格温和、与人为善、善于合作、稳定、守信誉、追求平稳发展、思维方式有条不紊、严肃认真、专一。

谨慎者的行为特征为追求通常的冒险、善于计划、致力于有计划的反应性活动、工作重心放在企业内部和外部平衡点上（既重视外部，又重视内部）、靠目标来领导；工作方式为面对现状并追求最优化；对变革的态度是接受渐进式的变革，成功的模式为致力于扩大市场占有率。

4. 重效率者的行为模式

当企业的经营环境平稳，企业面临的竞争挑战较弱的时候，企业需要采取增加产量求发展的战略，这时候由重效率者来主持大局，可以将企业经营风险降低、成本降低，获得效益。

重效率者的素质特点有教条、死板、重视规章制度、恪守程序、靠外界刺激前进而不是主动出击、思维方式过于理性、不思变革。

重效率者的行为特征有承认通常的冒险、善于组织生产和控制成本、致力于稳定增产和降低产品成本、工作重心放在企业内部、主要依靠奖惩与控制来领导下属、针对当前发生的事情而不是未来将要发生的事，工作方法包括投资分析、作业研究、工艺革新、会计等，对待变革的态度为接受最低限度的变革，成功的模式主要是高效率地生产。

5. 守成者的行为模式

当企业的经营环境相当平稳,市场基本饱和,竞争较弱,既无生存威胁、又很难获得进一步发展时,企业需要采取巩固现有经营状态的战略,由守成者登台,遵守惯例、维持现状、按部就班地追求稳定发展。

守成者的素质特点:驯服、古板、有教养、善于合作、性格稳重、冷静、缺乏主动性和激情、过于理智、缺乏创造能力、遵守惯例、思维方式单一、不善于独立思考和提出疑问、善于接受他人尤其是权威人士的观点。

守成者的行为特征:回避风险、以惯例为行为准则、工作重心放在企业内部、重视指挥和行政命令与监督、常以过去的情况作为参照系而不是着眼于未来,工作方式为发现差错、追究责任、惩罚责任者并警戒他人,成功的模式为在稳定中求生存,将维持现状和保住自己的势力范围视为成功。

将战略管理者的素质特点和行为特征的构成因子进行抽象性的概括和归纳,我们可以从遵从性、社交性、能动性、成功紧迫性、思维方式五个方面来对这五种战略管理者行为模式进行区别和比较,得出战略管理者大致的行为类型及其与企业战略方向的匹配关系。

这是就战略管理者的一般行为特征来分类的,除此之外,战略管理者还必须具有与其企业所经营的行业密切相关的特殊资质,如行业专门性的技术知识、市场知识、管理知识等;战略管理者也要具有与其所主管的部门工作密切相关的特殊资质,如营销知识、会计知识、金融知识等;战略管理者还应当具有强烈的事业心和不断创新进取的企业家精神。以上这些特殊的能力和潜质也都影响着战略管理者的行为特征,从而对企业的战略实施产生很大影响。

7.2 企业文化的内涵及其功能

在不同的领域,历史的积淀培育了丰富多彩的文化,如茶文化、饮食文化、健康文化等。每个时代,文化都作为一种时代精神和民族心理深刻影响着人们的行为和思想。文化在政治、经济以及日常生活中均具有重大的作用和影响,不同文化背景的人有不同的行为准则和处事方式。这种长期积累起来的物的文化和精神文化统治着人们的心灵,指导着人们如何看待事物和自己。

文化也是人性的积累。文化的发展使人们远离愚昧、走近文明,使人与动物的区别越来越明显。先进的文化促进社会的发展,使人们能以越来越科学的眼光看待世界的本质,享受前所未有的美好生活。人类文化宝库中的企业文化,则是企业成长的精神支柱,对企业的发展起着至关重要的作用。

7.2.1 企业文化

1. 企业文化的内涵

何谓企业文化,目前众说纷纭,各执己见。有一类观点仅将企业文化看作企业成员有关企业观念的总和,包括企业价值观、经营观、风气、员工工作态度和责任心等。而另一类观点对企业文化的诠释比以上的观点要宽泛得多,即企业文化是一种经济文化,是通过物质形态表现出来的员工精神状态。这种观点认为,企业文化不仅包括全体员工的价值观,而且包括企业发展中形成的与员工形态相联系的一切文化活动,如企业经营观念、各种规章制度、人力资源运作理念、决策作风、生产方式、行为方式、企业物质环境、职业道德体系等。

企业文化是一种特殊的文化现象,它不应该被无限扩大,也不应该受到局限。我们以为,这样对企业文化进行界定比较合适:企业文化是在企业中为广大员工所遵循的价值观念、行为规范和思维方式的总和。企业文化是在企业成长过程中逐渐形成的,是企业的精神和灵魂。

2. 企业文化理论的产生

就像科学事实在科学诞生前早已存在一样,企业文化无论是在中国还是在国外,也早已存在。但其作为概念和理论,则是美国管理学界在研究比较了东西方成功企业的主要特征,特别是对美日企业做了比较研究后于20世纪90年代初提出的。因此,人们常说企业文化是"源于美国,根在日本"。企业文化是管理实践的沉积,是管理科学发展到一定阶段的产物,是管理理论的又一次革新。企业文化理论的出现,将管理科学带入一个崭新的阶段。

第二次世界大战后,美国企业在行为科学理论和管理科学理论的指导下迅猛发展,劳动生产率得到了极大的提升。利润的大量汇集,使企业界一片兴旺,企业的规模也迅速扩大。很快,美国就成了经济强国。经济的强盛,让其在政治上也出尽风头。但是,20世纪70年代初爆发了可怕的石油危机,美国的许多企业因此受到沉重的打击,竞争力大大削弱,劳动生产率的增长在持续20多年后戛然而止。

然而,作为战败国的日本,不仅令人惊奇地在很短的时间内治愈了战争的创伤,而且在战后的30年里,以每年10%的增长速度赶上并超过了一个个西方发达国家。值得注意的是,20世纪70年代工业发达国家由于石油危机而普遍发生通货膨胀时,日本经济却依然保持快速增长的势头。这种巨大的反差引起了管理学家的思考。研究发现,支撑日本企业迅速发展、免受石油危机冲击的是以下三大法宝:终身雇佣制、年功序列工资制、团队精神。日本企业在管理上推行以人为中心的管理思想,注重职工工作热情的激发,强调全体职工共有价值观念的树立,重视培养员工对企业的忠诚,从而使企业充满了活力、凝聚力和竞争力。这些管理理念和做法促进了日本企业和经济的发展。1970年,美国波士顿大学教授S. M. 戴维斯(S. M. Davis)在《比较管理——组织文化的展望》中,率先提出了组织文化的概念。1971年,德鲁克明确提出"管理也是文化,它不是'无价值观'的科学"。由此,把管理作为一种文化探讨的观念初露端倪。

美国管理界对照日本的经济发展,发现两国在企业管理上的一些差异可能是导致两国企业发展出现如此不同的重要原因。美国人崇尚独立和自主,注重个人发展,强调个人作用,缺乏将个体放在一个群体中思考的习惯。事实上,当个体处于群体中之后,他的行为规律与他独处时是不一样的,会发生巨大的变化。过分强调个人奋斗的精神而忽视其与整体及整体目标的融合,会导致企业整体力量的削弱。而日本企业的成功,可以归因于它们对群体中人的行为规律的把握,归因于它们对群体意识、企业价值观念的重视,即对企业文化建设的重视。由此,管理理论从注重对个体行为研究的传统做法,转向把人放在群体中考虑的做法,开始注重群体中人的行为规律特点。

小思考:

你可以留心一下红灯时路口的骑车者。当有一个人带头闯红灯时,会引起后面守规矩者的张望,当有几个人继续闯红灯时,这些张望的人也会开始犹豫起来,但当闯红灯的人数再增加时,他们会毫不犹豫地加入违规者的队伍。这里告诉我们一个道理,群体人数的增加,会造成群体中成员责任心的减弱。这是一种普遍的心理现象。

请从行为原理角度分析,为什么会有这种现象。

3. 企业文化实践案例

精明的企业家早就注意到不同的企业往往有不同的文化,认识到文化对企业发展前途有着重大的影响,并执着地塑造本企业特有的优秀文化。

20世纪80年代,人们认真分析一大批名列前茅的优秀企业成功的原因时,发现主要是由于其有优秀的企业文化。这些生机勃勃的企业,由于重视企业文化建设而大大得益,尝到了甜头,甚至有的企业完全依靠优秀的企业文化而起死回生。

案例7-1

沃尔玛公司的企业文化

沃尔玛企业文化中崇尚的三个基本原则如下。

第一,"尊重个人"。沃尔玛不只强调尊重顾客,提供一流的服务,而且强调尊重公司的每一个人。在沃尔玛内部,虽然各级职员分工明确,但少有歧视现象。该公司一位前副董事长曾经说,"我们是由具有奉献精神、辛勤工作的普通人组成的群体,来到一起为的是实现杰出的目标。我们虽然有不同的背景、肤色、信仰,但坚信每一个人都应受到尊重和尊严的待遇"。

在沃尔玛公司里，员工是最大的财富，他们有一套特殊的对待员工的政策，不称员工为雇员，而称之为合作者、同事，一线员工可以直接与主管以至总裁对话，而不必担心被报复。员工以佩戴"我们的员工与众不同"的胸牌而自豪，充分体现了沃尔玛的独特营销内涵。

第二，加强团队合作精神，鼓励员工与领导者以及员工之间的沟通。在连锁经营中，老板不可能事事亲力亲为，沃尔顿这位零售业巨子总是把事业的成功归功于公司的同人，他把员工看作公司成功的最重要因素。他说："要和同人分享利润，视同人为伙伴，你们一起工作的成绩将超乎你所能想象的，你的行为要像是一位为合伙人服务的领导者。"要想让员工好好地招呼顾客，就先得好好地招呼他们。

沃尔顿的成功第七法则是这样说的："聆听公司内的每个人的意见，并设法让他们畅所欲言，站在第一线的同人，他们是真正和顾客谈话的人，只有他们才知道发生了什么事，你最好知道他们所知道的事，这是全面管理的真正意义。将权下授，而下情可以上达，让员工将好的构想提出来。"这便是沃尔玛成功的秘诀。

第三，沃尔玛建立良好的培训机制。培训不仅是员工提升能力的途径，也是他们了解公司的一种方法。沃尔玛公司设立培训图书馆，让员工有机会了解新闻资料和其他部门的情况。进入沃尔玛公司后，经过岗位培训，员工对公司的背景、福利制度以及规章制度等都会有更多的了解和体会。沃尔顿这位出色的领导者始终坚信员工是推动企业发展的原动力，并把这个道理传授给沃尔玛现在和未来的经营者，推广至世界各地的沃尔玛。

沃尔顿把这些原则融入他所热爱的事业中，把创新、热情的工作精神注入沃尔玛连锁店，激发每一位员工的热情和创造力，使沃尔玛事业在激烈的竞争中一路领先。

曾有一位经济学家评论说：沃尔玛成功的第一步是通过价格低廉的商品和优质的服务去征服消费者，从而不断扩大规模，并强化自身的规模优势。而其能够成为世界第一大零售商的最关键一步，则是完成对整个连锁网络的整合，通过富有生命力的企业文化和现代化的技术设备，抵消了因规模过大则可能出现的两大问题，即管理成本过高和管理漏洞百出，使沃尔玛总部能够高效地控制整个网络。

资料来源：美国的企业文化特征[EB/OL]. (2023-03-14). https://www. malupang. com/haowen/show-16818905. html.

这样的例子不胜枚举。1982 年，美国两位管理学专家托马斯·J. 彼得斯(Thomas J. Peters)、罗伯特·H. 沃特曼(Robert H. Waterman)在《成功之路——美国最佳管理企业的经验》一书中，认为超群出众的企业是因为它们有一套独特的文化品质。他们说："我们发现几乎所有办得出色的企业总有一两位强有力的领导人"，而这些领导人"所起的真正作用看来是把企业的价值观管理好"，"出色的公司所形成的那套文化，体现了其伟大人物的价值观和他们那一套实际做法，所以在原来的领导人物去世后，人们可以看到这种为大家所共同遵守奉行的价值观还能存续好几十年"。

日本企业的高效率，是因为优秀的日本企业领导人在企业中培育了一种良好的文化品质,特别是树立了员工共同遵守的正确价值观,并且能够把它保持下去。美籍日裔学者威廉·大内(William Ouchi)认为,日本人成功的秘诀,并非技术,而是他们有一套管理人的特殊办法,即把公司的成员同化于公司的意识,养成独特的公司风格。索尼公司创始人盛田昭夫说:"日本公司的成功之道并无任何秘诀和不可与外人言传的公式。不是理论,不是计划,也不是政府政策,而是人,只有人才能使企业获得成功。日本经理的最重要任务是发展与员工之间的健全关系,在公司内建立一种人员亲如一家的感情、一种员工与经理共命运的感情。在日本,最有成就的公司是那些设法在全体员工(美国人称之为工人、经理和股东)之间建立命运与共意识的公司。"日本企业依靠企业文化而获得成功,这已是公认的事实。

案例7-2

充分尊重个人,公平合理授权

进入本田公司,无论是高级干部还是一般职工均以"先生"相称,而不是以职务相称。公司董事没有个人单独的办公室,而是采取同用一个大房间的"董事同室办公制度"。

宗一郎的语录"为自己工作"是这种尊重个人精神的高度概括。他告诫职工不要考虑向公司宣誓忠诚,而是要为自己工作;在本田这种尊重人的精神到处可见,人员安排、调动贯彻"自我申请制"是这种精神的体现之一。

本田既无官僚色彩,也不存在派系和宗派主义,职工可以轻松愉快地工作。高级干部到50岁就为后来的年轻人让位,最大限度地尊重年轻职员。力戒害怕失败的谨小慎微作风,按照本田的说法是不工作才不失误。在对本田职工进行的一项关于"本田精神的核心是什么"的问卷调查中,回答顺序分别是独创性、要为自己工作、人尽其才、不要怕失败。

资料来源:企业文化案例导读(九)——本田公司[EB/OL].(2017-08-29).https://www.sohu.com/a/168034818_802585.

我国青岛海尔集团用"海尔文化激活'休克鱼'"的实践,说明了企业文化的巨大威力,引起了世界的关注。美国哈佛大学把它写成案例,编入MBA"企业文化与企业发展"这门课程的教材。

海尔集团创始人张瑞敏提出了"休克鱼"概念,在实施兼并战略中大显神威。所谓"休克鱼",不是活鱼,也不是死鱼,而是处于"休克"状态的鱼,即一些硬件比较好而软件不行的企业。张瑞敏认为,"休克鱼"问题说到底是文化问题,你要激活它,就首先要激活人!一个企业,如果所有的职工都积极行动起来,心往一处想,劲往一处使,这样的企业是不可能做不好的。张瑞敏说:"海尔能够发展到今天,概括起来讲就是两点,内有企业文化,外有企业创新。我们自己内部的企业文化就是能够不断地使所有的人都认同。"现在的中国企业、职工最需要的是什么?他认为是公平公正的观念,是平等竞争的环境。如果提供了这种文化氛围,满足了这种需要,就能调动起职工的积极性。

案例7-3

海尔企业文化

1. 海尔文化是人的文化

康德提出:人是目的,不是工具。每个人都向往自由、平等和自我价值的实现。海尔认为,企业文化的核心是人的问题,企业能否长久保持生机和活力的关键在人,必须让员工成为创业的主体。在海尔,文化不是一种工具,变成了一种精神。

一般企业是通过方法让员工认同文化,海尔则提倡员工参与到企业文化建设中来,从被动方变为主动参与方。

2. 海尔文化是应变文化

海尔文化本身是一种应变的文化,具体讲,就是一整套随着时代发展和企业自身发展相适应的观念体系。

海尔文化价值观是随着时代的变化不断演变的。张瑞敏曾说过,没有成功的企业,只有时代的企业。海尔的价值观也体现了这一点。以海尔的创新文化为例,它在每个时期有不同的内涵,早期海尔的创新是克服困难解决问题,如今海尔提出开放式创新,所有人都可以参与进来,形成一个生态系统。所以说,海尔文化是动态的,是不断优化的。

尽管如此,海尔的价值观的主线不变。海尔创业于1984年,成长在改革开放的时代浪潮中。30年来,海尔始终以创造用户价值为目标。

一路创业创新,历经名牌战略、多元化发展战略、国际化战略、全球化品牌战略四个发展阶段,目前已进入第五个发展阶段——网络化战略阶段,海尔目前已发展为全球白色家电第一品牌。

资料来源:企业文化案例导读(七)——海尔企业文化[EB/OL].(2017-08-15).https://www.sohu.com/a/164938793_802585.

7.2.2 企业文化的功能

企业文化作为社会文化的亚文化,对企业、企业内部员工及整个社会都会产生影响和发挥作用,这就是企业文化的功能。根据国内外许多学者对企业文化的功能的概括,我们把它归纳为八个方面。

1. 振兴企业,改善管理

通过建设优秀的企业文化,使企业保持优势、形成特色、持续发展,在竞争中长期立于不败之地。这是被国内外许多企业的实践经验所证明的真理,也是企业文化具有振兴功能的表现。

企业文化之所以具备振兴功能,在于文化相对于经济具有独立性,即文化不仅反映经济,而且反作用于经济,在一定条件下成为经济发展的先导。但是,企业文化引导企业经济发展的效果,有一个时间上的积累过程,不能简单地理解为今天抓企业文化,企业经济效益就高;明天不抓企业文化,企业经济效益就低。

然而,持之以恒抓企业文化,必然会产生企业经济振兴的效果。从这个角度来看,企业文化的"适应与指导经济说"是能够成立的。

企业文化的振兴功能,不仅表现为振兴企业的经济,也表现为振兴企业的教育、科学以及整个企业的文明状态。所有这些振兴功能,是在企业文化系统和其他系统发生复杂的相互作用的情况下,共同显示出来的效果。因此,如果说振兴只是企业文化唯一发挥功能的结果,往往容易引起争议,但如果说企业文化有振兴功能,则是没有疑义的。

企业文化建设,归根到底是为了推动企业的发展。通过文化教育活动,提高企业员工的整体素质,形成一系列为广大员工认可的群体意识、价值观念、道德准则、行为规范等。

企业文化使企业经营管理更具有深刻的思想性、丰富的人情味、鲜明的时代特色和人文精神。

企业文化对企业的振兴和对企业管理的改善功能,主要体现在以下几方面。

(1) 推动企业管理的重点转向以人为中心的现代化管理,以多种形式来鼓舞人的情感,平衡人的心理,维系人的忠诚,激发人的智慧,调动人的积极性,挖掘人的内在潜力。

(2) 培育企业精神,使之成为企业员工的共识,引导和规范员工的行为,增强企业的向心力和亲和力。

(3) 建立"软硬结合"、以"软"管理、"软"约束为核心的企业管理结构和管理模式,充分发挥员工的潜能和积极性,实现企业管理功能的整体优化。

(4) 培育企业个性,树立良好的企业形象,实施企业名牌战略,不断开拓市场,提高企业的核心竞争力。

(5) 在企业的生产、经营、管理过程中,促进企业的宏观管理和员工的自我管理相结合,形成一种文化管理模式。

(6) 调整管理组织,改革管理制度,培养管理人才,形成良好的企业人文环境。

通过企业文化营造,提高管理绩效,其载体有多方面,包括潜移默化的影响、与管理方法及管理手段的结合、向管理职能的渗透等。同时也要注意,一种不合时宜、顽固落后的企业文化也会阻碍有效管理。

案例7-4

终极信任之道

我们应力戒走入两种管理模式的极端:一种是"铁腕手段",另一种是"放牛吃草"。前者会让主管丢失民心,后者又有在一夕之间垮台之虞。这个平衡点确实很难把握,但若遵循一定的法则,就能将"误闯雷区"的概率降到最低。要做到这一点,就必须做到以下几个方面。

(1) 讲求实效:公司的创办宗旨绝不可等闲视之,更不容许有丝毫的折扣。

(2) 操守无虞:想要建立口碑,就不能是个"讲归讲,做归做"的伪君子。

(3) 关怀部属:员工不是机器,必须每日"灌溉"你的爱心。

而要落实这些崇高的理想,繁重的"基本学风"不可缺少,其包括以下几点。

(1) 领导统御:强将手下无弱兵,但若缺乏严谨的职业培训,什么都是空谈。

(2) 企业组织:要是不能彻底改头换面,光是包袱就会使主管喘不过气来。

(3) 企业文化:要想长治久安,塑造独有的"公司文化"势在必行。

2. 目标导向,全面发展

一般地说,任何文化都是一种价值取向,规定着人们所追求的目标,具有导向的功能。如果把经济比喻为"列车",把科学技术比喻为纵横交错、四通八达的"铁路网络",那么文化就可以比喻为"扳道指示器"。没有铁路,列车就不能运行;没有科学技术,经济就不可能发展。没有列车和铁路网络,扳道工是无所作为的;但在具备铁路网络和列车的基础上,文化"扳道指示器"却规定着经济"列车"在哪条道上奔驰。

回顾历史,同样是火药,西方用它来炸山开矿,中国却用它来做爆竹敬神;同样是罗盘针,西方用它航海,中国却用它来看风水,这是资本主义文化和封建主义文化各自发挥其导向功能的结果。

特别地说,企业文化是一个企业的价值取向,规定着企业所追求的目标。卓越的企业文化,规定着企业崇高的理想和追求,总是引导企业去主动适应健康的、先进的、有发展前途的社会需求,从而把企业导向胜利。拙劣的企业文化,使企业鼠目寸光,总是引导企业去迎合不健康的、落后的、没有发展前途的需求,最终使企业破产。

企业文化对企业员工的思想、意识和行为有导向功能,对企业员工的心理、价值、思想和行为的取向起引导作用,而且对形成整个企业的价值观和目标起导向作用。

企业文化的导向功能具体体现在:第一,明确企业的行动目标;第二,规定企业的价值取向;第三,建立企业的规章制度。实现企业文化的目标,强调企业和人的全面发展。

案例7-5

谷歌的"四化"企业文化

(1) 办公环境亲人化。谷歌办公楼随处散落着健身设施、按摩椅、台球桌、帐篷等有趣的东西。整个办公空间采用了不同的色调搭配,明亮鲜活。这些都让人感到轻松自在。除此之外,每名新员工都将得到100美元,用于装饰办公室,可以在自己的办公室中"恣意妄为"。这才叫我的地盘我做主,好的办公环境就是要激发人的效能,只有让人感到舒适,才会产生更好的创意和想法。

(2)人员自由流动化。从创立之初,谷歌就规定管理层不能限制员工在公司内部自由流动,员工可以自由到一个新的部门做自己喜欢的事情。"一个想法有人支持就可以去做",这种宽松的政策和环境使谷歌地图等深受用户好评的产品诞生成为可能。

(3)20%时间私有化。谷歌允许每位工程师拥有20%的自由支配时间。这也是谷歌深以为傲的地方。这是公认的一个谷歌小秘诀。谷歌的企业文化魅力是鼓励创新,即使每项工程都要有计划、有组织地实施,公司还是决定留给每位工程师20%的私有时间,让他们去做自己认为更重要的事情。许多好项目都源自这20%的时间。

(4)内部沟通扁平化。谷歌公司人人平等,管理职位更多的是强调服务,工程师们受到更多尊敬。每个人距离总裁的级别可能不超过3级,不仅可公平享受办公空间,更具备零距离接触高层反馈意见的机会。每逢周五,谷歌的两位创始人以及首席执行官都会与员工们共进午餐,以满足员工提出的种种"非分"要求。一般情况,两位创始人都会满足员工们的过分要求。

可见,谷歌的文化光芒是人性,充分尊重人性,道法自然,结果自然是吸引和留住更多人才,创造出顶尖的技术,持续通过伟大的商业模式获得最高价值收益,持续成为互联网世界最有价值品牌。

资料来源:企业文化案例分析[EB/OL].(2020-06-22).https://zhuanlan.zhihu.com/p/149896579.

3. 注重协调,发展文明

企业文化能够协调企业与社会的关系,使社会与企业和谐一致。因为无论中国或外国的企业文化,其精神内容都是要使企业自觉地为社会服务。具体地说,通过文化建设,企业尽可能调整自己,以便适应公众的情绪,满足顾客不断变化的需要,跟上政府新法规的实施。这样,企业与社会之间就不会出现裂痕,即使出现了也会很快弥合。

企业之间存在着极其剧烈的竞争关系,不管竞争怎样剧烈,客观上企业之间有或多或少的依赖关系,如甲企业可能是乙企业的用户,乙企业又可能是丙企业的用户等。这种既竞争又依存的关系,随着条件的变化,有的时候竞争显得很突出,另一些时候相互依存显得很突出。这种情况,不会因企业文化的发展而消失。但是企业文化的发展,却给竞争加上了必须"文明"的限制,这样,即使两个竞争关系特别突出的企业,也不致发生"过火的""越轨的"行为。这也是企业文化协调功能的一种表现。

企业文化具有对人际关系的润滑作用。企业群体活动总是在互相联系、互相信赖、协作的氛围中进行的。企业文化所具有的共同价值观念,在员工之间起润滑剂作用,使企业员工具有共同信念、共同价值取向;步调一致,才有利于化解矛盾、减少摩擦、互通信息、互相体谅、密切合作,建立良好的人际关系,形成团结和谐的气氛。

企业文化建设,可以促进企业物质文明和精神文明协调发展。企业文化建设与精神文明建设紧密结合,实质上也是企业文化本质的必然要求。企业文化作为以文明取胜的群体竞争意识,文明是它的本质,它不可能脱离物质文明和精神文明而独立生长。企业文化的本质是文明,文明的本质是自然物质与崇高精神的结合。

企业文化作为以文明取胜的群体竞争意识,其实也是物质资料与正确思想的结合。因此,把企业文化归属于精神文明,把企业文化建设纳入精神文明建设的轨道,使企业文化建设与精神文明建设紧密地结合起来进行,完全符合企业文化的本质特点。当然,正如物质文明与精神文明要一起抓、两手都要硬一样,在把企业文化建设纳入精神文明建设轨道的时候,也要重视企业文化的物质载体,不能提高企业经营业绩和经济效益的企业文化是没有生命力的。企业文化通过各种方式潜移默化地影响企业员工的思想和行为,它结合精神文明战略目标和企业作为社会经济细胞的特点,把企业内部的文明建设同整个社会的文明建设衔接起来,从而提升其文明程度。

4. 凝聚人心,向心合力

企业文化可以增强企业的凝聚力、向心力。这是因为企业文化有同化作用、规范作用和融合作用。这三种作用的综合效果,就是企业文化的凝聚功能。

从形式来看,同一个企业内的员工,总是聚集在一起的。但是传统的管理理论把企业和员工的相互利用关系,作为管理工作的出发点与归宿。例如,行为科学理论研究员工的各种需要,建议企业千方百计去满足这些需要;条件是员工必须为企业卖力干活,至于员工的目标和企业的目标是否一致、各个员工之间的目标是否一致,则不大过问,至少不认为它是一个重要问题。企业文化理论则不然,它把个人目标同化于企业目标,把建立共享的价值观当成管理的首要任务,从而坚持对员工的理想追求进行引导。企业文化的这种同化作用,使企业不再是一个因相互利用而聚集起来的群体,而是一个由具有共同价值观念、精神状态、理想追求的人凝聚起来的联合体。

企业文化中的共有价值观念,一旦发育成长到习俗化的程度,就会像其他文化形式一样产生强制性的规范作用。进入一个共有价值观已经习俗化的企业,就非得认同那种价值观不可。企业文化的强制性规范作用,大大加强了一个企业的内部凝聚力。

但是,文化强制与规章制度强制是不同的。对于本文化圈内的人来说,一点也不会感到文化强制的力量,他们总是极其自然地与文化所要求的行为和思想模式保持一致。对于从外面进入文化圈的人来说,确实会感到文化强制的巨大力量。但是,与直接文化强制不同,间接文化强制并无具体的强制执行者,而是新来者自己感到不习惯和不自然。如果新来者决心在这个文化圈待下去,那么他很容易找到"老师"和模仿对象,会感到有一只看不见的手拉着他朝一个既定的目标前进;经过一段时间积累之后,新来者会完全融合到这个文化中去。这就是文化的融合作用。企业文化的规范作用是一种间接文化强制,因而也是一股潜移默化的力量,它对于异质文化的"入侵",能够产生极强的融合作用,从而显示出凝聚功能,具体表现如下。

(1) 企业文化通过对员工的习惯、知觉、信念、动机、期望等微妙的文化心理沟通,使员工树立以企业为中心的共同理想、信念、目标、追求和价值观念,产生一种强烈的向心力。

（2）企业文化能够通过改变员工的思想和态度，把一个企业的宗旨、理念、目标和利益植入员工内心深处，使员工对企业产生认同感、使命感、归属感和自豪感，并自觉付诸行动。

（3）企业文化能够产生强烈的团队精神，把员工团结在一起，同心同德，齐心协力，共谋企业的发展，使企业发挥巨大的整体优势。

当一个企业中的个体之间关系融洽、心情舒畅、沟通顺畅、目标一致时，整体便显现出强烈的凝聚力和向心力。

 小知识

试论企业精神及其培育

磁铁和普通铁块都是由铁原子构成的，但为什么磁铁产生磁性？其原因在于磁铁中的铁原子是以规则的方式排列着，形成了共同的极性，使之具有吸引力；而普通铁块中的铁原子排列杂乱无章，结果每个原子的极性，都被彼此之间的冲突"内耗"掉了，无法形成共同的极性，因而在整体上也就失去了吸引力。一个团体、一个企业也是这样，只有全体成员具有共同的理想追求和价值取向，才能防止"内耗"，形成"凝聚力"。重视培育和发扬企业精神，是社会主义企业精神文明建设的重要内容，也是精神文明建设与物质文明建设的重要结合点。倡导积极向上的企业精神，又是发展社会主义市场经济的需要。好的企业精神在企业转换经营机制、建立现代企业制度的过程中，起着凝聚人心、激励斗志、弘扬正气、鼓励竞争、优化环境等作用，它通过提高员工队伍整体素质，优化企业内部结构和外部环境，促进企业走向市场。企业精神，是一种群体精神，是一种良好的精神状态和高尚的精神境界，它先是在企业的某些个体身上集中表现出来，之后扩展到整个企业；企业精神又是企业文化的核心内涵，是在正确价值观念体系的滋养之下，长期优化而形成的企业员工的群体意识；企业精神从本质来说，也是企业物质生产和经营活动高度发展的产物。企业精神具有这样一些特点：它必须具有"精神"的内涵；必须符合本企业的特色；必须用简洁、凝练的语言来表述；必须以一定的企业文化为载体；必须在企业中有广泛的代表性。企业精神一旦形成，便会对企业的物质文明建设产生影响，或者阻碍，或者推动其发展。企业精神的形成，需要长期的精心培育，这个过程大致分为酝酿产生、概括提炼、弘扬发展三个阶段。培育企业精神，要有正确的理论指导，还应当注意几个方面的问题：一是企业必须有一个团结、稳定的领导集体；二是企业要努力创造好的经济效益和社会效益；三是企业要有良好的文化氛围。

5. 美化环境，优化生活

西方传统管理理论的一个基本前提就是把生活与工作截然分开，认为生活是人们所向往的，工作不过是生活的手段；要调动员工的工作积极性，就应该多付钱让员工改善生活；家是生活的场所，企业则是工作的场所；生活是美的享受，工作则是苦的支出。这也可以说是第二次世界大战以前绝大多数人的看法。

企业文化的理论前提则不然,它力求把员工的生活和工作统一起来。它不仅把企业当作工作场所来对待,而且也将其当作生活区域来营造;不仅把工作当作谋生手段,而且尽可能发掘工作本身的意义,使之成为职工所愿意、所喜欢从事的活动。在那些企业文化做得好的企业里,工作本身成了激励因素,员工觉得"工作是美丽的";工作环境如同生活环境,"春有花,夏有荫,秋有香,冬有绿",在厂里如同在家里,有时甚至比在家里还舒服。

企业文化没有否认"美是生活",还补充了"美是工作":是员工所愿意、所喜欢的活动,是使员工自我价值得以实现的活动,是社会意义极其重大的活动。企业文化不仅把工作场所、工作环境美化了,而且把工作本身美化了,这就是企业文化的美化功能。

而且,企业文化对优化员工的生活质量也起作用,优秀的企业文化,尊重员工的人格,让员工分享企业的成功,使员工的生活得以改善、生活质量得以提高。

小知识

环顾我们周围,仍有不少企业漠视人与自然的伦理关系。在它们"人定胜天"的经营哲学之下,企业内的环境似乎不关己事,反正利润挂帅才是真理。因此,企业垃圾无止境地增加,方便、成本低且用完即丢的塑料制品四处可见,为会议准备的塑料泡沫餐盒堆积如山,再生纸的配合使用意愿低落,废纸的回收遥遥无期。

其实,基于"伦理为上"的经营理念,将环保观念落实在工作生活的流程中是有必要的。鉴于此,我们以为下列几项原则值得广为进行。

(1) 实施对员工的环保教育,加深人与自然的伦理关系。
(2) 推广使用再生纸,配合设立废纸回收桶,落实资源回收再生的观念。
(3) 推行垃圾减量的措施,譬如,禁止使用塑胶袋与塑料泡沫制品。
(4) 随手关水关灯,减少能源浪费。

以上几项原则,并不能够涵盖一切,在此提出,是为了重建人与自然和平相处的健康生态环境。只要我们愿意改变一些工作生活习惯,那么,不久的将来,美好的生态环境又会回到我们的身边。

6. 教化激励,培育人才

文化具有教化和培育人的功能。"教"为教育,"化"为感化。精神文化在哺育人方面,具有全面覆盖性、浓缩集中性、外在内化性的优点。

企业文化的教化功能具体体现在:①统领员工奉行卓越独特的企业精神;②引导员工树立协调一致的群体意识;③感化员工养成助人助己的社会责任感;④培养员工构筑知礼仪、重修养、守公德的操行。

企业文化对员工的激励功能体现在信任鼓励、关心鼓励、奖励激励、宣泄激励等方面。企业文化具有激励和培育人的功能,它的种子要素的成长发育过程,实际上也是员工的精神境界、文明道德素养得以提高的过程。非常重视企业文化的松下幸之助经常对员工说："如果人家问你，你们公司生产什么？你应回答说，'松下电器公司是造就人才的，也是生产电器产品的，但首先是造就人才的。'"松下电器公司依靠企业文化，确实造就了不少人才，确证了企业文化的育人功能。

西方管理中的行为科学，比较重视人的研究，但主要研究如何适应人的需要，很少或完全不研究如何提高人的素质，这也是它和企业文化学的一个主要差别。

7. 道德约束，制度控制

企业文化的约束功能是通过制度文化和道德规范而发生作用的。约束的目的在于使人的行为不偏离组织的方向。约束可分为以下两种。

（1）"刚性"约束。在规章制度面前人人平等，直接要求员工该做什么和不能做什么，形成批评、警告、罚款、降薪、降职、解雇等制度，规范员工的行为，以利企业的发展。

（2）"柔性"约束。员工必须遵守企业道德、职业道德和社会公德，注意社会舆论。企业文化建设通过微妙的文化渗透和企业精神的感染，形成一种无形的、理性的、韧性的约束。"刚性"约束给人以紧张、不安感，形成压力；而"柔性"约束重在启迪心灵、提升境界、追求完美的心理，两者相辅相成，不可或缺。

企业文化的约束功能不仅体现在对员工的约束上，也体现在对企业本身的约束上。"不以规矩，不能成方圆。"企业本身也要受到多方面的约束，一个企业形成了优良的企业文化体系，就应该维护和坚持。但如果出现病态的、畸形的"企业文化"，就会起负面的制约作用。

企业文化的控制功能主要体现为员工的自我控制和规章制度的控制，企业形成共享价值观和一定的规章制度与道德风尚后，约定俗成或潜移默化地影响和控制着员工的行为，企业的整体形象也应根据具体情况适时调控。

小知识

建立现代企业制度是一项牵涉面广的巨大社会系统工程，需要与之相适应的各项配套改革和与之相默契的观念变革与创新。及时建立起一种与之相适应的现代企业文化则是现代企业制度中必不可少的文化系统工程。市场经济对整个社会伦理道德的要求是与现代企业文化的基本精神相通的。现代企业文化在思想文化建设方面所采用的双向性、诱导性、渗透性、渐进性的情感型教育方式与形态，较好地适应了市场经济新形势对现代企业高层次精神文明建设的需求，是一种已经被实践证明有效的精神文明建设方式和管理方式。要建立起一种与现代企业制度相适应的新型现代企业文化，应抓好三方面的工作：一是确立企业文化建设的"以人为本"和"中国特色"的指导方针。二是塑造新型的社会价值观念体系。三是探索新的思维方式和方法途径，它包括五方面的内容：其一是"中西合璧"；其二是"古今汇融",即把古典文化中的管理思想同当代的共产主义、社会主义等思想信仰结合起来;其三是"共个并举",即应体现企业文化的共性与特色,又有自己的创造和风格;其四是"雅俗共赏";其五是"软硬兼施",即既要注重文化基础设施等"硬件"建设,同时又要重视企业精神等"软件"建设。现代化的国际性企业,不仅要有雄厚的经济实力,而且要有丰富的文化财富与资源。因此,建立有中国特色的新型企业文化是建立现代企业制度的关键环节。

8. 服务公众,辐射社会

企业通过自己的产品和服务满足社会公众的需求,包括物质需求、文化需求和心理需求等,其中企业文化起着重要的作用。企业文化是社会文化的重要组成部分,而且企业文化中体现的企业员工心中蕴藏的积极的价值观、先进的道德意识、高尚的精神境界,以及在企业生产经营过程中的创新观点和方法,会渗透到整个社会中,从而对社会文化的变革产生影响。企业文化的辐射功能体现在多种途径。

(1) 产品辐射。通过产品这种物质载体向社会展示满足社会需求的功能。

(2) 软件辐射。把先进的企业精神、企业价值观、企业道德向社会扩散形成某种共识。

(3) 人员辐射。通过企业员工的思想行为、参政议政活动而影响社会公众。

(4) 观念辐射。在企业价值观形成与传播的过程中,逐步影响社会文化理念的发展与变革。

企业文化理念,由于它的优秀性、正确性、高度概括性、独特个性,一旦定型并经企业认同、执行和传播,就可能发挥较大的社会效益,就会先在企业内部和相关环境中传播,而后向社会辐射。"IBM 是最佳服务的象征",IBM 公司的这一经营理念,在 IBM 公司的经营实践中取得了巨大成功,由于其代表了当今世界以消费者为导向的企业经营观念和经营思想,因此,这一理念以强大的冲击力和感染力辐射到了全球,并且成了许多成功企业刻意追求的目标。

7.3 经营道德是企业文化之魂

信息是财富,知识是力量,经济是颜面,道德是灵魂。社会主义市场经济必须以高尚的经营道德为灵魂,才能实施可持续发展战略。企业、国家或地区之间的竞争从形式来看似乎是经济的竞争,而实质是产品与科技的竞争,但归根结底是经营者素质和企业文化之间的竞争。企业持续竞争力的背后是企业文化力在起推动作用,成功的企业必然有卓越的企业文化。"没有强大的企业文化,即价值观和哲学信仰,再高明的经营战略也无法成功。企业文化是企业生存的前提,发展的动力,行为的准则,成功的核心。"而经营道德则是企业文化之魂。

7.3.1 诚信在企业经营中的重要作用

经营道德是在商品经济和商业经营实践中产生的,在历史上许多脍炙人口的"生意经"中都有着充分的体现,诸如"经营信为本,买卖礼为先""诚招天下客,誉从信中来""忠厚不赔本,刻薄不赚钱"等都包含着"信、礼、诚"等内容。中国传统的经营中渗透着浓厚的文化色彩。诚信为本,顾客盈门,和谐的人际关系是企业文化之精髓。人无信则不立,店无信则不兴。真、善、美是多么令人向往的字眼!而"真"位居其首,它是道德的基石,科学的本质,真理的追求。诚信对做人来讲是人格,对企业而言是信誉。

人格就是力量,信誉则是无价之宝。没有灵魂的精神,没有道德的才智,没有善行的聪明,虽说也产生一定的影响,但那只能导致坏的结果。高尚品质的人一旦和坚定的信念融为一体,诚信的理念与企业的经营目标结合在一起,那么企业文化的力量就势不可挡。如果说市场是舞台,企业是演员,那么人才就是导演。特别是以人为本的经营理念,日益深入人心。以人为本的管理核心就是对人心和人性的管理,以蒙牛为例,成立3年多的时间,在无资金,无市场,无工厂的"三无"条件下,几乎一夜之间成为全国知名的乳品企业,其发展速度令人刮目相看!蒙牛2002年以1 947.31%的高速成长赢得了当代经理人"二〇〇二年中成长企业100强"的冠军殊荣,跃升为中国乳业第五名。这与蒙牛企业文化建设中的"以德经商"密不可分。蒙牛经营理念的核心是注重人格的塑造,这也是企业文化建设的主线和灵魂。例如,在用人方面坚持"有德有才,破格录用;有德无才,培养使用;有才无德,限制录用;无德无才,坚决不用"。在产品质量方面坚持"产品=人品""质量=生命"的理念。道德人格是社会整体文化的基石,经营道德是企业文化之魂。以德治企,崇道德,尚伦理,讲人格,守信誉,不仅是一种良好的职业道德修养,而且也是精神文明的主要表现。"要想客盈门,诚信来待人。"只有不断加强企业经营者的道德修养,为顾客提供优质产品和良好的服务,才能获财货之利。经营者要以德经商,以信为本,诚招天下客,誉从信中来,青山似信誉,绿水如财源,只有山清才能水秀,只有源远才能流长。

7.3.2 当前市场经济中的诚信危机

目前,企业经济形势喜人,经营道德与经济信用急人!企业获利无可厚非,但是如何获利不但涉及经营战略、管理技巧、内外环境,而且涉及企业奉行的经营道德观念、行为准则等。在市场竞争中,如果企业只以自身的利益为唯一目标,唯利是图而放弃了经营道德与商业信用,甚至进行不正当竞争、假冒伪劣、坑蒙拐骗、违约毁约、偷税漏税、逃避债务等失信行为,严重扰乱经济秩序,市场经济也就成了一个先天不足的畸形儿。

经营道德、经济信用、社会信用、政府信用、国际信用这些都是环环相扣、互为因果、相互影响的。经营道德的沦丧、经济信用的丧失必然导致社会信用的下降,社会信用的下降又必然导致国际信用的危机,在对外贸易中丧失人格国格,直接影响我国对外开放和改革。

7.3.3 重塑诚信经营

共同营造诚信氛围,重塑企业文化之魂,已是摆在国人面前的一个严峻的课题。诚信的社会氛围、规范的市场经济、高尚的经营道德建设需要一个过程。心态的调整、道德的重塑、正义的回归、法制的完备才是正道。为此特提如下对策。

(1) 在全社会要树立道德意识,呼唤良知,倡导诚信。社会主义市场经济要体现物的价值与人的价值的全面发展,不能容许"物的世界增值与人的世界贬值"形成强大反差。市场经济不仅是法制经济,而且是德治经济。孔子曰:"道之以政,齐之以刑,民免而无耻。道之以德,齐之以礼,有耻且格。"意思是以道德教化维护统治,要比用刑罚更能得到老百姓的拥护。道德不仅是立法的前提,还是执法的基础,更是守法的条件。可以说法治是德治的升华,德治是法治的基础和思想前提。二者如车之两轮、鸟之双翼。

"以法彰德"与"以德辅法"相结合,以德化人,凝聚众力,事业发达,企业兴旺,社会也会长治久安。

(2) 要继承和弘扬中华民族的传统美德和优秀文化。中国是一个有 5 000 年历史的传统古国。千百年来,彰善惩恶、扶正祛邪、激浊扬清、见义勇为是我们中华民族的优良传统。"德治"在中国具有深厚的社会基础,给每个家庭和民众都留下了深深的烙印。中国的儒家学说也提出了德治者的自身道德:"身教重于言教。"孔子曰:"为政以德,譬如北辰,居其所而众星共之。"又曰:"其身正,不令而行;其身不正,虽令不从。"同时对社交关系也有许多至今仍旧闪烁着光辉的道德哲理:"有朋自远方来,不亦乐乎""与朋友交而不信乎""人之相识,贵在相知,人之相知,贵在知心"……在商业、贸易、交友、治家、修身等方面,儒家思想都闪烁着道德的光辉。这说明"德治"理论在中国大地上推行数千年,已建立起深厚的社会基础和强大的社会背景,我们要古为今用,博采众长,激浊扬清。传承传统文化之精华,从教育入手,个人、家庭、社区、企业、社会要树立伦理道德观念,从每个人做起,从基层做起,逐步巩固和发展壮大。

人们应学会这样一个道理:保护自己权利的前提是关心别人的权益和权利,关心别人就等于关心自己;全社会人人都关心别人,就没有人不关心自己,这样才能从根本上实现保护自己的权利和利益的目的。否则,总会有人的利益遭到损害,利益被损害的人再去损害别人的利益,全社会就会变得一团糟。在自由市场买东西,讨价还价现象甚为常见,现在买东西对卖方的要价不是拦腰一刀,而是从脚脖子砍一刀。倘若让顾客在买东西时总有一种被欺骗的感觉,有受辱之感,这能做好生意吗?

自发诚实经营是一种谋略,实际上也是市场规则的必然要求,要成就大业、长期经营,就必须诚实和注重信誉。作为消费者,我真心呼吁大家:道德法律,人生经纬,诚信社会,从我做起。关心别人就是关心自己!

（3）要建立公平合理的利益分配机制和社会保障体制。鼓励一部分人和一部分地区先富起来，但重要的前提是"诚实劳动"与"合法经营"。不能"近水楼台先得月"，要给公民以平等待遇。否则，人们的良知就会扭曲，理想和信念就会崩溃。心理不平衡，久而久之好人也会变坏，社会风气不良，企业就无法形成良好的道德环境和文化氛围。

（4）在法制方面要实行依法治国，加强法制建设，把部分道德戒律法律化，强化约束监督机制。司法腐败是最大的腐败，这如同竞技场上的比赛一样，如果游戏规则与裁判出了问题，公平也就荡然无存，无从谈起。创诚信难，守诚信更难，因此政府及有关部门必须依法行政，规范市场，强化监督，严肃法纪，严格执法。

此外，在营造诚信社会氛围、建设企业经营道德的过程中还要充分发挥"道德法庭"的作用。加强舆论监督的力度，让不法行为曝光，让"缺德经济"如同过街老鼠——人人喊打，千夫共指，不病自死！

最后，从企业自身来讲，应内强素质、外树形象。诚信是一切社会的永恒美德，也是企业经营理念的核心。诚实守信是企业立命之本、文化之魂。目前，许多企业为构建持久竞争优势，在实践中加强信用制度建设。例如北京长安商场构建的"诚信工程"，倡导"铸诚信魂，兴诚信风，务诚信实，育诚信人"，树立了良好的企业形象。企业作为市场经济的主体，应摆脱经营道德危机、信用失范，从我做起，从现在做起，在遵纪守法、产品质量、借贷守约、经营业绩方面加强自律。尤其企业领导的品格对企业诚信文化和企业信用的建设影响极大。诸葛亮有言："屋漏在下，止之在上；上漏不止，下不可居矣。"领导是建设企业诚信文化、塑造企业良好形象的关键因素。因此企业领导应该注重自身职业道德的修炼，身体力行，率先垂范，做品质优秀的人，做道德高尚的事。塑造诚信企业形象，必须在企业内部大力倡导和实践诚信经营的道德规范，深入开展诚信教育活动，把"明礼诚信"作为企业的基本行为准则，努力形成讲信用、重合同、守信誉、比奉献的良好职业道德风尚，让职工感受到：人格有人敬，成绩有人颂，诚信有人铸，信誉有人护。在具有良好企业形象的企业内工作，诚实守信，关系融洽，心情愉悦，氛围温馨，职工会士气高昂，待得安心，学得用心，干得舒心。企业的一切经营活动，最终都是依靠全体员工共同努力实现的，塑造诚信企业形象必须造就一支高素质的企业员工队伍。企业不但要持续提升员工诚实守信的道德素质，更要激励广大员工勤奋学习科学知识，精通专业技能，保证企业以优质的商品和卓越的服务取信于民。顾客和企业，共惠解难题，顾客是上帝，信赖成朋友，金奖、银奖不如顾客的夸奖；金杯、银杯不如消费者的口碑。消费者的满意度、忠诚度、美誉度是企业的生存之本。

7.4 企业文化与职工合理化建议

企业文化是企业的人格化，是企业成员思想行为的精华，它只有在大部分员工认同的基础上才会有效，因此企业文化建设应该贯彻全员参加的原则，使企业文化具有坚实的群众基础，只有贯穿"从群众中来，到群众中去"的群众路线，才能在职工认同企业文化的基础上转化为全体员工的思想意识和自觉行动。凝聚和激励是企业文化的重要功能，为了实现这种功能，在企业文化建设中广开思路、虚心纳谏，鼓励职工提合理化建议是一条重要的途径。

7.4.1 职工合理化建议在企业管理的作用

1. 创意策划，集思广益

企业要经营，策划是引擎，主意诚可贵，思维价更高。智能策划是财富的种子，财富是智能策划的果实。金点策划，可点石成金，"三个臭皮匠，顶个诸葛亮""一人不可两人计，三人出个好主意"。集思广益，它充分反映了群体智慧的整合优于个体智谋的力量的志同道合、同气相求。集思广益，职工才能在企业里待得安心、学得用心、干得舒心。心往一处想，劲往一处使，在其位，谋其政，尽其责，效其力，善其事。

2. 相互尊重，和谐协调

尊重他人是企业文化建设的重要内容，而管理的核心是处理好人际关系，调动职工的积极性。环境宽松，和谐协调，人际关系融洽令人向往。生活安定，心情愉悦，氛围温馨，相互尊重，人的潜能就能得到充分的发挥。和谐，就是创造出一种公平竞争、充满活力的机制，一种蓬勃宽松融洽的气氛，从而增强企业的亲和力。企业内部亲和力是指企业内员工之间的亲密程度，在以企业主为核心的吸引力作用下，员工为实现企业共同目标，相互理解，相互支持，紧密配合，团结合作，奋发工作。亲和力的存在使企业员工具有强烈的责任心和团队精神，富有活力和朝气，它使企业既能在恶劣的环境下克服困难、渡过危机，也能激发员工工作的积极性和创造性。

3. 激励斗志，鼓舞士气

在企业文化建设中，听取职工合理化建议，还能使职工产生强烈的心理满足感，让他们确实感受到自己是企业的主人翁，职工合理化建议，也是参与管理的重要内容。职工在提供合理化建议的过程中，自身的价值得到了肯定，同时也明确地看到了自己对企业所能做的贡献，这对他们进一步培养自己的咨询策划能力、树立参与意识有积极的促进作用。职工合理化建议是企业文化的重要组成部分，它渗透在企业物质和精神的活动之中，形成一种强大的推动力。积极倾听职工合理化建议，是企业低成本获得咨询策划的好办法。许多经营决策与方案的设计，无论事先考虑得多么合理，往往在实践时会暴露出这样那样的缺陷。职工是企业实践工作的主体，对决策的优劣和方案的实施最有发言权，同时群众在劳动实践中会总结出许多生产管理与技术诀窍，管理者听取非专门人员的合理化建议，可以发现问题、开拓视野、寻找构思、采取措施。创意,是策划的灵魂,它是一个美好的幻想,是一束智慧的火花;策划,是创意的实施,它是一个完美的方案,是一道闪亮的电光。群众智慧的创意与策划是企业发展的加速器,是经济效益增长的推动力,因此要虚心倾听职工的合理化建议,集中职工的智慧和力量,好的创意策划能力挽狂澜、扭转败局;它能出其不意、转危为安;它能奇峰突起、独领风骚;它能快马加鞭、不断前进。集体的创意与策划能使企业的经营管理蒸蒸日上、产值利润滚滚而来,从而不断提升企业的核心竞争力。

4. 发扬民主,凝聚人心

在企业文化建设中听取职工合理化建议的做法,能充分发扬民主,营造一个人人是企业的主人、人人关心企业的成长的良好文化氛围。职工合理化建议会在最大程度上让员工觉得受到了企业的赏识,认清自己在企业中的地位和作用,产生"士为知己者死"的知遇之感,从而产生高度的自觉性和责任感,激发出主动工作的热情和巨大的潜能。有道是天时不如地利,地利不如人和,企业一时的困难甚至亏损不可怕,最可怕的是职工的感情亏损,一旦职工对企业失去信心和热情,这个企业是绝对没有希望的,只有领导在企业文化建设中具有高度的民主意识、员工具有积极的参与意识,才能鼓励、激发员工作出难以估量的贡献。好的企业文化是职工的心,是企业的根,"以人为本"的目的是,把企业职工的荣誉感、责任感、自豪感融为一体,鼓励职工士气,激励职工斗志,使其从心理和生理上产生旺盛的精神、奋发的热情和自觉的行动,为实现企业的经营目标而作出不懈的努力,当大家都认准一个正确方向,树立理念,高擎战旗,结合群力,不达目的绝不罢休,还有什么是不可战胜的吗?

7.4.2 企业文化建设中听取职工合理化建议的方法

1. 领导重视,确立制度

首先,领导重视,常抓不懈。领导要树立群众是真正的英雄的观念,要看到人民群众的力量,要相信员工的智慧,放手发动群众提合理化建议。

其次,领导要虚怀若谷,善于倾听职工的建议。海纳百川,以容为大,对那些敢提不同意见的人,应抱着"闻过则喜""忠言逆耳利于行"的态度,有则改之,无则加勉。善于交几个敢说"不"的朋友大有益处,有时真理往往在少数人一边,从表面来看不好使用和驾驭的人,有时甚至"牢骚满腹",但也不乏许多真知灼见,一旦利用得当就能帮你成功。

最后,要真诚求实、心心相印。谈心要交心,交心要知心,知心要诚心。在与职工的相互交流中鼓励职工畅所欲言、积极讨论、相互启发、共同思考、大胆探索,往往能迸发出有神奇创意的思维火花。如"松下的意见箱"制度就收到了良好的效果。所以企业领导若有"三人行必有我师""不耻下问"的宽大胸怀和诚实态度,尊重群众,经常向群众请教,就能使合理化建议落到实处,真正发挥作用。为了更好地进行有效沟通,企业应设立多种渠道并形成制度和体系。

(1)每周一次的早会制度,由领导向全员总结本周生产经营状况,通报企业各方面信息,阐述经营意图。

(2)每周一次的接见制度,员工有何建议和想法,都可以找上级或分管领导甚至总经理面谈。

(3)坚持访问制度,管理者要定期不定期地对职工家属进行访问,以解决职工的后顾之忧,还要对客户进行定期访问,保持与客户的紧密联系,紧跟用户,围绕需求,创造市场,招揽顾客,提升顾客对企业的忠诚和美誉度。

(4)设立建议信箱活动。鼓励员工通过建议信箱(也可用电子信箱)以书面形式提出合理化建议等。

2. 专家评审,客观公正

在企业文化建设中,对职工提交的合理化建议不能草率应对,更不能置之不理,应成立专家小组对合理化建议实施的轻重缓急及时安排评审,要对合理化建议客观公正地作出评价。"公生明,偏生暗",只有实事求是、客观公正、出于公心,才能孚众望、得人心。对经过评审发现能给企业带来效益的建议,应迅速反映、马上行动,具体安排实施;对达不到预期或暂时无法实施的建议,也应迅速向提建议者作出明确的反馈,告知不能实施的缘由,并提出改进措施和方向。

3. 精心组织,规范实施

在企业文化建设中,一项建议被认定为合理有效、切实可行时,必须精心组织、规范实施,这样才能让提供建议的人受到真正的重视,而且也能让合理化建议真正发挥其作用、实现其价值。如若不然,只是评审,而不组织实施,会让提供建议者觉得是画饼充饥、走过场、搞形式,从而挫伤他们关心企业的热情,使决策者与普通员工疏远,甚至让其心灰意冷,造成人际关系紧张。

4. 反馈信息,交流沟通

对合理化建议在具体实施过程中的进展和出现的问题跟踪检查,应及时反馈给提供建议的人,因为这项建议在其看来就像自己的宝贝孩子一样,总想精心呵护,这是他们对企业关心和忠诚度的表现。对实际实施的情况应及时沟通,保护职工的积极性,有利于形成齐心协力、精诚团结、认知互动、上下同欲的团队精神。

5. 表彰奖励,及时兑现

在企业文化建设中,对于切实可行、合理有效的建议,必须给予表彰和奖励,坚持以物质奖励和精神奖励相结合的原则,大张旗鼓地进行褒奖,以满足提供建议者的心理需要和名誉追求。在这样的企业文化氛围中工作,员工以企为家、以家为荣,把企业当作自己小家的延伸,把工友当作自己的亲友拓展,从而增强企业的向心力与亲和力。企业善待员工,员工效忠企业,努力形成讲诚信、守信誉、献良策、比奉献的文化氛围,让员工感到人格有人敬、成绩有人颂、信誉有人护、良策有人听,员工就能信心百倍、振奋精神。

实践证明,当一个组织内的成员都深信其所从事的事业有广阔的前景和崇高的社会价值,并有拓展才能、提升自我、成就事业、完美人生的发展空间时,他们就会充满热情、才思敏捷、锲而不舍、积极进取,就会最大限度地发掘自己的才能,为企业的生存和发展思奇谋、想良策而绞尽脑汁,为实现自己和企业的共同目标而作出不懈的努力,并与企业同舟共济,夺取更大的胜利。

 知识拓展

 案例解析

本章思考题

1. 简述企业文化内涵及其功能。
2. 为什么说经营道德是企业文化之魂?
3. 企业文化与职工合理化建议的关系是什么?
4. 试述职工合理化建议在企业战略管理的作用。
5. 企业文化建设中听取职工合理化建议的方法有哪些?
6. 简述大学校训理念的设计准则与践行路径。
7. 试论新时代浙商创业心智文化特质及心智启迪。

 即测即练

第 8 章

战略控制

本章要点

1. 战略控制的必要性、基本原则。
2. 控制的类型、控制的过程。
3. 做好监督与检查工作,提高控制的有效性。

先导案例

变革不止 创见未来:东软战略转型之路

0 引言

2019 年 11 月 1 日,"天府之国"成都迎来了以"赋能新经济 创造新价值"为主题的 2019 年东软解决方案论坛。这一盛会有两项令人瞩目的内容:其一,百度 CTO 王海峰站上东软解决方案论坛会场;其二,年近七旬的东软集团股份有限公司(以下简称"东软")创始人、CEO 刘积仁也在解决方案论坛上代表东软发表主题演讲。东软解决方案论坛从 1999 年开始,至今已经举办了 21 届。作为东道主,东软自 1991 年创办至今,也已走过了 28 年。在淘汰率极高、淘汰速度极快的软件行业,东软每隔 3~5 年都会重启变革之路,不断修正前进方向,因此成为行业内独树一帜的存在。当满头华发的刘积仁再一次站在东软解决论坛会场之上,望着跟他披荆斩棘、一路向前的同事、同人,他再次回想起他与东软一路走来,共同经历的风霜雨雪和阳光彩虹。

1 稳中思变,厚积薄发全面发展

1.1 培育人才,学校企业无缝对接

2003 年,成都东软信息技术职业学院开设,主要开展高职专科教育,并成为教育部首批确定的 35 所国家级示范性软件职业技术学院之一。至此,东软拥有 3 所大学,分别是大连东软信息技术职业学院、南海东软信息技术职业学院、成都东软信息技术职业学院,这 3 所学校就是后来的大连东软信息学院、广东东软学院和成都东软学院。3 所学院主要面向 IT 产业需求,培养专业人才,以支持 IT 行业发展,此外,东软还与全国 40 多所高校、社会培训机构等进行合作,设立定制培养班,专门培养迎合产业需求的 IT 专业人才。2007 年,东软与沈阳市合作建立了"东软软件人才实训基地",紧密围绕企业项目开发、市场需要的最新技术、项目管理、团队沟通与合作以及企业文化开设一系列课程,并在 Java、嵌入式软件、软件测试等方向继续专业化、实用性 IT 人才的培养。之后东软又陆续在大连、南京等地建立多个实训基地,通过在校学习+定制培养+实训、毕业设计,最终实现从学校到企业的无缝衔接,为促进整个行业健康发展作出贡献。东软的第三次战略变革以人才培养模式的改革为起点,逐步深入集团运营的各个领域。

1.2 开疆拓土,以诚相待求同存异

BPO(business process outsourcing),即业务流程外包,作为一种新的服务外包模式,有着充足的发展空间。东软看中这一发展前景,进入 BPO 领域,开拓新疆土。2004 年,东软成立 BPO 事业部,面向全球开展 BPO 事业。

2005 年,东软与一家信息安全产品供应商合作,为其提供对日呼叫中心服务。与承接到项目的欣喜相比,语言障碍、中日文化差异等问题使项目初期进展缓慢,客户满意度较低。为了做好这单生意,东软除了加强对呼叫专员的专业训练,更是在诸多细节处苦下功夫。例如,对常见问题进行归纳总结,设置常见问题回答范本;经常进行角色演练,对突发状况和难度现场进行预演,考验呼叫专员对业务流程和专业用语的熟练程度;请日本人作为培训老师,增强对中日文化差异的了解,更好地站在客户角度回答问题,甚至连英语也要学习用日本人的方式来读,也就是所谓的"日式英语",使客户产生亲切感;回放服务录音进行分析和讨论,发扬优点,更改缺点;在 BPO 休息厅里悬挂"真情之镜",每名呼叫专员上岗前都在镜子前整理仪容,鼓励自己真情投入与客户的交流,镜子旁还有一个写着"我们的微笑,客户听得到"的条幅。仅一年时间,东软呼叫中心就被评为"2006 中国最佳呼叫中心""2006 中国最佳呼叫中心管理人",扛起了 BPO 业务大旗。

1.3 战略合作,利益共享良性竞争

1989 年,日本阿尔派株式会社(以下简称"阿尔派")和东北大学签订了"S4"产学共同开发合同,开始了正式合作,阿尔派由客户变成了合作伙伴。1996 年,在与阿尔派保持良好合作关系的背景下,东软与东芝合资成立"东东系统集成有限公司",双方的合作在应用软件和解决方案上展开,项目内容涉及各个领域。1998 年 6 月 18 日,东软又与宝山钢铁(集团)公司合资组建了宝钢东软信息产业集团。组建的集团公司继续以沈阳东大阿尔派软件股份有限公司(东软的前身,以下简称"东大阿尔派")为龙头,充分发挥双方各自优势,继续将主业聚焦信息产业领域。日常经营管理依然由东大阿尔派方把控,重大决策由董事会来作出。

2002 年末,刘积仁及几位东软高管怀揣合作意愿来到荷兰阿姆斯特丹,敲开了昔日中国区竞争对手皇家飞利浦电子有限公司(以下简称"飞利浦")的大门。在同飞利浦高层领导进行会谈时,刘积仁突然表达了同飞利浦进行合作的意向。刘积仁并非冲动,而是对飞利浦进行了深入考查。飞利浦虽在世界三大医疗系统产品提供商之列,拥有先进的技术和产品及全球丰富的市场销售网络和销售经验,但其主攻高端医疗产品,与中国市场的中低端产品需求不匹配,因此,飞利浦在中国区的业务推广并不理想。飞利浦在中国医疗设备

市场的占有率约为12%,其主要竞争对手通用电气医疗保健则占据了大约30%,差距明显。若能在中国找到合适的合作伙伴,将给飞利浦中国地区的拓展带来很大益处。二者的合作最终达成,并在2004年6月23日挂牌成立东软飞利浦医疗设备系统有限公司。随后,SAP、英特尔等行业内竞争对手也对东软进行战略投资,与东软逐步变成合作伙伴。对于如何将客户和对手等各种身份转换成合作伙伴,东软逐渐深谙其道。

1.4 品牌整合,重点突出坚持自我

刘积仁在公司成立之初就已经具有模糊的品牌概念,1991年东北工学院软件中心成立之时,刘积仁为中心设计了一个标志;后来在与阿尔派合作成立东工阿尔派音软件公司的时候,放弃自主品牌,以双方名字共同命名。1996年,东软与东芝共同成立"东东系统集成有限公司",与电信公司合作成立"北国数据通信有限公司",与宝钢合作成立"东方软件有限公司"等,虽为公司整体发展拓宽渠道,发挥了合作伙伴的优势,但在20世纪90年代初这样一个国内大众看中品牌的年代,对于东软本身来说,全面的铺排模式模糊了品牌的整体形象。

为了更好地营造品牌形象,东软成立了专门负责品牌传播和管理的部门——BCC(品牌与文化中心),在东软各分部所在城市的主要干道投放户外广告,在中央电视台投放1 000万元广告,以此方式进行宣传。2002年,为了东软品牌形象在日本全新登陆,东软在日本也开展了一个品牌推动计划,在日本权威媒体和活动中积极表现,塑造日本企业家眼中"中国软件业最优秀的代表"。2005年,为在全球范围内树立统一品牌,东软更新品牌标志,并且在全球80多个重点国家进行商标注册保护,逐渐形成了品牌树立、维护、管理的完整体系。

2 初心未改,变革不止创见未来

2.1 回归起点,重装出发再踏征程

刘积仁在庆典仪式再次宣布了东软未来的发展战略,指出要以互联、智能、融合作为技术发展主线,以合作、激励、国际化为业务模式的支撑,把东软建设为以信息技术为核心和垂直业务融合发展的创业平台公司,开创下一个稳健、可持续发展的10年。

首先,东软将从技术创造向价值创造转变。通过软件技术和服务为客户打造新的业务模式,充分融合客户的业务、组织、资本,从销售IT向与客户共享价值创造结果转变,从IT公司向IT Enable公司转变,通过不断的融合和跨越,延续东软的生命活力。其次,东软将以IT为核心转向多元化业务融合发展。持续保持在软件服务领域的行业地位,致力于成为医疗健康服务与大数据的领导者、全球汽车信息系统的优秀服务商、全球优秀的数字化医疗设备供应商和新型教育模式的开拓者。最后,东软将成为创业平台。坚持以创业者引领公司运营的原则和以信息技术促进业务持续发展的理念,使创业者成为企业的所有者。未来10年,在东软的平台上将有多家独立公司,通过员工激励机制,每一家公司都将充满创业活力。这些公司将依托东软25年所积累的资源优势,促进IT与行业的全面融合。新的互动机制能够给股东、员工带来合理回报,为东软作出贡献,使企业活力得以持续。

每隔3~5年,东软就会提出一种新活法,从最初的软件产品、系统集成到行业解决方案,从外包到BBC(即企业business+银行bank+客户customer)商业模式,从人力资源驱

动增长到知识资产驱动成长,东软已多次成功实现业务转型发展。当刘积仁谈到变革时,他说道:"我觉得变革不能在危险的时候,变革一定要在幸福的时候,生活好的时候。追求变革,是你不会早死的重要因素。最怕的是,到最后阶段,面临不冒险就不能活的艰难境地,仅剩下最后一颗子弹,那么,你死的概率就会非常大。"换言之,在企业有资源支撑冒险时进行变革,风险是最低的。因为,在这一时期,基于坚实底蕴和强大自信心作出调整和转型,就算有风险或者因为决策失误而失败也有足够底气、资源和时间来面对并作出相应调整。解决方案论坛上的这一演讲标志着东软新一轮变革的开端。

2.2 软件赋能,探索新域未来可期

2017年2月27日,由东软发起,沈阳新松机器人、辽宁省交通规划设计院等六家企业联合投资的融盛财险在沈阳正式启动筹建,注册资本10亿元人民币。2018年11月,东软出资1亿元人民币参与设立阳光融和健康保险股份有限公司,出资占比20%,这意味着东软开始涉足保险业。但是,其进入保险业也并非空穴来风,而是以东软在社会保险、医疗IT、医院和政府公共卫生信息化、基层社区服务、商业保险等领域全面解决方案的市场领先优势为根基,利用东软在健康医疗领域积累的大量数据和知识库资源快速切入保险业的变革与创新,与东软拥有的医保控费、保险精准定价、慢性病管理与疾病预防业务形成互动,使优势业务价值最大化,为东软大健康事业的长远发展提供新动力。

2019年6月,东软在北京正式发布了Newsroom融媒体平台,此平台基于中台战略,由业务中台、数据中台、技术中台三个中台以及可灵活搭配的小前台组成,可支持电视、电台、报纸、网站、新闻客户端、微博、微信、户外大屏等全媒体端的"策、采、编、发、评、效、数"全流程优化与升级,同时宣布了其媒体融合发展战略。未来,东软将致力于响应国家号召,发挥技术和资源优势,打造最完善的资源整合平台,成为最佳解决方案的提供者,为媒体融合发展赋能,创造新时代媒体价值。作为一家"老牌"软件企业,这样的战略决策又一次震惊业界,东软似乎"又"开始涉足新领域,提供新服务了。

资料来源:王世权,汪炫彤,张钟文.变革不止 创见未来:东软战略转型之路[EB/OL].(2021-05-30). http://www.cmcc-dlut.cn/Cases/Detail/5339.

思考与探究:

1. 东软的发展经历了几次战略变革?为何要进行战略变革?
2. 东软的战略变革为何会成功?对你有何启示?
3. 你能在东软战略变革过程中找出几次创业经历?这些创业活动有何不同?
4. 通过东软的发展历程,你认为战略变革和创业如何影响企业发展?

8.1 战略控制的概念及构成要素

一项战略任务,良好的开端固然重要,圆满的结束更为重要,有良好的开端就应有精彩的结尾。战略控制是监控战略实施过程、及时纠正偏差,确保战略方案顺利实施的必要手段。

8.1.1 战略控制的概念和必要性

战略控制就是根据既定的目标和计划任务,监督、检查实际执行情况,发现偏差,找出原因,以便更好地实现和完成组织既定的目标与计划任务,是战略实施的保证。

战略控制之所以必要,是因为在战略的实施过程中不可避免地会出现以下两种情况:一是会产生与战略计划要求不相符的行动,这主要是由个人的认识、能力和掌握信息的局限性以及个人目标与企业目标的不一致等因素引起的;二是会出现战略计划的局部或整体与企业当前的内外部情况不相适应的状况,其原因可能是原来的战略计划制订不当,或是环境的发展和变化与企业事先的预测有差异。因此,企业要对战略实施过程进行控制,并在适当的时候,对战略计划进行适当的调整和修改。战略控制要评价企业的效益,分析实际效益与计划效益的差距,提出改进措施。

从行为科学的角度来看,控制系统所要注意的最重要问题是企业中个人认识上的局限性,尽量使个人的目标与企业目标结合起来,使它有利于企业的战略目标。

8.1.2 战略控制的要素

战略控制的要素即控制的过程,即"标准—对照—纠偏",也叫"三段式""三要素"。

1. 确立标准

标准是控制的前提条件,是控制过程中计量、鉴定、对照的基础。控制的标准可能是原计划规定的标准,也可能是对原计划标准或指标的细分。标准既不能过高,又不能过低,应该具有先进性、可行性,应该是跳起来能够摘到的桃子。

2. 衡量成效

衡量成效,就是将工作实绩与控制标准进行比较,进而对工作成效作出客观评价。主管人员不能完全依赖事后控制,只有他们对即将出现的偏差有所预见并及时采取措施,这也是"向前看"的控制,才能进行有效的控制。

3. 纠正偏差

纠正偏差,即针对那些偏离标准的误差,进行及时有力的纠正。首先,要分析原因。一般有三种原因:一是执行部门或工作人员的责任;二是外部条件发生了变化;三是原计划不科学,甚至有失误。其次,有的放矢采取措施。当外部环境发生变化时,以变应变采取补救措施,及时纠正偏差,提高效率。要找到关键、真正的原因,不能头痛医头,脚痛医脚。造成偏差的原因可能在组织内部,也可能在组织外;可能是主观原因,也可能是客观原因;可能是可控的,也可能是不可控的。控制人员必须对此进行认真、深入的分析。对造成偏差的原因判断不准,纠正措施就会无的放矢,收不到好的效果。下面的故事不一定真实,但它形象地说明了刨根问底找原因的重要性。

控制的最后一环就是采取措施纠正偏差。偏差是控制标准与实际绩效双方偏离的结果,纠正偏差也应从这两方面考虑。如果偏差是可控因素造成的,就要落实部门、人员、方法、步骤,贯彻执行纠正措施,改善实际工作的绩效。如果偏差是不可控因素造成的,就应对控制标准进行修订,甚至改变组织计划、目标。当然,采取修订标准的行动之前,应非常慎重。因为在一般情况下,当某部门或员工的实际工作与控制标准差距很大时,其对偏差的抱怨大多会转到标准上。此时,管理者应客观判断,如果你认为标准是合理的,就应该坚持并向他们解释你的观点。

8.1.3 战略控制框架

战略评价与控制的根本目的在于保证企业的经营与既定目标保持一致,如果出现偏差,则采取措施予以纠正。战略评价与控制出于两种现实:第一,企业的内外部环境不断地发生着变化,当这种变化累积到一定程度时,原有的战略就会过时,尽管战略的制定在很大程度上依赖于对未来的预测,但是这种变化是没有办法完全预知的。第二,即使战略基础没有发生变化,战略的制定也非常成功,但由于种种原因,战略在执行的过程中也会经常发生偏离。因此,战略评价与控制就是监控战略实施、及时反馈,并对战略目标或实施进行调整,保证既定战略目标的实现。

与一般管理控制评价不同的是,战略评价不仅评价经营计划的执行情况,更重要的是时刻保持对企业内外部环境的监控,确认企业的战略基础是否发生了变化,时刻衡量企业的绩效,以保证企业对环境变化的感知和适应,增强企业抵御风险的能力。

8.2 战略控制的类型及其选择

8.2.1 战略控制的类型

按照不同的标准,战略控制可以划分为多种类型。

1. 以纠正措施的作用环节为分类标准

控制的实质是通过信息反馈,发现偏差,分析原因,采取措施予以纠正。但是在实际的管理过程中,得到的却往往是"时滞信息",即时间滞后的信息,因此,在信息反馈和采取纠正措施之间经常会出现时间延迟,以致纠正措施往往作用在执行计划的不同环节。根据纠正措施的作用环节,控制可划分为前馈控制、现场控制和反馈控制,如图 8-1 所示。

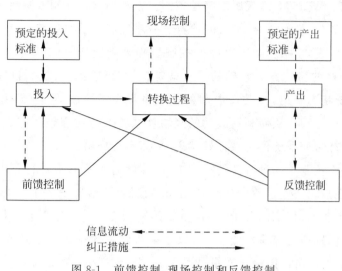

图 8-1　前馈控制、现场控制和反馈控制

1) 前馈控制

前馈控制,又叫事前控制。其原理是:在工作成果实现之前,对那些作用于系统的输入量和主要扰动量进行观察,分析它们对系统输出的作用,并在产生不利影响之前,及时采取纠正措施予以消除。

前馈控制的一个重要特点是弥补了时间滞差所带来的缺陷,并且往往采用预防式的控制措施,使之作用于战略实施过程的输入环节。也就是说,前馈控制所控制的是原因,而非结果。因此,前馈控制系统是相当复杂的,它不仅要输入各种影响战略实施的变量,还要输入影响这些变量的各种因素,同时还必须注意各种干扰因素,即那些意外的或无法预料的因素。

实施前馈控制的一个关键问题是,既然工作成果尚未实现,那么如何判断将来的结果是否会偏离既定目标或标准呢?这主要依赖于对预报因子的分析。所谓预报因子,就是指那些能预测将来工作成果的因素。美国著名管理学家威廉·纽曼(William Newman)提出了三类预报因子:①投入。投入因素的种类、数量和质量,将影响产出的结果。②早期成果。依据早期成果,可以预测未来结果。③外部环境和内部条件。外部环境和内部条件的变化,制约着战略实施。

通过分析上述预报因子,前馈控制可以利用规划控制、随动控制、适应控制等手段对战略实施进行预防控制。下面分别介绍这些措施。

(1) 规划控制。规划控制即按时间来确定系统状态轨道。若用 Y 表示系统状态轨道,则有 $Y=y(t)$。据此确定的系统状态轨道就称为规划控制。在时间流中,按战略计划对企业进行的管理,就属于规划控制。如果在各个时间段里,企业的阶段成果符合系统的标准状态,就按时间继续实施既定战略。

(2) 随动控制。随动控制即以某个参数来确定系统状态轨道,则系统状态轨道就为某个参数的函数,可表示为 $Y=y(x)$。其中,x 值称为引导值,y 值称为随动值。例如,以市场需求量作为 x 来确定产量 y,就属于随动控制。在利用这种控制方法时,可结合"投入"因子,通过调节投入的 x 值,使 $Y=y(x)$ 的值符合战略规定的系统状态。

(3) 适应控制。适应控制即用以前的控制过程来确定未来的系统状态轨道。这种控制,是以环境和目标的稳定性为基础的。也就是说,在环境不变、控制目标不变的基础上,要保持原来的系统状态轨道,只要按以前的控制过程实施控制即可。运用这种控制方法,要求管理者善于总结经验,从而利用成功的经验使系统保持在理想状态。适应控制还可以采用程序化决策方法,使系统保持在良好状态,从而实现战略目标。

实践证明,前馈控制是一种有效的控制方式,能够对未来趋势进行预测,对后续行动起协调作用。但是在战略实施过程中成功运用前馈控制,一般应满足下列必要条件:①对战略和控制系统进行透彻、仔细的分析,确定重要的输入变量;②建立前馈控制系统的模式;③保持模式动态性,即应当经常检查模式,以了解所确定的输入变量及其相互关系是否仍然反映实际情况;④定期收集输入变量的数据,并将其输入控制系统;⑤定期地估计实际输入的数据与计划输入的数据之间的偏差,并评价其对预期的最终成果的影响;⑥有一定的措施可以解决前馈控制系统所发现的问题。

2) 现场控制

现场控制,又叫事中控制、过程控制、开关型控制等。其原理是:在战略实施过程中,按照既定的标准检查战略行动,及时发现偏差和采取纠正措施。这种控制方法就像开关的开通与中止一样,及时确定行或不行。例如,在质量过程的控制中,对产品质量进行检查,按照既定标准判断是否继续下一道工序。

现场控制包括以下具体方法。

(1) 直接指挥。管理者亲自监督、检查、指导和控制下级的活动,及时发现偏差并采取纠正措施。

(2) 自我调整。这是一种自我控制的方式。执行者通过非正式、平等的沟通,调整自己的行为,从而和协作者默契配合。

(3) 过程标准化。对规范化和可以预先编制程序的工作制定出操作规程、规章、制度等,间接地控制和指挥执行者的行动,以实现整体工作行动的协调。

(4) 成果标准化。只规定最终目标,不规定达到目标的具体手段、方法、途径和过程。如果工作成果符合标准,那么个人的行动就符合战略目标的要求。

(5) 技能标准化。对从事某些专业性较强的工作所必备的知识、能力、技术、经验等作出标准化规定,定期加以检查,从而确保实现控制目标。

(6) 共同信念。组织成员对战略目标、宗旨认识一致,具有共同的价值观和信念,在战略实施过程中就会表现出一定的方向性和使命感,从而达到和谐一致的结果。

3) 反馈控制

反馈控制,又叫后馈控制、事后控制。其原理是:在战略实施过程中,对行动的结果与期望的标准进行衡量,然后根据偏差大小及其发生的原因,对行动过程采取纠正措施,以使最终结果符合既定标准。反馈控制的主要特点在于控制、监测的对象是结果,并根据行动结果总结经验教训,来指导未来的行动,将战略实施保持在正确轨道。反馈控制既可以控制最终结果(如产量、销售收入、利润等),也可以控制中间结果(如工序质量、半成品质量、月份检查、季度检查等)。前者称为端部反馈,后者称为局部反馈。反馈控制包括以下具体方法。

(1) 联系行为。联系行为即对员工战略行动的评价与控制直接同他们的工作行为相联系。这种方法使员工比较容易接受并明确战略行动的努力方向,使个人行为导向和企业战略导向接轨;通过行动评价的反馈信息修正战略实施行动,使之更加符合战略要求;通过行动评价,实行合理的分配,从而强化员工的战略意识。

(2) 目标导向。目标导向即让员工参与战略行动目标的制定和工作绩效的评价,使其既可以看到个人行为对实现战略目标的作用和意义,又可以看到成绩与不足,从中得到肯定和鼓励,为战略实施增添动力。

反馈控制具有稳定系统、跟踪目标和抗干扰的特性,利用这些特性,可以改善战略控制的功能。但是,反馈控制是事后控制,仅仅以系统输出为反馈信息,只有当输出偏离既定目标时,纠正措施才会发挥作用。特别是在端部控制的情况下,由于时滞的存在,往往意识到偏差并采取纠正措施的时候,造成的损失已经无法挽回了。因此,仅仅运用反馈控制是有缺陷的。

前馈控制、现场控制和反馈控制是相辅相成的。如果没有反馈控制的信息资料和工作经验的积累,前馈控制和现场控制的作用就很难发挥。特别是在对多层次目标进行控制时,把制定目标、纠正偏差、重新制定目标作为一个连续过程来看待,反馈控制往往就是前馈控制的前提条件。另外,前馈控制和现场控制又有助于弥补反馈控制的信息时滞缺陷。因此,在实际的战略控制工作中,这三种控制方法常常要结合运用。

2. 以改进工作的方式为分类标准

按照改进未来工作的方式,战略控制可划分为间接控制和直接控制两种类型。

1) 间接控制

间接控制着眼于发现已发生的偏差,分析原因,并通过追究个人责任来改进未来工作。如果造成偏差的原因是战略执行者缺乏知识、技能或经验,那么,运用间接控制的方法,可以帮助他们总结经验教训,学习知识和技能,改进未来工作。但是,如果偏差是由某些不确定因素造成的,如未来的国际经济形势变化、技术进步等,那么,间接控制就不能发挥作用了。

间接控制的有效性还有赖于以下假设条件:①工作绩效可以计量;②人们对工作绩效具有个人责任感;③追查偏差原因所需要的时间是有保证的;④出现的偏差可以预料并且能及时发现;⑤有关部门或人员会采取纠正措施。

2) 直接控制

直接控制着眼于培养更优秀的人才，使他们能够以系统的观点来进行工作和改进未来的工作，从而防止出现不良后果。因此，直接控制的根本思想在于通过提高人员素质来进行控制工作。

直接控制的有效性依赖于以下假设条件：①合格人才所犯的错误最少；②管理工作的成效可以计量；③在计量管理工作的绩效时，管理的概念、原理和方法是有用的判断标准；④管理基本原理的应用情况是可以评价的。相对于间接控制的假设条件而言，直接控制的假设条件更为可靠和现实。

直接控制是一种有效的战略控制方法，其优点如下。

(1) 在对个人委派任务时具有较高准确性；同时，通过对战略管理者和执行者不断进行评价，有利于揭露缺点，并为培训提供依据。

(2) 鼓励采用自我控制的办法，有利于促使战略管理者主动采取纠正措施，并增强其有效性。

(3) 可以获得较好的心理效果。战略管理人员的素质提高后，得到的下属的信任和支持也会增加，从而有利于顺利实现战略目标。

(4) 人员素质提高，减少了偏差和损失的发生，同时也减少了间接控制的成本。

3. 其他控制类型

1) 回避控制

回避控制即采用适当的手段，使不适当的行为没有产生的机会，从而达到不必进行控制的目的。

回避控制的具体方式有以下几种。

(1) 管理自动化。企业通过建立管理信息系统，运用计算机或其他自动化手段，可以保持工作的稳定性，从而减少控制中的问题。

(2) 权力集中化。企业可以把权力集中于少数高层管理人员手中，以减少分层控制所造成的矛盾。控制权的高度集中必须建立在统一思想的基础上。

(3) 风险分散化。企业可以引入外部组织参与企业经营活动，共担风险，也可以通过转移或放弃某种经营活动分散风险，如可以通过发包或放弃将那些难以控制的经营活动连其利益和风险一起转移，以消除有关控制问题。

(4) 交流网络化。企业可以通过现代化互联网络优势，加强企业内部的交流及企业与外部的交流，通过交流，形成共识，减少或回避不必要的控制。

2) 活动控制

活动控制，又称过程控制。具体活动的控制，是保证企业员工个人按照企业的战略期望进行活动的一种控制手段。

其具体方式有三种：①行为限制，即通过行政管理、规章制度限制员工的行为；②工作责任制,即通过各种奖惩制度和检查评比活动增加员工的工作责任心和进取心;③事先布置,如直接监督、预算审查、费用审批等。

3) 成果控制

成果控制,又称产出控制。这种控制的重点是行为的成果,即检查行为的结果是否符合绩效标准。其主要方式是成果责任制。成果责任制首先要求确定成果的范围,然后根据范围测评绩效,最后按绩效予以奖惩。

4) 人员控制

人员控制,又称行为控制。这种控制是通过为员工提供指导帮助、强化协调等方法促使员工为企业发展作出最大的贡献。如采取实施培训计划的方法提高员工的素质和岗位技能,通过改进沟通的方法促进企业内部上下、纵横的联系和协调。人员控制的目的是增强控制的能力。

8.2.2 战略控制类型的选择

上述的各种控制类型并不是无条件使用的。选择合适的控制类型,必须考虑控制类型选择的可行性、对选择控制类型的影响因素以及外部环境、内部条件与控制类型选择的关系。

1. 控制类型选择的可行性

选择控制类型往往取决于管理人员是否具备有关预期和具体活动方面的知识,是否具备评价重要绩效方面成果的能力。为了确定控制类型,可以将这两个方面再细分为四种状况,如图 8-2 所示。

		评价重要绩效方面成果的能力	
		高	低
有关预期活动方面知识	丰富	(1) 具体活动控制与(或)成果控制	(2) 具体活动控制
	贫乏	(3) 成果控制	(4) 人员控制
		具体活动方面	

图 8-2 控制类型的选择示意图

从图 8-2 可以看出,在第二象限,要求管理人员有很高的能力和丰富的知识,这种控制类型固然很好,但是人才难得。因此,一般企业进行这种最佳状态的控制的可行性就成了关键问题。而且也不能只采取回避控制。这时,较好的选择是采取具体活动控制、成果控制或两种控制并用。在第一象限,管理人员在有关预期活动方面有丰富的知识,但在评价重要绩效方面成果的能力较弱,管理上应采取具体活动控制。比如固定资产投资,由于期限长、情况复杂,很难对其投资决策的结果及时作出评价。这时,较好的选择是采取具体活动控制,即对投资活动的过程加以控制。第三象限的情况与第一象限的情况正好相反,即管理人员有较强的评价重要绩效方面成果的能力,而有关预期活动方面知识不足,管理上则可采取成果控制方式。这种控制适合比较高层的管理人员,使他们明确成果和责任,从而达到控制目的。第四象限的情况表明,企业只能采取人员控制或回避控制,否则不仅会出现眉毛胡子一把抓、越想控制越会失控的情况,而且也容易发生"以其昏昏,使人昭昭"的情况。古代有许多政治家并不懂得什么战略战术,但却能不断获得胜利,很重要的原因之一就是他们懂得用人,懂得人员控制,或者索性采取无为而治。

2. 对选择控制类型的影响因素

(1) 控制要求,其对整个企业的长期发展有重大影响。

(2) 控制量,是指对控制对象所规定的控制内容的粗细程度,包括控制项目的数量、具体控制程度以及时间间隔要求等。

(3) 控制成本,是指控制过程的价格成本及控制产生的副作用所造成的损耗。例如,人员控制需要对人才的培养和使用付出成本。成果控制要与奖励结合,活动控制同样要费钱费时。如果控制过细、过严,又会影响员工积极性和创造性的发挥,从而造成隐形的损失。

总之,控制是为实现战略目标服务的而绝非为控制而控制,也不是控制越严越细越好。在选择控制类型时,应对上述三方面的因素进行综合平衡,慎重考虑。

3. 外部环境、内部条件与控制类型选择的关系

企业的外部环境、内部条件与控制类型的选择有着密切的关系。先从外部环境看,宏观经济环境、产业环境和市场环境的变化,不断对控制方式的选择提出新的要求。例如,随着信息技术和互联网的发展,全球化的信息管理控制已被越来越多的国内外企业所掌握、运用,控制要求、质量都在不断地提高,而成本则有下降趋势。再从内部条件看,现代企业的控制活动已经深入企业的各个职能部门及各个战略层次,并与关键性的战略要素紧密相关。例如,企业文化建设、企业形象塑造、企业资源重新配置等与战略控制相结合,已成为众多企业控制类型的新选择。

控制类型的选择、控制过程的运行,最终是要靠合理的组织结构和科学的组织工作来实现的。因此不断完善组织结构、提高组织工作效率是确保控制类型正确选择的基础。

8.3　如何实现有效控制

8.3.1　有效控制系统的特征

(1) 准确性。一个提供不准确信息的控制系统将会导致管理者采取错误的行动。

（2）及时性。一个正确的信息，如果过时了，也将毫无价值。有效的控制系统能在最合适的时候为管理者提供控制信息，并使管理者在最合适的时候出手进行纠正。

（3）灵活性。由于组织环境是在不断变化的，控制系统应该具有足够的灵活性去适应各种情况的变化。

（4）经济性。每一项控制工作都需要付出一定的控制成本，管理者应尽量以较少的成本实现较好的控制。

（5）关键性。管理者不可能控制组织中的所有事情，因此，管理者应重点控制那些对组织行为有重大影响的关键性活动、作业和事件。

（6）例外性。由于管理者不可能控制组织中的所有活动，因此他们的控制手段应主要顾及例外情况的发生。

（7）标准的合理性。控制标准必须是合理的，标准过高或过低都起不到有效的激励作用。因此，控制标准应是一套富有挑战性的、能激励员工表现得更好的标准，而不是令人泄气或鼓励欺骗的标准。

（8）标准的多重性。组织目标常常是多重的，如不仅追求产品的数量，还追求产品质量和完成的时限。因此，控制标准也应是多重的，以便更好地衡量实际工作。

（9）纠偏的行动性。一个有效的控制系统不仅能指出发生的显著偏差，而且能建议如何去纠正这些偏差。

案例8-1

某市在年初召开的全市招商引资工作会议上，与各乡镇制定了年度招商引资目标，并对年末完成和不完成目标的各种情况规定了具体而严厉的奖惩办法，如"对完不成目标的乡镇长，两年内不得升职"等。转眼半年过去了，乡镇长们明显感到目标实现的艰巨性，他们一直在努力，但到了第四季度，他们互通的信息表明，除了极少数乡镇有可能完成目标外，其他大多数将无法按期完成目标，他们泄气了。可是，在年终总结汇报会上，绝大多数乡镇长都报告他们完成或超额完成了预定目标。这是怎么回事？

上述例子说明了控制失去灵活性或控制标准失去合理性所产生的后果，建立有效的控制系统对组织的发展非常重要。

8.3.2 做好监督与检查工作

监督、检查是进行信息反馈，达到控制目的的基本形式。

1. 检查中应遵守的原则

（1）公字当头，"公生明，偏生暗"，公正就会明察，偏颇就会暗于事理，因此检查一定要出于公心，从企业的利益出发。

(2) 客观。以事实为根据，不能主观。

(3) 民主。兼听则明，偏信则暗。

(4) 规范。检查既不能随意，更不能任意，在标准面前一视同仁。

(5) 及时。及时发现问题，就可迅速采取有效措施，立即纠正偏差，使问题得到解决。

2. 检查中的工作方法

(1) 跟踪检查与阶段检查相结合。两者是相辅相成的，如果只抓阶段性检查，没有跟踪检查，就不能有完整的认识，不便进行系统性分析。

(2) 自上而下与自下而上，上下结合地检查，有利于双向交流，集思广益，并能激发领导干部和广大职工的积极性。

(3) 专业队伍检查与群众检查相结合，要充分依靠群众。

(4) 检查与分析相结合。在占有大量资料的基础之上进行分析，通过定量分析与定性分析相结合，得出合乎实际的评价。

8.3.3 如何提高控制的有效性

控制的作用发挥得越好，实施方案进行得就越顺利，任务就完成得越理想，如何提高控制的有效性呢？应做好以下工作。

1. 保持系统的稳定性

稳定性是管理控制系统的最重要特征，也是衡量系统能否正常运行的主要标志。当系统不稳定就说明工作存在严重的问题，应及时分析不稳定原因，及时采取措施。

2. 认真进行测评

衡量成效的关键是进行细致而准确的测评。为此，一要掌握真实情况和准确的数据，不能报喜不报忧，不能凭主观编造；二要客观公正、实事求是，绝不能以个人的好恶评价下级人员，感情用事；三要标准尽量量化，没有数字的经济头脑就像没有蜡烛的灯笼。

3. 控制要灵敏

较好的控制必须及时发现偏差，报告上级，以便及时采取措施。如果信息滞后，往往造成不可弥补的损失。如进口商品检验不合格，过了索赔期，对方就不承担责任。

4. 控制要灵活

企业的内外因素错综复杂，外部环境千变万化，领导者必须灵活机动地处理各种具体问题,兵无常势,水无常形,能因敌变化而取胜者,谓之神,要灵活应变。

5. 重要的是进行自我控制

所谓自我控制,就是自我检查、自我认识、自我评价、自我总结、激励、进取,自我控制既包括领导者也包括被领导者,而领导者的自我控制尤为重要。

特别提醒

以理智控制感情有八句口诀:面对成绩,不沾沾自喜;遇到挫折,不垂头丧气;遭受委屈,不暴跳如雷;受到奖赏,不头脑发热;遇到平庸的上级,不自以为高明;见到高傲的领导,不低三下四;解决易办的事情,不掉以轻心;处理棘手的问题,不忧心忡忡。

以理智控制言行的九句口诀:盛怒之时,不主事;狂喜之下,不许诺;郁闷之际,勿牢骚;得意之时,勿飘浮;喜怒至极宜慎言;烦躁至极应慎行;众怒面前,我制怒;众喜面前我抑喜;祸至不惧,福至不狂。

8.3.4 建立有效的控制系统应注意的问题

(1) 按照有效控制系统的特性建设组织的控制系统。

(2) 建立组织控制的预警系统,提高快速反应能力。

(3) 建立管理信息系统,提高组织信息的收集、传递、分析、处理能力。

(4) 采取多种措施,提高组织自适应控制能力。这里既包括提升员工的自我控制能力,也包括引入智能控制、自动化控制建立"人—机"控制或"机—机"控制系统。

(5) 注意对反控制行为的控制。由于控制系统的存在,人们为了避免控制者的指责,会有意识地采取一些行动来篡改控制数据,从而在控制者眼中造成业绩很好的假象,甚至会直接采取对抗性的反控制行为。这些都不利于优良组织文化的形成,应注意加以控制。

案例 8-2　安般科技:一家新创企业的三次创业扭转

案例解析

 本章思考题

1. 什么是战略控制？其要素、原则有哪些？
2. 战略控制的类型有哪些？
3. 战略控制的过程是什么？
4. 如何提高控制的有效性？
5. 战略控制有何必要性？
6. 战略控制的方法包括哪些？

 即测即练

第 9 章

战略管理与企业家

本章要点

1. 企业战略家的素质与才能。
2. 战略领导者的作用。
3. 当代企业家的时间价值观。

先导案例

华为成长背后的战略管理者

华为技术有限公司(以下简称"华为")是由任正非于1987年创立的一家民营企业。经过30多年的发展,华为已经从最初代理业务转而开发生产自己的产品,如用户机和局用机,发展成为全球最大的通信与网络设备制造、运营和咨询服务商。截至2023年2月,华为约有19.4万名员工,业务遍及170多个国家和地区、服务30多亿人口。

华为最初是由任正非与5人筹集2.1万元设立的。除了任正非之外,其他5人都不在公司工作,完全不参与公司管理,也不完全理解公司的发展思路。这些股东对任正非坚持进行研发投入、招募更多的员工和占领更多市场的战略并不认同,因此在华为发展过程中先后退出。还有两位股东起诉到法院,最终在法院调解和协商下退出。

自公司成立之初,任正非即坚持员工持股。目前,华为的唯一股东是华为投资控股有限公司。华为投资控股有限公司拥有两个股东,其中,任正非持股比例为1％左右,其余股份则由华为员工通过华为投资控股有限公司工会委员会持有。持股员工代表会是公司最高权力机构,对利润分配、增资和董事、监事选举等重大事项进行决策。持股员工选举产生115名持股员工代表,持股员工代表选举产生董事长和16名董事,董事会选举产生4名副董事长和3名常务董事,轮值董事长由3名副董事长担任。轮值董事长以轮值方式主持公司董事会和常务董事会。董事会行使公司战略与经营管理决策权,是公司战略、经营管理的最高责任机构。

华为的战略领导

现在华为的创始人任正非已经不再担任公司董事长或者轮值董事长,但仍然是华为董事会成员,对华为的成长与发展起着至关重要的作用。浙江大学睿华创新管理研究所联席所长田涛通过对任正非本人、华为高管和华为员工的访谈,总结出任正非的七大领导风格。

第一,目标导向,志存高远。任正非总是想方设法为客户创造价值,通过一个个故事,不断向员工传递公司的理念:把数字世界带入每个人、每个家庭、每个组织,构建万物互联的智能世界。任正非通过对市场和客户的了解,把握产品的发展方向。一旦把握好了方向,就通过压强原则贯彻到日常的经营管理中。

第二,灵活应变,价值驱动。任正非总是关注未来,很少停留在过去。他用批判的眼光审视过去的成功,同时识别未来10年将面临的挑战。任正非通常能够很早、很超前地看到市场发展的方向。早在1994年,华为刚刚研发出自己的产品不久,任正非就提出要跨出国门。华为总部所在地深圳在20世纪90年代曾经历过两个泡沫经济时代:一个是房地产,另一个是股票。然而,任正非不为所动,始终坚持技术研发。任正非后来回忆道:"房地产和股票兴起的时候,我们也有机会,但是我们认为未来的世界是知识的世界,不可能是这种泡沫的世界,所以我们不为所动。"

第三,鼓舞员工,激发斗志。任正非特别爱讲故事,他经常通过一个个故事,慷慨激昂地向员工传递他的理念。在华为早期,任正非经常给员工讲故事。他相信,20年后,世界通信市场三分天下,华为必有其一。当时,华为仅有200名员工,很多人都觉得他是痴人说梦,但后来都实现了,大家慢慢也开始相信了。

第四,保持谦卑,艰苦奋斗。任正非曾说过:"我不懂技术,不过我可以让大家朝着共同的目标努力。"他取长补短、求贤若渴,逐步提高华为产品和服务的质量,由此赢得广泛赞誉。任正非自幼家庭生活困难。在华为创办初期,任正非和父母、侄子住在一间十几平方米的屋子里,在阳台上做饭,生活十分清苦。任正非总是避免被扣上"传奇领袖"的帽子,强调没有艰苦奋斗,就没有华为的成功。

第五,亲力亲为,令行禁止。任正非的领导风格呈现出不同特点。一方面,任正非大小决策亲力亲为,这也许与他曾经在军队服役有关。他严肃,有着强大的意志力,时刻把握决策权。另一方面,任正非从不给自己设置"一票决定权",他只有"一票否决权",就是防止华为变成自己的"一言堂"。同时在决策执行上,任正非也给了员工很大的自由空间。

第六,尊重对手,合作共赢。他认为竞争的核心是尊重竞争对手。实际上,华为之所以能在欧洲发展壮大,除了坚持以服务为中心的理念外,在一定程度上也要归功于其竞合战略。起初,欧盟官员想针对华为产品发起反倾销调查,但爱立信和诺基亚相信华为不存在倾销行为,全力支持华为。

第七,自我批判,慎思笃行。作为一个领导,任正非坚持自我批判、慎思笃行,保持强大的学习能力。他有一句话常被引用:思考能力是最重要的。他所说的思考能力不单单是指人的一项重要能力,还是华为文化的精髓。他认为员工智慧是华为最珍贵的资产。通过思考,可以连点成线,制定灵活的愿景和战略。任正非坚信,只有具备大视野,才能作出明智的战略决策。

华为的轮值董事长制

华为公司现在有3位轮值董事长：郭平、徐直军和胡厚崑。轮值董事长制度始于2018年4月，脱胎于2011年开始实行的轮值CEO制度，3人阵容不变，每人当值6个月。再往前可追溯至2004—2010年华为的EMT（executive management team，执行管理团队）轮值主席制。轮值制度由任正非首创。在任正非看来，轮值董事长制度的优点主要体现在以下几个方面。

第一，轮值董事长在当值期内是公司最高领导，处理日常工作，拥有最高权力，但不是一个人说了算，受常务董事会的辅佐与制约，且所有文件要经过董事会全委会集体表决，公司一致性不受太大影响。

第二，非轮值董事长仍是7人的决策委员会成员，需要为上任之后如何推动公司前进做准备，去座谈、去调研，以便上任以后拿出很多方案来讨论，而不是上任以后才开始管理改革。上任后当机立断处理问题，卸任后是"充电"时间，保持合理的循环。

第三，3位轮值董事长循环轮值，主要是避免"一朝天子一朝臣"，避免优秀干部和优秀人才流失。每个干部都不怕领导，这个领导不喜欢我也没关系，过几个月他就卸任了，我用工作结果来证明我是好的。

第四，每个轮值董事长在轮值期间奋力拉车，牵引公司前进。他走偏了，下一位轮值董事长能及时纠正航向、拨正船头，避免问题累积过重不得解决。

华为的外部咨询

在华为30多年的成长历程中，有一个角色不容忽视，也是华为成长中一个十分重要的见证方——外部的"管理咨询"智囊团。1998年，成立仅10年的华为引入IBM参与华为IPD（集成产品开发）和ISC（集成供应链）项目的建立，5年期间共计花费4亿美元升级了管理流程。手笔之大，决心之强烈，当时业内少见。除了IBM，华为还曾聘请过埃森哲、波士顿、普华永道、美世、合益、日立咨询、日本丰田董事等咨询公司或专家。

华为雇用管理咨询顾问的时候，并不能够完全为公司内部的元老接受，一是因为华为内部的员工也是名校MBA（工商管理硕士）、多年职业经理，管理理念并不少；二是因为华为的发展速度与业绩是元老做出来的，连外企对手也不敢小觑。公司内部员工瞧不上外部顾问，是外部顾问初进公司最普遍的现象。

任正非对团队的指示是：一切听顾问的！ 不服从、不听话、耍小聪明的，开除项目组，降职、降薪处理。任正非早在签顾问合同之前已完成信任程序，在参观IBM总部、与IBM做管理交流时，早已投下信任票。那年任正非回到公司后写了一篇文章《我们向美国人民学习什么》，其实就是说向以IBM为代表的世界级公司学习什么。之后不到半年，他就把IBM顾问请了过来。华为请顾问是信任在前。

资料来源：徐飞.战略管理[M].北京：中国人民大学出版社，2021.

思考与探究：

1. 华为战略管理者的领导风格是什么？
2. 华为轮值董事长制度的优点是什么？

9.1 战略管理与战略管理者

企业战略管理与以前的企业管理方式相比,一个最大的特点是,对管理者有着特别的要求。

9.1.1 战略管理者

企业战略管理者是指负责企业战略的制定并对企业战略实施承担直接责任的主体,根据在战略制定和实施中承担的职责的不同,企业战略管理者分为董事会、高层经理、战略管理部门、各职能部门经理以及中低层经理等。其中最主要的是董事会、高层经理和中低层经理。

1. 董事会

企业是不同群体为了谋求共同利益而建立起来的机构,所以也往往称为公司。这些不同的群体分别提供资金、专业技术与劳动。一般来说,在企业(公司)里,投资者或股东参与企业利润分享,但不负责实际经营;管理者经营企业,但不必为企业出资。为了保障投资者或股东的利益,企业(公司)成立董事会,由股东选举董事,董事则代表股东行使权利,并承担保护股东利益的法律责任。作为股东代表,董事既有权利也有义务确定公司的基本政策,并确保它们得到贯彻实施。因此,董事会有权利也有义务审批所有可能影响到公司长期绩效的战略决策。这意味着,董事会在战略管理中的角色主要是评价高层执行人员制定战略和实施战略的能力与技能,判断公司现行的战略管理工作是否做得出色。

1)董事会的职责

尽管关于规定董事会职责的法律和法规,国与国之间不尽相同,但是世界各国对董事会的职责正逐步达成共识。一般认为,企业董事会主要有下列五个职责:

(1)审查和确定企业使命、经营方向和总体战略;

(2)聘请和解雇总经理(或首席执行官)与其他高层管理人员;

(3)评价、监督或指导企业高层管理者;

(4)审批企业资源的调配;

(5)保护企业股东利益。

2)董事会在战略管理中的作用

为了完成其众多职责,董事会在战略管理中的作用是承担下列三项基本任务。

(1)监督与影响。董事会能够通过各种与董事会相关的委员会随时了解企业内外的动态情况,所以它能够提醒或敦促管理层做相应的战略控制或修正。

（2）评估与控制。董事会能够评估、审查和决议管理层的提议、决策与行动，也可以给出建议、提出意见，甚至提供方案框架。

（3）发起与决定。董事会能够描述企业使命，确定企业经营方向，甚至规定企业管理层的战略选择。

研究表明，董事会在企业战略管理中正发挥越来越积极的作用。

3）董事会的绩效

显然，董事会参与战略管理的程度，取决于它对监督与影响、评估与控制、发起与决定三项基本任务的执行情况。研究表明，董事会积极参与战略管理和企业财务业绩正相关。一般来说，企业越小，董事会参与的积极性越低，因为这时董事会由一群既是企业所有者又是企业管理者的人占据，其他董事通常都由他们的家人或朋友担任。但是，随着企业的成长和公开上市，董事会一般会更加积极地承担起自己的职责，发挥自己的作用。最有效的董事会借助各种委员会来完成大部分工作。一般来说，常设委员会有执行、审计、薪酬福利、金融与提名委员会等。

2. 高层经理

虽然说企业人人都要参与战略管理，但是高层经理要负主要责任。其中总经理（首席执行官）是企业最重要的战略管理者，领导整个企业的战略制定，且要承担执行的最终责任。为了有效实施战略管理，总经理（首席执行官）必须成功地履行以下两个职责：①战略领导与战略愿景；②管理战略规划过程。

首先是战略领导与战略愿景。战略领导为整个企业设定基调，即为完成企业目标的活动提供方向性指导，所以对企业非常重要。显然，只有处于总经理（首席执行官）的地位才能够肩负起战略领导的责任。战略愿景是对企业未来要成为什么样子的描述，它通常包含在使命描述之中。只有处于总经理（首席执行官）的地位才能够确定并对普通员工传达战略愿景，使员工能够超脱于自己的具体工作，看到公司的全貌。清晰而积极的战略愿景非常具有感染力，所以拥有清晰战略愿景的总经理（首席执行官）常常被看作有活力、富有魅力的领导，成为员工们追随的偶像，从而带领员工达到很高的目标。例如，微软的比尔·盖茨（Bill Gates）、西南航空公司的郝伯·凯勒尔（Herb Kelleher）和英特尔公司的安迪·葛洛夫（Andy Grove）等都被认为是富有魅力的伟大的商业领袖。

其次是管理战略规划过程。大多数企业的总经理（首席执行官）必须亲自启动和管理战略规划过程，以使所有业务部和职能部门的战略与公司整体战略协调一致。总经理（首席执行官）既可以要求各事业部和职能部门先提出本部门的战略规划，然后送交总部审批，也可以先草拟公司整体规划，然后要求各事业部和职能部门在这个框架内制定部门战略规划。不论采用何种方法，总经理（首席执行官），都要评价各部门的规划并提出反馈意见。为此，许多大企业都有一个战略规划部，在战略规划过程中为高层经理和各事业部提供支持。战略规划部一般不超过10个人，由一位副总经理或战略规划总监领导。

当然，总经理以下的高层管理者（即副总经理或副总裁）也有重要的战略制定和战略实施责任。一般来说，生产副总经理在生产战略的制定和实施中负主要的责任；市场营销副总经理在市场营销战略的制定和实施中负主要的责任；财务副总经理则负责制定和实施与公司总体战略匹配的财务战略。也就是说，总经理以下的高层管理者也参与整个企业战略关键要素的制定和实施，并和总经理紧密合作，有效地协调战略管理的各个方面。

3. 中低层经理

中低层经理是战略制定和战略实施中的重要一员。首先，企业中的每一个主要的单位——业务单位、部门、参谋人员、地区分公司等都在战略计划中起着重要的作用。其次，随着企业的经营越来越多元化或在地理上越来越分散，规模不断扩大，高层经理对每个地理区域和经营运作单位情况的了解不足以使其有能力采取正确的行动，而真正了解企业问题和机会的是中低层经理，具体实施企业战略的也是这些中低层经理。所以，中低层经理应该参与战略制定，这样他们才有可能积极支持企业战略。这一点是有效地执行战略的一个重要前提条件。一般来说，中低层经理在高层经理的指导下完成所在部门的部分或绝大部分战略制定工作，并选择执行所作出的战略抉择的途径和方法。当然，与组织结构顶层的管理者相比，中低层经理所处的组织结构层级越低，其战略制定和执行的范围越狭窄、越具体明确。

案例9-1

"事必躬亲"与"抓大放小"

作为一种领导风格，"事必躬亲"指的是一个领导者事无巨细，一定要亲自去做、去管才放心。"抓大放小"指的是一个领导者面对纷繁复杂的形势，以及不同层次的复杂矛盾，管好该管的事情，放开该放的事情，集中主要时间和精力去解决主要矛盾，牢牢掌握工作主动权。"事必躬亲"与"抓大放小"作为两种不同的领导风格，到底孰优孰劣？我们从以下两个典型代表中不难得出答案。

"事必躬亲"的典型代表为三国时期的诸葛亮。据《三国志》记载，"事无巨细，亮皆专之"。诸葛亮尽管运筹帷幄、决胜千里，但由于难以克服事无巨细的弊病，最终积劳成疾，年仅54岁就告别了未竟的事业，正所谓"出师未捷身先死，长使英雄泪满襟"。

而西汉丞相丙吉则与诸葛亮不同。丙吉春天出行，他看见一群人在路上斗殴，"死伤横道"，他不下车过问；又"逢人逐牛，牛喘吐舌"，他立刻停车派人去向赶牛人查问原因，随行者不解丞相之意，认为丞相"前后失问"，或以讥之。丙吉解释说："民斗相杀"这是长安令、京兆尹的事，"丞相不亲小事，非所当于道路问也"。对于后者，他认为现在正是春耕季节，天还不很热，看见耕牛口吐白沫，是不是"时气失节"？这是关系到国计民生的大事，是丞相职责所在，故当问之。

可见,从行为后果来看,诸葛亮这种做法是不可取的,纵然其再有韬略、再负责任,不能成"大事"亦是枉然。而从"丙吉察牛"这则故事可以领悟出,身为领导者,没必要"事必躬亲",要"抓大放小",管好自己该管的事,管好自己分内的事。

资料来源:"事必躬亲"与"抓大放小"[EB/OL].(2022-10-16). https://www.wenmi.com/article/pzggyk02j88q.html.

9.1.2 战略管理者的观念和能力

除了环境和组织之外,企业战略管理者的观念和能力也是关系到企业战略管理能否成功的至关重要的因素。事实上,只有与环境、组织相适应并同时与战略管理者的观念和能力相适应的企业战略管理,才能够获得成功,企业才有可能取得理想的业绩。

1. 战略管理者的观念

一般来说,战略管理者的观念主要包括他们的个体偏好、对风险的态度、思维惯性、历史文化传统、道德和社会责任感等。

1) 个体偏好

研究发现,战略管理者在企业宗旨、目标、战略和政策的抉择过程中,不仅受某一个体偏好的影响,而且相当多的情况下要同时受多种个体偏好的影响。这些个体偏好包括理论偏好、经济偏好、美学偏好、社会偏好、政治偏好和宗教偏好六种。当然,不同的人受到这些偏好影响的程度也有所不同,但是大多数人的个体偏好以经济、理论和政治为主要导向,而美学、社会和宗教导向则处于次要的位置。

2) 对风险的态度

一般来说,风险意味着未来蒙受损失和伤害的可能性。由于未来的不确定性,所以任何企业战略都是一项具有一定风险的事业。研究发现,战略管理者对于风险的态度直接影响着战略的选择,从而对一个企业的成败产生重大影响。愿意承担风险的企业管理者通常会选择进取性战略,这意味着他们乐于在迅速变化的环境中经营,常常在环境发生重大变化之前就主动出击并有所斩获;回避风险的企业管理者则往往会采用防御性战略,对环境变化作出被动的反应。

3) 思维惯性

思维惯性是指在思维过程中,习惯性地突出思维要素中某一个要素而忽视其他要素的存在或重要性的现象。思维惯性与一个人的经历、学识、信息量有关。研究发现,企业战略管理者的思维惯性往往有较大差异,而且这种思维惯性对他们的判断与决策产生重要的影响。例如,一个注重资源节约的战略管理者会由于创新所带来的暂时性资源浪费而极力反对和阻止创新性战略,而一个注重质量的战略管理者则往往会反对任何导致质量改变的战略举措。

4）历史文化传统

历史文化传统实际上也是表现在企业管理者身上的一种特殊思维惯性。不同的国家和民族往往拥有自己独特的历史文化传统,并在一定程度上影响着该国或该民族企业管理者的思维方式,从而对管理者的决策和行为产生重要的影响。当然,随着经济全球化的进一步发展,国际交流的日益频繁,世界各国传统文化相互渗透的程度越来越高,历史传统文化差异对企业管理者的影响日渐减小。

5）道德和社会责任感

企业战略管理者的道德和社会责任感是指他们对社会道德和社会责任的重视程度。企业战略管理者的道德和社会责任感不同,他们对不同战略的选择也会有不同的看法。也就是说,企业战略管理者的道德和社会责任感也会对其判断与决策产生重要的影响。由于企业存在于社会之中,所以企业的任何一项战略决策都不可避免地涉及其他人和社会集团的利益,要制定一个有效的战略规划,战略管理者必须处理好这些利益冲突,因此企业战略管理者的道德和社会责任感具有十分重要的意义。

那么,企业的责任有哪些?其中哪些应该是战略管理者必须承担的?关于这一问题,尚无一致看法。事实上,著名经济学家米尔顿·弗里德曼(Milton Friedman)和阿奇·卡洛尔(Archie Carroll)分别给出两种相互对立的观点。

弗里德曼非常反对社会责任观念,他以新自由主义经济学为理论依据,"证明"企业的社会责任是"致命的魔鬼原则",而且认为"企业有且只有一条社会责任就是运用资源,按照游戏规则经营来增加利润,也就是说,不依靠欺诈和骗术参与自由、开放的竞争"。

而卡洛尔则认为,除了经济(盈利)责任与法律责任之外,企业应当履行其社会责任。社会责任包括道德责任和自愿责任两个方面。道德责任就是那些法律中没有规定但是社会认为有价值的事情。而自愿责任纯粹是志愿行动,如慈善捐赠、训练经常失业者、提供托儿所等,社会并没有要求企业必须这么做。如果企业没有履行某些道德责任或自愿责任,社会就会通过政府采取行动,使它们成为法律责任,从而降低企业的效率。

越来越多的研究发现,社会责任与公司财务业绩之间有一定的正相关关系。但是,如果企业必须履行社会责任,那么企业到底要对社会中的哪些人负责?我们知道,企业的活动涉及大量的社会人群,这些人群被称为利益相关者,企业的活动会对他们产生影响,或者相反,他们会影响企业战略目标的完成。那么,企业是只对部分利益相关者负责,还是对所有利益相关者负同等责任?如果企业只对部分利益相关者负责,那么哪个群体的利益优先?显然,这些问题处理不当,企业的效率就会受到影响。因此,战略管理者在作出战略决策之前,一定要仔细考虑每一个方案会涉及哪些重要的利益相关者及相应的对策方案。

案例9-2

大力弘扬企业家精神

党的十八大以来,以习近平同志为核心的党中央高度重视企业家群体和企业家精神在国家发展中的重要作用,在企业家座谈会上,强调"弘扬企业家精神,推动企业发挥更大作用实现更大发展,为经济发展积蓄基本力量";在民营企业座谈会上,勉励民营企业家"弘扬企业家精神,做爱国敬业、守法经营、创业创新、回报社会的典范";在地方考察调研时,嘱咐要发扬企业家精神,"激发各类市场主体活力""推动企业发展更上一层楼,为国家作出更大贡献"。习近平总书记在多个场合强调弘扬企业家精神,鼓舞着广大企业家更加积极进取、奋发有为。

市场活力来自人,特别是来自企业家、来自企业家精神。改革开放以来,我国逐步建立和不断完善社会主义市场经济体制,市场体系不断发展,各类市场主体蓬勃成长。截至2021年11月初,我国市场主体总量已突破1.5亿户,其中个体工商户突破1亿户。伴随各类市场主体的成长和勃兴,一大批有胆识、勇创新的企业家茁壮成长,形成了具有鲜明时代特征、民族特色、世界水准的中国企业家队伍。他们怀着对国家、对民族的崇高使命感和强烈责任感,把企业发展同国家繁荣、民族兴盛、人民幸福紧密结合在一起,主动为国担当、为国分忧,顺应时代发展,勇于拼搏进取,为积累社会财富、创造就业岗位、促进经济社会发展、增强综合国力作出了重要贡献。在波澜壮阔的历史进程中积淀形成的企业家精神,成为中国共产党人精神谱系的重要组成部分。

新时代呼唤与时俱进的企业家精神。在2020年7月召开的企业家座谈会上,习近平总书记强调:"企业家要带领企业战胜当前的困难,走向更辉煌的未来,就要在爱国、创新、诚信、社会责任和国际视野等方面不断提升自己,努力成为新时代构建新发展格局、建设现代化经济体系、推动高质量发展的生力军。"我们要深刻认识到,企业营销无国界,企业家有祖国,爱国是近代以来我国优秀企业家的光荣传统,爱国情怀是企业家应有的价值追求;创新是引领发展的第一动力,企业家创新活动是推动企业创新发展的关键;社会主义市场经济是信用经济、法治经济,企业家要同方方面面打交道,调动人、财、物等各种资源,没有诚信寸步难行;社会是企业家施展才华的舞台,只有真诚回报社会、切实履行社会责任的企业家,才能真正得到社会认可,才是符合时代要求的企业家;有多大的视野,就有多大的胸怀,拓展国际视野才能提高统筹利用国际国内两个市场、两种资源的能力。

当前,世界百年未有之大变局正加速演进,新一轮科技革命和产业变革带来的激烈竞争前所未有,气候变化、疫情防控等全球性问题对人类社会带来的影响前所未有,单边主义、保护主义抬头,经济全球化遭遇逆流,世界经济在脆弱中艰难复苏。同时,我国已进入高质量发展阶段,人民对美好生活的要求不断提高,继续发展具有多方面优势和条件,但发展不平衡、不充分问题仍然突出,创新能力还不适应高质量发展要求。国内外发展环境发生的深刻复杂变化,给我国企业发展带来了不小挑战、提出了更高要求。越是面临挑战,越要大力弘扬企业家精神,发挥企业家作用,推动企业实现更好发展,为我国经济发展积蓄基本力量。奋进新征程、建功新时代,广大企业家要厚植爱国情怀,带领企业奋力拼搏、力争一流,实现质量更好、效益更高、竞争力更强、影响力更大的发展;要做创新发展的探索者、组织者、引领者,勇于推动生产组织创新、技术创新、市场创新,重视技术研发和人力资本投入,有效调动员工创造力,努力把企业打造成为强大的创新主体;要做诚信守法的表率,带动全社会道德素质和文明程度提升;要真诚回报社会、切实履行社会责任,努力稳定就业岗位,关心关爱员工;要立足中国,放眼世界,提高把握国际市场动向和需求特点的能力,提高把握国际规则能力,提高国际市场开拓能力,提高防范国际市场风险能力,带动企业在更高水平的对外开放中实现更好发展。进一步激发和弘扬企业家精神,还要依法保护企业家合法权益,依法保护产权和知识产权,构建亲清政商关系,为企业家干事创业创造良好环境。

企业好经济就好,居民有就业、政府有税收、金融有依托、社会有保障。面向未来,大力弘扬企业家精神,充分调动广大企业家积极性、主动性、创造性,更好发挥企业家作用,在新征程上敢闯敢干、不懈奋斗,形成更多具有全球竞争力的世界一流企业,我们就一定能推动高质量发展不断取得新成效,为实现第二个百年奋斗目标、实现中华民族伟大复兴的中国梦作出新的更大贡献。

资料来源:人民日报评论员.弘扬企业家精神,为国家作出更大贡献——论中国共产党人的精神谱系之四十六[N].人民日报,2021-12-06.

2. 战略管理者的能力

为了更好地履行战略管理职责,战略管理者不仅要有正确的观念,而且要有较强的战略管理能力。然而,研究者在关于何谓战略管理者能力的问题上尚未取得一致性意见。

研究发现,如果企业管理者的能力划分为理解能力、人际关系能力和技术能力三项,那么企业战略管理者主要需要的是理解能力。理解能力又称分析能力,它涉及怎样从企业全局出发来考虑应该做什么和不应该做什么等重大而抽象的问题。人际关系能力也称为交往能力,是一种与他人共事、共同完成工作任务的能力。技术能力即操作能力,就是一个人运用一定的技术来完成某项任务的能力。

一些研究者进一步认为,战略管理者的能力主要表现为战略管理者对外部环境变化及趋势,组织存在的问题、潜力、优势与劣势及其转化的洞察能力、应变能力和调控能力。另一些研究者则认为战略管理者的能力应该分为以下四种:①适应动荡环境,能够开创新方向并勇于承担风险的企业家素质和能力;②规划、组织和控制战略活动的管理技能;③提供产品和服务的生产技术能力;④调整、平衡、统一集团活动与目标间关系的综合素质和能力。这些研究者还认为,很少有人能够同时具备这四种能力,但是在管理班子中引入各种"专才"有机组合也可以达到"通才"的整体功能,所以管理团队十分重要。

当然,也有一些研究者认为战略管理者的能力包括以下四种:独立思考能力、想象力、应变力与理解和体贴下属的能力。独立思考能力表现为战略管理者对市场情况往往有自己独特的见解,善于推陈出新,以新颖的方法解决问题,它对于不确定环境中的企业具有十分重要的意义。想象力就是对未知世界的各种可能性进行想象的能力。显然,想象力越丰富,对未知世界的认识就越全面,应对未来的方法就会越多,因此具有丰富想象力的企业战略管理者能帮助企业创造和利用更多的机会,从而实现基业长青,而那些想象力贫乏的战略管理者只会将企业引向失败。应变力就是接受、适应和利用变化的能力,世界唯一不变的东西就是变化,因此,企业战略管理者缺乏应变力必然使企业陷入困境。理解和体贴下属的能力就是了解和满足下属的需要与期望并有效地激励下属为实现企业战略目标而努力的能力,它对于战略的实施具有非常重要的意义。

9.1.3 战略管理者与战略的匹配

早期的战略管理理论认为,企业高级经理(特别是总经理或首席执行官)只要具备战略家的观念和能力,就可以领导企业朝任一战略方向进军。然而,随着时间的推移,研究者发现,战略管理者的行为是存在差异的,战略管理者的行为类型与企业的战略方向存在一定的匹配关系。也就是说,企业不同的战略方向要求相应行为类型的管理者与之匹配,才能够达到最佳的战略管理效果。由于战略管理越来越成为自下而上的自组织过程,这种要求管理者与战略相互匹配的趋势越来越明显。战略管理者行为类型及其与企业战略方向的匹配关系如表9-1所示。

表9-1 战略管理者行为类型及其与企业战略方向的匹配关系

战略方向		爆发性发展	积极地扩张	持续地扩张	增加产量求发展	巩固现有经营
管理者类型		开拓者	征战者	谨慎者	重效率者	守成者
角色特性	遵从性	非常灵活,极富创造性,偏离常规	有节制地不遵从常规,具有有利于新事物的创造性	结构牢固,根据时间表,可靠	官僚、教条、僵化	重复、驯顺、例行公事
	社交	非常外向,很有鉴别力和魄力,但受环境驱使,多疑	选择性外向,将挑选出的人组成小组	友善、协作、保持控制、受人尊重	程序性的	内向,有修养
	能动性	过分积极,好动,自由不羁	精力充沛,能对弱信号作出反应,对情绪有较强的自制力	导向目标,稳重,遵守协议	自由放任,不得已才做,不主动	稳重冷静、按部就班、等着瞧、不逾规矩
	成功紧迫性	性急、蛮干,提出挑战,受任何独特事物的刺激	逐步扩大势力范围,考虑风险	平稳发展,满足于控制局面	反应性行动,靠外界刺激	维护现状,保护自己的势力范围
	思维方式	直观,非理性,有独创性,偏离常规	能够看到一定限度以外,博学,有理性	严肃,有条不紊,深刻,专一	墨守成规,事无巨细,按惯例办事	严肃、遵从以往观念联系以前情况

9.2　企业家与企业战略家的异同

"企业家"一词最早出现于16世纪的法语文献,当时主要指武装探险队的领导。企业家与企业战略家的内涵相同。企业家与企业战略家的生成基础都是企业,都是为了企业发展而进行一系列经营管理决策活动。他们在企业的经济活动中起着举足轻重的作用。企业的发展离不开全体员工的共同努力,但个体的员工要经过组织整合为群体,才能发挥效能,这个责任自然落在了企业家和企业战略家的身上;企业要想发展,也离不开适宜的战略战术,而这些关系企业生死存亡的重大决策,也都有赖于企业家和企业战略家;企业的发展除外部因素外,内部的协调、沟通,也要依靠企业家和企业战略家高超的管理艺术与决策水平。

从工作职能来看,企业家和企业战略家大体相同,如:认识和发现市场中存在的机会和威胁;编制企业中长期经营计划;确定企业经营目标和方向;评选战略项目实施的行动计划;领导企业实施战略计划等。在我国目前企业战略家不够成熟、完善的情况下,一般企业家都在履行企业战略管理的工作职能,即企业战略决策一般由企业家作出,从而导致了企业家和企业战略家互相包容的现象,可谓你中有我、我中有你。但其外延不同。企业战略家源于企业家,但企业家与企业战略家不能画等号,企业家经发展才是企业战略家。二者很多地方是不尽相同的。

1．对企业发展的观念不同

企业家注重近期(1～3年)的绩效,企业家要在已定战略方针的指导下,做好企业日常的经营管理活动。企业战略家更注重长远(5年以上)发展,企业战略家在维护企业正常生产活动的前提下,更注重企业与外部环境的关系,以寻求企业的更长远发展。

2．工作重点不同

企业家侧重的是具体的管理指挥运作,而企业战略家主要承担战略决策工作,侧重的是谋划。

3．知识结构要求不同

对企业家具体的管理知识要求较多,如生产管理、销售管理、财务管理、人力资源开发等微观专业知识。而对企业战略家的哲学、社会科学等抽象思维知识要求多一些,如战略思维方式、战略比较研究、战略分析方法等。

4．二者的素质不同

企业家强调各种现时运作能力的提高;企业战略家注重培养和提高各种应具备的素

质,强调长远发展能力。

总之,企业家应当成为企业战略家,这是现代企业和经济、社会发展的客观要求;而企业战略家来自企业家,又是高于企业家的管理精英。

9.3 企业家的素质

企业家是以企业获得生存与发展为己任,担负企业整体经营的领导职务,并对企业经营成果负最终责任,具有专门知识技能,为企业创造出高绩效的高级经营管理人才。企业家素质的主要内容包括以下两方面。

(1) 企业家精神主要体现在观念上,它是企业精神的核心内容和支柱,主要包括:①勇于创造的革新精神;②敢于冒险的进取精神;③勇于追求、敢于胜利的精神。

(2) 企业家的使命感和责任感。使命领导责任,责任完成使命,没有正确的使命,就没有合理的责任,使命感和责任感是对企业家素质与能力的核心要求。企业家肩负着重要的使命感和责任感,因而应当成为企业经营的战略家、管理的艺术家、脚踏实地的实干家,应具有以下主要素质:①政治思想素质,品格优异,作风高尚;②气质修养素质,具有远大志向、果断的作风、强烈的事业心和责任感,诚实公正,以身作则;③知识素质,应具备现代化的经济技术管理知识,不断吸取国内外先进的技术和管理经验;④能力素质,企业家应具备决策能力、思维分析能力、组织能力、用人能力、自制能力。

经理层的领导风格

(1) 有远见,能帮助公司确定明智的方向。

(2) 能带领下属取得成果。非凡的领导者应善于挑选那些赞成、支持、笃信他们确定的方向又能发挥作用的伙伴。

(3) 营造那种赋予力量和鼓励人们肯干实干的能力氛围。

(4) 善于分配资本,至关重要的不仅是收益,而且是如何处理这些收益。

(5) "坠入情网",热爱自己的企业。(约翰·科特)

9.4 企业战略家的素质与才能

企业战略家作为现代企业具有高新知识结构的管理阶层,不同于企业的日常经营管理者。企业战略家是企业战略管理的主体,他们根据对企业内外部环境的分析,制定和实施企业战略,对企业战略的实施过程进行监控,并对其结果进行评价。所以,企业战略家的素质和才能等方面状况对企业战略的成败具有十分重要的影响。

9.4.1 企业战略家的素质

1. 思想素质

企业战略家首先应是思想家,要能够经过思维活动,对客观现实有独到的见解。将某个问题、事件或需协调的系统分解成若干部分或子系统,找出它们各组成要素的内在特征和联系,通过优化组合,以适应外部环境的变化,即通常所说的战略思维方式。能够运用战略思维方式,具有战略思维理念,这是企业战略家应具备的首要素质。

2. 政治素质

政治素质是企业战略家政治观点、价值观、道德、社会责任感的综合反映。企业的任何一项战略决策都将涉及企业、国家和社会的利益,这些因素都对企业高层决策进行战略决策起着十分重要的影响作用。因此,政治素质是企业战略家应具备的核心素质。

3. 技能素质

技能素质是指掌握和运用企业战略技术的能力,包括掌握企业战略管理知识的知识素质和运用企业战略管理技术的能力素质。在知识经济时代,企业战略家所具备的知识框架主要有哲学、社会科学和技术科学等。企业战略管理者运用宏观经济知识,可以对经济形势作出迅速判断并推断未来,以此进行战略设计和领导战略的实施。如何运用所学的企业战略和企业战略管理知识,涉及能力素质问题。能力素质是指企业战略家运用企业战略技术的主观条件,包括创造能力、应变能力、分析能力和亲和能力。所以,技能素质是企业战略家应具备的基本素质。

4. 心理素质

心理素质是指企业战略家在进行企业战略管理时所表现出来的感觉、知觉、思维、情绪等内心活动的个性心理特征。企业战略家必须具有健全的神经、乐观的性格和饱满的精神。这是企业战略家应具备的重要素质。

5. 生理素质

生理原本是指机体的生命活动和体内各器官的机能,引用到企业战略管理中是指企业战略家为从事企业战略各项活动所应具备的身体条件。随着科学技术的飞速发展,企业战略家的工作越趋复杂,对于既是脑力劳动者又是体力劳动者的企业战略家来说,没有强壮的身体,显然难以胜任工作。所以,作为企业战略家,必须具有强壮的体魄、充沛的精力。这是企业战略家应具备的根本素质。

9.4.2 企业战略家的才能

德国一位著名的军事战略家曾经这样说过:"在双方军队参战之前,战争的胜负已经可以从双方的战略家身上看出来了。"商场如战场,一个卓越的企业战略管理者必须具备许多常人没有的才能,以实现企业发展的战略目标。

企业战略管理者的才能表现为以下几个方面。

1. 战略思维

企业战略管理者要对企业战略的选择具有高度的独立思考能力,敢于向传统观念或习惯性的结论挑战;敢于或善于提出问题,具有很强的问题意识,不断地发现问题、制造问题、解决问题。危机感、紧迫感、竞争意识是企业战略家的思想源泉。

2. 组织用人

组织用人就是运用组织理论的原理,根据企业的特点和发展的需要建立企业高层决策集团与分工协作的组织机构,把构成企业组织系统的要素按照战略目标的要求合理地组织起来,并保证其高效率地运转。要知人善任,有计划地识别、选拔、使用和培养人才。

3. 控制协调

失控是企业战略管理者无能的表现,企业战略管理者必须对影响全局的主要问题进行严格的控制,制定控制标准,并能充分发挥各职能部门控制体系的作用;协调各种关系,解决各方面的矛盾;还要具有很强的社会活动能力,以协调企业外部的战略性关系。

4. 应变创新

在当今与未来的世界中,只有一件事是可以肯定的,那就是变化,企业的战略管理者必须能够理解和接受变化,根据变化来调整自己的思想,利用变化来实现企业的目标,在变化中不断树立新的管理观念和经营理念。

我国学者提出战略家应具备如下五方面的素质:①品德高尚,志向高远。严格要求自己,锤炼高尚的品德,树立远大的志向。②思维敏捷,知识渊博,具有"月晕知风,础润知雨"的敏捷思维,从现象中分析本质,探寻规律,学识渊博。③心理健康,个性优异,意志坚强,情感稳定,性格良好而有个性。④足智多谋,能力超群。高瞻远瞩,远见卓识,富有韬略,机智果断,随机应变,标新立异,勇于创新。⑤身体健康,精力充沛。

> **特别提醒**
>
> 企业家应该是战略家。企业家要有"四看":远看、近看、粗看、细看。远看,即看企业发

展远景与宏观战略,也就是抓中长期计划的思考与制订,注重新产品的开发和更新换代,注重技术改造和发展后劲。近看,即看近景、看微观,也就是抓产品营销、抓企业管理。所谓粗看,即看企业整体状况和主流。细看则是看企业的薄弱环节和毛病。这远看、近看,可以使人既有今日的实干又不失明日的前进目标;这粗看、细看,则使人既看到主流,增强信心,又不因满足已有的成绩而故步自封,还要注重细节,经营管理无小事,创新发展是大事。

小知识

优秀的企业家应具备的素质

美国公关协会的研究认为,优秀的企业家应具备以下七项素质:①信任下属;②目光远大;③临危不乱;④鼓励冒险;⑤精通业务;⑥包容异议;⑦化繁为简。

9.4.3 企业家的战略思维能力

用兵之道,以计为首;经营之道,以战略为首。企业要经营,战略要先行。如何以高超的战略思维能力、丰富的管理经验和变革创新潜能,在市场竞争中寻找、发现、创造自己的商机,正确把握企业的经营发展方向,实现企业外部环境、内部条件与经营目标三者动态平衡,如何制定企业经营战略并有效实施战略管理,这是企业高层领导的首要课题,没有战略的企业就等于没有灵魂。

西欧曾调查研究过企业高层管理者的时间是如何安排的。结果表明:这些高层管理者有40%的时间用于企业的经营战略方面,40%用于处理与企业有关的各方面关系,剩下20%的时间用于处理企业的日常事务,花费在战略上的时间占40%。企业要生存、要发展,必然要求其决定企业航向的责任人花费相当的时间和精力冷静地去思考、研究、处理企业战略性的大问题,如果企业领导者只能以其全部时间忙忙碌碌地处理日常事务或生产中的现实问题,整天当"救火队员",而没有时间和精力去研究带有全局性、关键性的经营战略方面的问题,那么企业就很难在深谋远虑的基础上主动地一步一步向前发展,很难在竞争中取胜。思想领先行动,一个企业家应该具有经营战略头脑,首要的是有战略思维能力,现探讨如下。

1. 发现问题的能力

善于及早发现问题是企业领导者必须具备的思维能力,也是必须练就的基本功。敢于自我否定是企业领导者及早发现问题的思想基础,问题是客观存在的,归根结底取决于人们如何去认识它、发现它,一个高明的企业领导者往往能够及时发现问题。问题就是差距,敢于正视问题、提出问题实际上就是承认差距,也就是一种自我否定。只有不断地否定自己,永不满足,才能不断地超越自己、不断前进。大多有进取精神的企业领导者并不是漫不经心地等待问题,而是未雨绸缪,未战先算,自我加压,掌握未来发展的主动权。发现问题的过程,实质上就是调查研究和系统分析的过程,只有在调查研究的基础上,掌握大量的第一手资料,并通过系统的分析,从中找出差距,才能发现问题,那么企业领导者应该注意发现哪些问题呢?

1) 新形势下出现的新问题

新体制、新技术、新工艺的采用都会对企业领导者提出新的课题和任务。挑战和机遇并存,这就要求企业经营者不仅有战略家的头脑和思维,更有良好的预见性和战略眼光,主动适应新的形势和任务,采取相应的对策。

2) 被某种现象所掩盖的问题

企业领导者不仅要看到显而易见的问题,而且要善于发现潜在的或被某种倾向所掩盖的问题。这就要求企业经营者有敏锐的洞察力,透过现象看本质,从而开拓更为广阔的市场。

3) 发展中出现的新问题

成功的企业领导者总是十分注重企业在发展中可能遇到的问题,如产品开发、技术、人才、资金短缺等问题,发现和解决这些问题,才能实现企业的总体发展战略。

4) 群众所关心的热点问题

为了提升自己发现问题的能力,应走群众路线,从群众中来,到群众中去,兼听则明,集思广益,积极鼓励职工结合企业的实际提合理化建议。企业需要解决的问题很多,重点是要抓住关键问题作为战略决策的对象,才能作出具有全局意义的战略决策。因此,现代企业领导者的战略思维必须做到两点:第一,谋全局。既高屋建瓴,统筹谋划,全方位地思考,防止顾此失彼,又要区别不同层次,分清轻重缓急,把握有度。第二,谋长远。在制定战略决策时,既要立足现实,又要着眼未来;既从现实出发,又有超前意识,使企业不断适应市场环境与市场变化,处于主动领先地位,把握和赢得未来。

2. 概念形成能力

企业经营者思维中的概念形成能力是种非凡的创造力,是制定和实施战略的先导。概念是对客观事物普遍的、本质的、概括性的反映,它是抓住事物本质和内部联系的基础,是人类思维的第一个环节,只有建立正确、科学的概念,才能准确判断、恰当推理,概念形成阶段是人的认识从感性认识上升到理性认识的阶段。科学思维的成果都是通过形成各种概念来加以总结和表达的,企业领导者应能在错综复杂、不断变化的各种因素及其相互联系中发现本质的东西。要创造性地形成企业战略的概念,就要将辩证法的思想应用到制定战略中去,形成全新的战略思维。辩证思维的基本特征是:全面性、准确性、本质性、具体性。

首先,全面性要求在制定经营战略时思维必须全面周到,对经营战略的内容、目标要全面考虑,既要考虑到过去、现在,还要考虑到未来;既要考虑到外部环境的机会和威胁,又要考虑到内部条件的优、劣势以及企业宗旨、经营哲学,整个企业发展态势等概念。要把企业经营战略放到市场的大环境去考虑,既要考虑国内市场环境、竞争对手、行业环境,又要考虑国际市场环境。其次,准确性是指战略思维必须准确清楚,不能似是而非。再次,本质性是指在制定战略的思维过程中能够透过现象看本质。最后,具体性就是制定战略时要具体问题具体分析,乃是马克思主义活的灵魂。

从上述特征可以看出:辩证思维是一种科学的思维,只有掌握了辩证思维的真谛,才能在战略思维中形成正确的企业战略概念,准确、清晰地表达概念,从而有利于界定问题,形成共识,理顺思路,制定和实施战略管理。

3. 超前预见能力

超前性思维是指面向未来、超越客观事实实际进程的思维,其特点是在思维对象实际发生变化之前,就考察其未来可能出现的各种趋势、状态和结果。在飞速发展的现代社会,超前性思维和预见能力对企业领导者具有十分重要的意义。

首先,现代社会全球性经济、技术联系日益加强,因此领导者的视野应不断拓宽,领导的视野不能局限于本企业、本地区,而需要扩展到整个国内市场和国际市场,面向世界,面向未来,在全球范围内寻求自己的战略立足点。而一般来说,领导视野越广阔,所涉及的因素越多,变化幅度越大,影响越深远,就越需要加强思维的超前性和预见性。

其次,现代社会经济、技术发展速度日益加快,由此导致领导节奏大大加快,如:从科学发现、发明到形成社会生产力的周期越来越短;机器设备和工业品更新速度大大加快;科学技术飞速发展、经济信息剧增等。在这种情况下,企业家要制定企业的发展战略,就必须事先考虑到这种迅速变化的环境,使思维变化走在环境变化的前面。

最后,现代社会经济、技术竞争日益加剧,也使得超前性思维在战略活动中的价值大大提高。一个企业家在强手如林、竞争激烈的社会中,要想掌握战略的主动权,没有超前性思维,显然是不行的。从某种意义上说,没有超前性思维,就没有真正的战略,也就没有战略的主动权。

当然超前意识要从实际出发,建立在现实的基础上,要有可行性,而不能好高骛远。定计之先需要料敌,兵书上的料敌推断方法有:以己度敌,反观而求,平衡推导,观往验来,察迹映物,投石问路,顺藤摸瓜,按脉诊痛。科学的预见是企业经营者成功策划的基础。精明的企业家要有"月晕知风,础润知雨"的敏锐目光,金风未动蝉先觉,善于预见则成功,不善于预见则失败。中国有句古语,"处事识为先,断次之"。因此,企业家必须提高自己的预见力,能见前人之所未见、想今人之所未想。能从现状看到未来,能提出真知灼见。在预测的基础上神机妙算,《孙子兵法》曰:"夫未战而庙算胜者……多算胜,少算不胜,而况于无算乎?"经营者只有"善算、巧算、妙算",才能审时度势,技高一筹,运筹帷幄,决胜千里。

4. 独立思考能力

大文学家韩愈曾说:"业精于勤,荒于嬉;行成于思,毁于随。"独立思考能力含义有三:

一是分析和判断问题时不为他人所左右,有主见,不人云亦云;二是能深思熟虑、慎明思辨,在众多复杂的关系中发现它们的相互联系,并能抓住问题之关键,牵"牛鼻子";三是有独特的创新思维方式,不受习惯势力和惯性思维的束缚。战略思维方式主要有以下几种。

(1) 纵向思维。纵向思维又称顺向思维,是按照事物形成发展的时间顺序考虑问题的一种思维方式。运用该方式制定战略问题时,把相对独立的事物按其发生的先后顺序进行分析,从而以事物发展的阶段性特点和前后联系去思考问题,受传统习惯影响较大,在多数情况下,难以达到预定的战略目标。

(2) 横向思维。它把思维的内容平面铺开,通过分析企业战略各种条件或因素的相互影响制约关系来认识事物。该方式由于把经营战略放在普遍联系、相互影响、相互制约关系中认识,因而容易提高对战略经营的全面认识,有利于战略管理的成功。

(3) 逆向思维。逆向思维也称反向思维,该思维方式由于不符合常规,因而容易发现一些在正常思维条件下不易发现的问题。现代社会发展的速度是前所未有的,这就要求人们的思维方式多样化、立体化,解放思想,拓宽思路,在企业经营活动中,不少成功企业家善于逆向思维,从反面提出问题、解决问题,从而取得意想不到的成果。

(4) 多向思维。多向思维是对战略议题从各个不同角度进行全面考察后得出结论的思维方式。该方式的特点是从点、线、面不同的战略层次上进行全方位思考,形成立体思维,从而具有灵活多变、消除死角的优点。从各个侧面、各个角度、各个层次考察、审视企业,把企业作为一个有机整体,站得高,看得远,想得全,从而制定出驾驭全局、指导全面的总体战略。

(5) 动态思维。动态思维是在战略中依据客观的外界变动情况而不断调整和优化战略思维的内容,以提高思维正确性的一种思维方式。外部环境是不断变化的,如果战略思维活动不能随着外部环境的变化对其内容进行协调,以修正思维的方向和目标,就很难获得正确的战略决策。

5. 应变创新能力

灵活应变是领导者自觉适应变化了的客观形势而巧妙有效地处置问题的能力,在科学判断的基础上,使原则性和灵活性高度统一。对客观环境必须遵循了解、适应、利用、影响、改造五个程序。其核心是适应,适者生存,不仅在自然界、生物界如此,在社会经济界更是如此,无论是企业还是个人,要生存和发展下去,都必须使自己适应环境。为了主动适应环境,必须及时了解认识环境的现状和未来变化的趋势,在了解和适应的基础上发挥主观能动性,充分利用本单位的有利条件,力求尽快发展自己。创业难,守业更难,企业家必须保持对新鲜事物敏锐的洞察力,见微知著,富有想象力,思路开阔,善于提出大胆而新颖的设想,敢闯敢干,每一时期都有新思路,不断地用更新、更高的目标鼓舞人们前进。诺贝尔奖获得者赫伯特·西蒙(Herbert Simon)说:"管理的核心在经营,经营的核心在决策,决策的核心在创新。"特别是在进行企业发展战略决策时,面对的都是未来可能出现的问题,需要领导者不断地探索和创新。创新思维活动有其内在规律性,一般要经过以下五个阶段。

(1) 准备阶段。不打无把握之战,不打无信心之仗,首先要有推动创新活动的内在动力,不达目的,绝不罢休。

(2) 深思熟虑。这是创新思维的关键一步,一着不慎,满盘皆输;一着领先,全盘皆活。

(3) 休整待发。对错综复杂的问题,冥思苦想,仍理不出头绪,应暂停一下,自我调整。

(4) 豁然领悟。灵感一来,进入新的境界,创新思维突然出现,经过休整酝酿、长期积累,新智慧的火花闪烁,从量变到质变,实现思维的飞跃。

(5) 调整成熟。灵感有时是不可靠的,必须发挥理性思维和理智判断的作用,从逻辑推理上加以验证,必要时可以进行局部试验实证,然后再逐步推而广之。

总之,认识和掌握上述创造性思维活动的规律,将有助于企业领导者增强创新思维能力、提升企业经营战略创新活动的效果,企业家的本质在于创造,而这种创造又突出地反映在战略思维的全过程之中。创造性思维就是在战略思考中突破各种旧思想的束缚,在常人、前人的基础上有新的创意、新的创造和新的突破。它表现在企业战略活动中就是制定出乎前人和常人意料并且符合经济发展规律的经营战略。人的任何能力都不是先天就有的,应变创新能力也是在日常社会生活中通过学习、积累、总结、锻炼而形成并不断提高的。因此企业经营者提高思维能力和应变能力的途径应是不断学习,博学多识,并且积极参加社会实践活动,积累经验,勤于思考,多谋善断,这样才能使自己的思维更加敏捷。

知识拓展

案例解析

本章思考题

1. 什么是企业家的战略思维?它有哪些特征?
2. 企业家思维的典型特征有哪些?为什么要把机会摆在第一位?
3. 企业家战略思维能力有哪些?
4. 企业家战略思维方式有哪些?
5. 头脑就是银行,思路决定出路,出路决定财路,智慧行销天下,你对这几句话有何认识和评价?

 即测即练

参 考 文 献

[1] 刘莉.战略管理启示录[M].深圳:海天出版社,2000.
[2] 唐拥军,李兴旺,叶泽,等.战略管理[M].武汉:武汉理工大学出版社,2005.
[3] 项宝华.战略管理——艺术与实务[M].北京:华夏出版社,2001.
[4] 刘志迎.市场营销[M].北京:中国商业出版社,2004.
[5] 刘刚.现代企业管理[M].海口:南方出版社,2004.
[6] 张秀玉.企业战略管理[M].北京:北京大学出版社,2005.
[7] 王方华,吕巍.企业战略管理[M].上海:复旦大学出版社,2004.
[8] 张国良.战略管理[M].杭州:浙江大学出版社,2008.
[9] 张国良,何红光.管理学原理与实践[M].北京:清华大学出版社,2014.
[10] 李恩,李洋.实用领导谋略[M].北京:蓝天出版社,1995.
[11] 谢科范.企业风险防范[M].沈阳:辽宁人民出版社,1996.
[12] 陈承欢,杨利军,高峰.创新创业指导与训练[M].北京:电子工业出版社,2017.

后　　记

　　"企业战略管理"(Business Strategy Management)是工商管理的核心课程,该课程既具有较深和较宽的理论基础,又是一门综合性、权变性、实践性、应用性很强的学科。本书主要内容包括:战略的概念、本质、特征、战略环境条件、企业使命与战略目标、企业战略、业务经营战略、竞争战略、战略实施与企业文化塑造、战略管理与企业家及战略控制等,重点为企业战略和竞争战略,企业战略以业务战略为核心,深入研究了企业的战略方向和经营单位的竞争优势、构建企业的核心竞争能力以及战略实施与企业文化塑造等内容。书中重中之重是每章都设置了案例和知识拓展。

　　本书由张国良编写第1、4、5、7、9章,郭琦编写第2、3、6、8章。邢莹莹、袁琴两位青年教师收集了大量案例编入本书,特在此致谢！全书由张国良教授策划统稿,在写作过程中,参考并吸收了当前战略管理领域的优秀成果,谨向各位专家学者表示衷心感谢,恕不一一列出。在此特别感谢我的尊师武汉大学博士生导师谭力文教授在百忙中给该书作序！

　　本书的编辑与出版得到了广东省教育教学改革项目"新文科建设背景下粤商创业创新管理精品案例开发及应用研究"(项目编号 2021JGXM612)、新文科背景下创新创业精品案例开发及在中国珍珠产业学院的应用研究(项目编号 PCC2022JYB13)的资助。本书在编写过程中得到清华大学出版社编辑的大力支持,在此深表谢意！

　　在写作过程中,总的理念定位是理论系统、强化应用、身临场景、提升技能,想让本书以新思想、新体系、新面孔出现在读者面前。然而,由于作者学术水平有限,加之时间仓促,书中不当之处在所难免,敬请读者批评指正,不吝赐教。

张国良
2023 年 8 月于集益湖

教师服务

感谢您选用清华大学出版社的教材！为了更好地服务教学，我们为授课教师提供本书的教学辅助资源，以及本学科重点教材信息。请您扫码获取。

▶ 教辅获取

本书教辅资源，授课教师扫码获取

▶ 样书赠送

企业管理类重点教材，教师扫码获取样书

 清华大学出版社

E-mail: tupfuwu@163.com
电话：010-83470332 / 83470142
地址：北京市海淀区双清路学研大厦 B 座 509

网址：https://www.tup.com.cn/
传真：8610-83470107
邮编：100084